official book

The Design Competition
for KOSEN Students

デザコン2022 有明
official book

(Additive Manufacturing)
118 AMデザイン部門

142 プレデザコン部門

註（本書共通）
*本書に記載している「高専」は、高等専門学校および工業高等専門学校の略称。
*高専名は、「高専名（キャンパス名）」で表示。
*応募作品名は、原則としてエントリーシートの記載の通り。一部、提出したプレゼンテーションポスターなどに合わせて修正。作品名が予選と本選のプレゼンテーションポスターで異なる場合は、本選のプレゼンテーションポスターに合わせて修正。
*作品番号は、原則としてエントリー時の番号。
*作品紹介欄の参加学生の氏名は、エントリーシートの記載をもとに、同じ学科や専攻科、学年ごとにまとめて、高学年から順に記載。氏名の前にある◎印は学生代表。
*外国人名は、カタカナ表記の場合は原則として（姓）・（名）で表示。姓を持たない場合は名前のみ表示。アルファベット表記の場合は、本人の申告通りに記載。
*所属、学年の記載は、大会開催時（2022年12月）のもの。
*「目次」の［000］、プレデザコン部門の［ノフィールド名000］は作品番号。「空間」は「空間デザイン・フィールド」、「創造」は「創造デザイン・フィールド」、「AM」は「AMデザイン・フィールド」を示す。

デザインには希望がある。デザコンには学びがある
——NEW‼　新たなモノづくり、コトづくり、空間づくり、ヒトづくりをめざして

八木 雅夫**¹
(第19回全国高等専門学校デザインコンペティション実行委員会委員長、有明工業高等専門学校校長)

一定の成果を見せつつある、人材育成というデザコンの一面

デザコンは、1977年以来、「学生相互の研鑽と理解」を目的に開催されてきた「全国高専建築シンポジウム」を継承、発展させる形で、全国高専連合会の主催により、2004年に第1回大会が石川県津幡町で開催された。この時、開催の目的に「人が生きる生活環境を構成するための総合的技術の習得」が加わり、現在では、空間デザイン、構造デザイン、創造デザイン、AM(Additive Manufacturing)デザイン、プレデザコンの各部門でコンペティション(競技会)を実施し、専門家で構成される審査員たちが教育的な視点から学生たちの作品を講評している(本書160ページ〜「デザコンとは?」参照)。

ロボコン(全国高専ロボットコンテスト)やプロコン(全国高専プログラミングコンテスト)のようなコンテストにせず、コンペティションとなっているのは、デザインをテーマに高専対抗で順位を競うだけでなく、「学生自らが提案内容を改善しながら作品として完成させていくプロセスを重視し、学びのあり方や教育の達成度を確認できる貴重な機会」と位置づけているためと考える。

デザコンの歴史を振り返ると、1977年に「建築シンポジウム」として米子高専と明石高専の2校で実施したのが始まりだが(本書160ページ「デザコンとは?」参照)、その前段として、明石高専では1975年から建築学科4年生が中心になって、神戸市の都心部にあるギャラリーで建築展を開催していた。この建築展は、10代なりに大勢の学生が一体となって自ら展覧会をマネジメントし、デザインや提案を社会に対して発信することの大切さを学ぶ貴重な機会となっていた。きっかけをつくったのは、当時、明石高専建築学科教授であった光安義光である。光安は、モダン・ムーブメント*¹を先導した『日本真珠会館』(1952年／DOCOMOMO*²選定建築物)を設計した建築家としても知られている。

この「建築シンポジウム」は、1999年に「全国高専建築シンポジウム」と改称し、日本建築学会「作品賞」を受賞した建築家を審査員長に迎えた設計競技方式(コンペティション)のイベントとなった。著名な作品や成果を残したデザイナーや建築家は、日々努力を積み重ねる者の憧れ、夢、希望であり、特に若い世代にとってはロールモデル(手本となる人物)として、学びの目標や原動力となっている。今では、デザコンの審査員に高専の卒業生が選任されるなど、現役の学生にとって目標となるロールモデルも登場しており、人財育成は一定の結実を見せつつある。

明治時代の産業遺産を継承する有明地域

「デザコン2022 in 有明」の開催地となった有明地域は、主に福岡県大牟田市と熊本県荒尾市で構成される。この地域は、かつて東洋一の採炭量を誇った三池炭鉱が1997年に閉鉱し、大牟田市は人口が半分となり、2014年に消滅可能都市に指定されるな

ど危機的状況にあった。

ところが、2015年に石炭産業遺産は歴史的な価値を再評価され、「明治日本の産業革命遺産」の構成資産「三池炭鉱と三池港」の4施設*³がユネスコの世界遺産(文化遺産)に登録される。この世界遺産の登録を機に、有明地域の歴史的な価値を活用した試みが街なかでも展開され始めた。

1936年竣工の『旧・大牟田商工会館』を改修し、2022年に開業した『AUREA』は、産学連携サテライト・オフィスが入居するなど、大牟田市のイノベーション創出事業の核となる施設である。また、荒尾シティモールの空き店舗を改修、活用して2022年に誕生した『荒尾市立図書館』(設計:ケイ・ニー・タン)では、有明高専の学生が再生のためのコンセプトづくりや家具づくりに参画した。地域の再生に向けた動きは、「デザコン2022 in 有明」の両市長による挨拶でも紹介された。

新たなモノづくり、コトづくり、空間づくり、ヒトづくりをめざして

イノベーション(変革)への歩みが少しずつ見られるようになった有明地域。この地で開催された「デザコン2022 in 有明」のメインテーマは「NEW‼」であり、各部門で新たなモノづくり、コトづくり、空間づくり、ヒトづくりに向けたコンペティションを実施できたことは、時機を得て有意義であった。

「デザコン2022 in 有明」の会期中、4つの本部門では、参加した学生の独自に工夫したプレゼンテーションと、審査員からのていねいな講評が繰り返された。各部門の詳細は、別途、紙面で紹介するが、オフィシャルブックの誕生により、デザコンの実態を社会へ発信するとともに、高専間で情報の共有ができるようになり、より多くの人々がデザイン・コンペティションのあり方を考えられるようになった。

関係者による多様な議論を踏まえ、「学生自らが提案内容の改良を重ね、作品として完成させていくプロセスを重視し、学びのあり方や教育の達成度を確認できる貴重な機会」という位置づけをさらに発展させ、回を重ねるごとのデザコンの進化を今後も期待したい。

**¹　筆者は1977年当時、明石高専建築学科の5年生であり、本文中にある米子高専との最初のシンポジウムに参加していた。

註
＊1　モダン・ムーブメント:「近代建築運動」と称される。産業革命以降における科学技術と合理主義をもとに、すべての人にとってより良い建築をめざすという、近代建築の主要となる運動。
光安義光については、『知られざる建築家 光安義光──神戸・モダニズム』(『建築家光安義光』出版委員会著、青幻舎刊、2000年)が詳しい。
＊2　DOCOMOMO:モダン・ムーブメントに関わる建物と環境形成の記録調査、保存のための国際組織。日本の近代建築を再評価するとともに、取壊し予定の近代建築について保存要望書を提出するなど、さまざまな活動に取り組んでいる。
＊3　4施設:福岡県大牟田市の「三池炭鉱宮原坑」(次ページ写真参照)と「三池港」、熊本県荒尾市の「三池炭鉱万田坑」、両市にまたがる「三池炭鉱専用鉄道敷跡」。

＊文中では、高等専門学校および工業高等専門学校を高専と省略

世界遺産（文化遺産）の構成資産である「三池炭鉱宮原坑」。

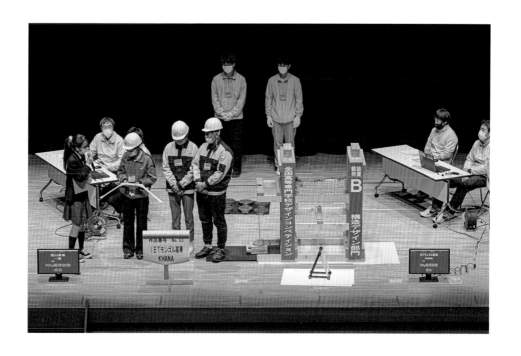

Design
Competition
2 0 2 2
in ARIAKE

空間デザイン部門

今から20年後の計画対象となる地域の姿を想像してみてほしい。世界規模での新型感染症の拡大などにより社会が変わり、今後、建築や都市空間の変容が予想される中で、人はどのような場所にどのように集い、生活や交流をしているのだろうか。人々の新しい生活の舞台には、新しい空間の創出が期待される。
20年後を鑑みながら、そこで生きる当事者の目線に立ち、人々が集う場の「かたち」から、その地域の未来を想い描いてほしい。

2040年集いの空間

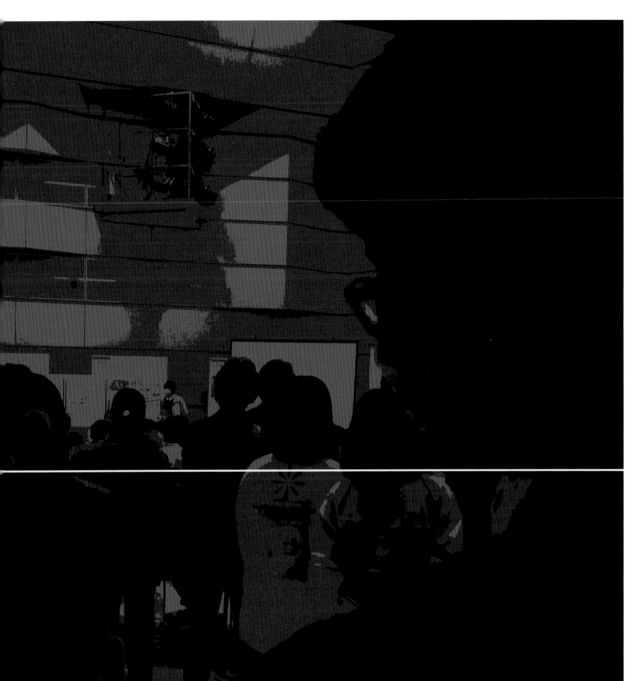

予選▶	**114** 作品	本選ファーストラウンド▶	**20** 作品	決勝ラウンド▶	**11** 作品	受賞▶	**7** 作品

2022.08.24-09.07
予選応募
2022.09.26
予選審査

2022.12.10
ポスターセッション
ファーストラウンド
通過作品選出審査(公開審査)
ポスターセッション講評

2022.12.11
プレゼンテーション
最終審査(公開審査)

■最優秀賞(日本建築家協会会長賞):
石川高専「還りみち──暮らしを紡ぐ「みち」」[099]
■優秀賞:
明石高専「神鉄八百号(しんてつやおごー)──線路でつながる
人々の暮らし」[022]
石川高専「Plot」[108]
■審査員特別賞:
呉高専「響──2040年、「学びと遊び」、「地域住民と外国人技能実習生」
の共鳴を起こす」[054]
仙台高専(名取)「和気曖昧(わきあいまい)」[067]
■建築資料研究社/日建学院賞:
有明高専「空博のつながり」[088]
■三菱地所コミュニティ賞:
米子高専「しょーにん通り──ただいま学校に帰りました」[047]

空間デザイン部門

099	石川高専	◎井口 美南、松本 琉矢、山田 響、吉田 美桜[建築学科4年] 担当教員：豊島 祐樹[建築学科]

還りみち──暮らしを紡ぐ「みち」

審査講評 情報技術や輸送手段の変化した2040年では、人は自ら外出する必要がなくなるため、自動車のための道から、人が何かしら集うための土の道へと、道を再定義する着眼点がおもしろい。審査員からは、現在の「手段としての道」に問題意識を持ち、道をテーマに設計しているにも関わらず、ベビーカーや車椅子利用者、サイクリストが使いづらいなど、本来の「道としてのファンクション（機能）」が欠けているのではないか、といった指摘もあった。しかし、アスファルトが土の道に置き換わるというアイディアを、既存の道路の塗り替え、複数の建物で共有する軒、段差、パーソナルな格子といった、街のインフラを含んだ大きなスケール（規模）から住宅と近い小さなスケールまで、きめ細やかに適切なスケールに落とし込み、実際の居場所づくりまで展開した技量は圧倒的だった。一発秀でる力も大切であるが、チームをつくり全体のバランスを見ながら計画し、社会に応え得る総合力をもってほしいという、次年以降に応募する学生たちへの期待を込めて、審査員全員一致で最優秀賞となった。（宮原 真美子）

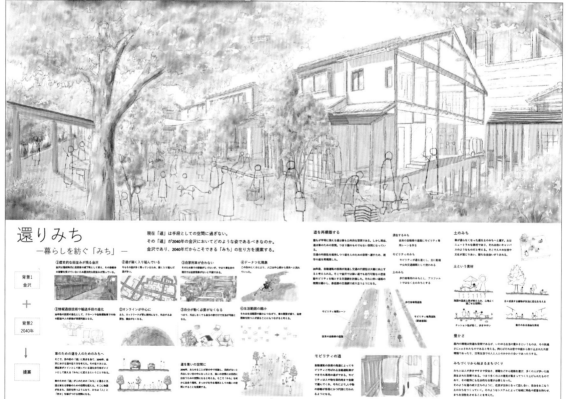

みち

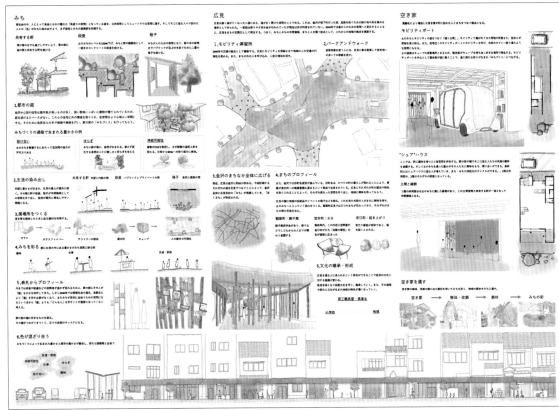

新た命の今、人にとって貴重ではかけ離れた「英迫りの空間」となっている小道を、公共空間としてニュートラルな空間に直す。そしてそこに住む人々が訪れた人々の「色」がみちに馴染むよう、まず街並みとみちの親密感を再評価する。

共有する軒

昼や壁のほうが感じやすいという、家の壁に軒が近く共有する軒を計られていく。

段差

土のみちのレベルを120mm下げ、みちと家の境界線を一度きのコンクリートの段差を設ける。

格子

みちが人のための空間となり、家の中の空間までプライバシーなどを気ぐために二重の格子を設ける。

1.都市の庭

金沢の中心部有は道幅の狭いものが多い。狭い路地いっぱいに建物が建てられているため、庭を設けるスペースがない。これらの住宅にれの環境を取り入れ、住宅間をより心地よい空間にする。それらには住民自らの手で管理や植栽を行い、家の前の「みちづくり」を行ってもらう。

みちづくりの過程で生まれる豊かさの例

助け合い	ゆらぎ	持続可能性
土のみちを管理するにあたって住民間の協力が不可欠となる	人に遣げ植え、自然のさまれるめ、助け寸変化する自由自在ゆらぎに触れることが安らぎを与える	植栽や花々を育成し、土が環境の温度上昇を抑え、日常から地域への移り変わりに参加

2.生活の滲み出し

外部に滲み出ると、生活の楽しげ空間に広く、心配とれの関係を保ち、椅子が中間領域としての設置や置き、住民が暮に滞在しやすい環境となる。

3.居場所をつくる

空き家を解体したさまにある廃材を利用する。

ガラス　ガラスファイバー　ナイロドの彫刻　廃木材　キューブ　人の動きの可視化

4.みちを彩る

廃材に生活のモノを置き多様さのある空間に彩る新作り

趣味　　　　　　 改造・家庭

5.表札からプロフィール

今までは家宅ポや社的にのと昭和暮す守られたものに、家の壁にやちんの「壁」をかちを発行し、しかし2040の分環境混合の観点、危険なにより「壁」を守る必要なしなど、また心や家宅に沿ったちみの空間になるという点から「壁」よりも「どんな人」を示すことが重要になってくると考える。

家の前の壁がそれぞれものであり、その壁がつながりをつくり、日々の過程のキャッチになる。

6.色が混ざり合う

みちづくりによって作るまれる豊かさと居作の豊かさが重なり、新たな街並彩と会合う

改造・家庭
持続可能性　　仕事
助け合い　ゆらぎ

広見

広見は駅く着がりと成れた小道にある、通が広く開けた空間のことである。これは、金沢が城下町だった頃、延焼を防ぐため火除け地や内地や広場を設けられた。一軒豪は僅か中や女字みなどが代わりの代ての代が何も設は活用されていない。2040年で近辺が人の代の空間に二次化することにより、広見をまちの空間として再生する、つまり、みちと人を繋ぐ路点として、これからの地域の賑わい空間を演算する。

1.モビリティ停留所

2040年の交通の終点とする機能する、広見にモビリティを停留させて地域の人の交通の活性を高める。また、みちの外との繋ぎ込み、人流の循環を促す。

2.パークアンドウォーク

自家用車を使う人は、広見に車を停めて宇町中心への歩くの移動を促進する。

3.金沢のまちなか全体に広げる

明治、広見は駅が別館が消去る、今日町多がその間の点を広見でつなぐことだとできる。金沢全体に広見様似の「みち」が普展現していく、「多くまち」が形成される。

4.まちのプロフィール

また、金沢では同町長店跡遡がある、日和気は、かつての町の暮らしや門地あることにより、家族が多ることが共通的な考え。広見にそれぞれの町の歴史や伝統を受け入れることにより、それぞれ異なった個性を何う楽しく、その地域の個性を受け。広見に地域の伝統造のイベントの終子をつくる。これら見た古町の人がまちに興味を持ち、賑量町見まで見三つの且もが行っており、それそれのその地域の空き家による。

鶴駅町：獅子頭　　笠市町：かさ

獅子頭昔の歯が多り、祭りなどちさどちやら大人まで幅広く愛される　落朋称しこ、この村近に百馬裏が「笠番の物町」の名が街限に三よった

安江町：船る上がり

安江八番建が街時でより、祭りを祝ちに親しまれる。

5.文化の継承・形成

広見を通る人に見られるくがと広見でできるという活動の文化に付与する過程作る。

施設落書かなり伝統文化も守り、簡素にしていく。また、その過程で担れに文化による地域の特色が多くなって通いていく。

笠三機食堂・幕生生
小学校　　地域

空き家

高齢化により情報りなど地域と接れた人とまちをつなぐ存在となる。

モビリティポート

土のみちとモビリティの遺をつなぐ「遣れと地」、モビリティーで遣ばれてきた荷物が停留され、住民らが荷物を受け取る。また、各地区にモビリティポートにモビリティを停留、未来のタクシー専り場かっとなる空間にもなる。

土の遣所ナループの荷受け所にもなるため、観光客グループを持ちると大好きる場所で得る。モビリティサポートを中心として観光客がまと、造に的なあるであり、それぞれのそばで「みちづくり」につながり。

"シェア"ハウス

ここでは、同じ繋駅を持つ人と空間内を用有する、家の中間やうにに住む人々の共通の繋骸を経離する。そうにさみちを集んで暮り得る人達ができた人たち驚いさせ、、開きかに学びば、長相のように入れ合ことになり、それぞれこのよ相性も少有した、また、みち造性力のサイクルが和につなく。1階は共用部分、2階はそれぞれの特別の部屋となっている。

土間と緑側

1階の共用部分は土のみらに接した緑側があり、この土間空間と共有すまわと一体となって中間領域となる。

空き家を直す

空き家、次第の新に適材も用いでもちを直り、地域の歴史をもちに直す。

空き家　→　解体・改廃　→　廃材　→　みちの彩

● 優秀賞

空間デザイン部門

022 明石高専

◎金端 息吹、小堀 裕輝、所 奈樹[建築学科4年]
担当教員：水島 あかね[建築学科]

神鉄八百号——線路でつながる人々の暮らし

審査講評　高齢化が進むニュータウンにおいて、既存の鉄道インフラと周辺環境とを分断している「改札」が、チケットレスや自動運転などのIT技術によってなくなり、駅のプラットホームが広場、都市空間と一体的な環境になるという提案。「八百号マルシェ」は、これまでの「強い」電車のイメージを、まるで屋台のように身近で、都市の祝祭性を担うものに変化させている。

審査では当初かなりの票を集めたが、電車の移動時間に、車内での体験をデザインしていないことが指摘され、評価を落とした。たとえば、中央コア型の座席配置や機能配置にすることで、人々は常に車窓を楽しみながら電車内で過ごすことができる。そのように電車自体を建築としてとらえ、積極的にデザインしてほしかった。電車で移動しながら、美味しいものを食べたり、読書したりすることはとても贅沢なことである。そうした時間と空間のデザインが不十分なため、提案の魅力や

説得力は損なわれてしまった。
しかし、建築の根本とも言える境界面の操作によって、劇的に都市環境が変わることに気づいた、着目の力はすばらしいと思い、最後まで推した。
（百枝 優）

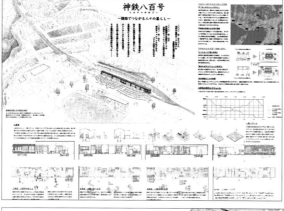

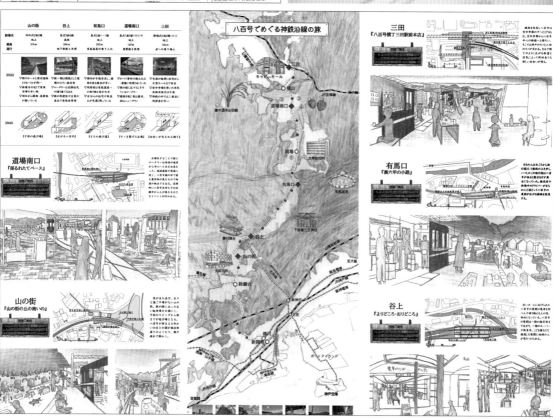

108	石川高専	◎松田 彩、池 菜摘(5年)、中村 木結芽、安田 明生(4年)[建築学科] 担当教員:内田 伸[建築学科]

Plot

**審査
講評** 2040年、さらなる多死の時代、これまでのように家墓を維持するのが困難である。そのため樹木葬や海洋散骨など維持管理不要な埋葬方法を選ぶ人が増えるだろうという想定から、故人の弔い空間を、今を生きる我々が集う海岸公園のようにとらえた視点はおもしろい。また、海洋散骨された故人の記憶が、波と「おりん」(鈴)の音や列柱の影のリズムに還元され、そこを訪れた人の体験につながるという詩的な空間体験や、故人を偲ぶために訪れる人たちと海を見に来た地元住民は、必ずしも同じ時を共有しなくとも同じ情景や雰囲気を共有できるという光景を描き切っている点(本選2日めの詩的なプレゼンテーション)が評価され、優秀賞の受賞に至った。　　　(宮原 真美子)

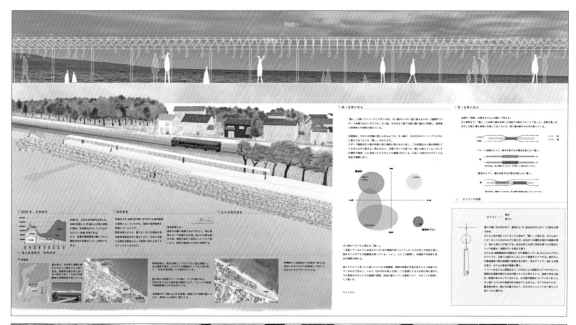

| 054 | 呉高専 | ◎宮本 知輝、大坂 康介[建築学科3年]
担当教員：安 箱敏[建築学科] |

響──2040年、「学びと遊び」、「地域住民と外国人技能実習生」の共鳴を起こす

空間デザイン部門

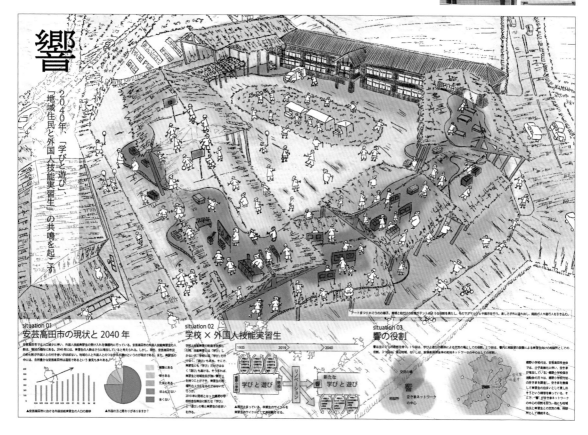

situation 01
安芸高田市の現状と 2040 年

situation 02
学校 × 外国人技能実習生

situation 03
響の役割

審査講評 廃校になった小学校を外国人技能実習生と交流する場所に変え、彼らと地域との関係を深めようという現代的な視点、また、「こういった社会をつくっていかなければならない」と直面している社会的な課題に目を向けたことには好感をもてる。予選で要望した点について、きちんとブラッシュアップされたため、より計画の状況が理解できるようになった。

その一方、「地域」という、ある意味で抽象的な相手を、どういった関係性でネットワークしていくのか、という対象の敷地を越えた提案が見えてこなかったことは、審査員間で課題として挙がった。しかし、高校生とは思えない力作に、期待を込めて審査員特別賞が送られた。

（工藤 浩平）

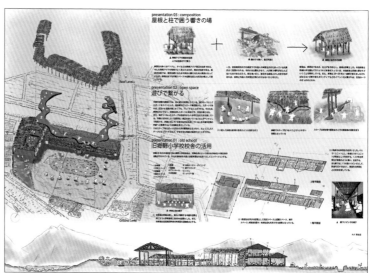

067 | 仙台高専(名取)　　◎古川 鈴音、工藤 碧乃、伊澤 好風[総合工学科Ⅲ類建築デザインコース4年]
担当教員：坂口 大洋[総合工学科Ⅲ類建築デザインコース]

和気曖昧
（わきあいまい）

審査講評　一見、新興住宅街のような、コーポラティブ住宅とも感じられる集合住宅の提案。個人のプライベートな空間と外部空間との境界を曖昧にしていく手法がメインだが、用意された単なる空地とその外部との境界が曖昧になるという筋立ては、少々強引であるがゆえ、その境界線の設計ができていたら、もっと理解できたように思う。
具体的には、用意された建物空間と外部空間をもっと一緒に考えるべきだった。つまりは、建物は建物、外部は外部、といったように見え

てしまい、結局、両者が分断されているように思えたからである。
路地にはみ出す花壇、オーニング(ひさし)でつくる商店、仮設テントでつくるポップアップストアといった、領域を外に広げていく人間らしさのようなものが、都市を和気藹々(わきあいあい)とさせていくはずだ。
とは言え、住まいの境界線を曖昧にしたいという強い想いと、その構想力を評価して、審査員特別賞が送られた。

（工藤 浩平）

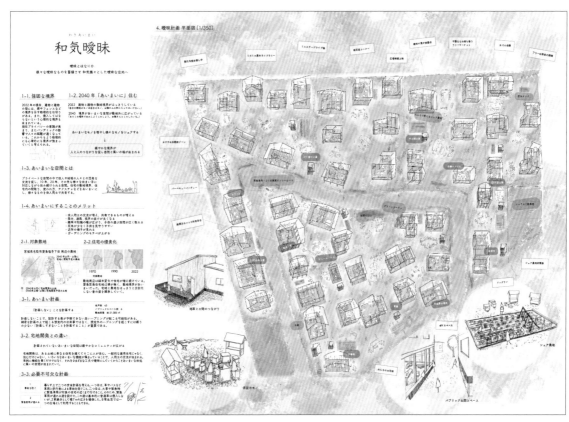

088 | 有明高専

◎緒方 千華、赤木 優羽、田原 慎太郎、中村 流風[建築学専攻専攻科1年]
担当教員：正木 哲[創造工学科建築コース]

空博のつながり

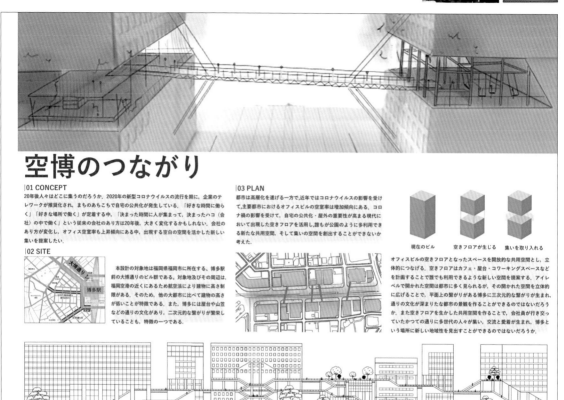

空博のつながり

|01 CONCEPT

20年後人々はどこに集うのだろうか。2020年の新型コロナウイルスの流行を機に、企業のテレワークが推奨化され、まちのあちこちで自宅の公共化が発生している。「好きな時間に働く」「好きな場所で働く」が定着する中、「決まった時間に人が集まって、決まったハコ（会社）の中で働く」という従来の会社のあり方は20年後、大きく変化するかもしれない。会社のあり方が変化し、オフィス空室率も上昇傾向にある中、出現する空白の空間を活かした新しい集いを提案したい。

|02 SITE

本設計の対象地は福岡県福岡市に所在する、博多駅前の大博通りのビル群である。対象地及びその周辺は、福岡空港の近くにあるため航空法により建物に高さ制限があり、そのため、他の大都市に比べて建物の高さが低いことが特徴である。また、博多には屋台や山笠などの通りの文化があり、二次元的な繋がりが繁栄していることも、特徴の一つである。

|03 PLAN

都市は高層化を遂げる一方で、近年ではコロナウイルスの影響を受けて、主要都市におけるオフィスビルの空室率は増加傾向にある。コロナ禍の影響を受けて、自宅の公共化・屋外の重要性が高まる現代において出現した空きフロアを活用し、誰もが公園のように多利用できる新たな共用空間、そして集いの空間を創出することができないかと考えた。

オフィスビルの空きフロアとなったスペースを開放的な共用空間とし、立体的につなげる。空きフロアはカフェ・屋台・コワーキングスペースなどを計画することで誰でも利用できるような新しい空間を提案する。アイレベルで開かれた空間は都市に多く見られるが、その開かれた空間を立体的に広げることで、平面上の繋がりがある博多に三次元的な繋がりが生まれ、通りの文化が深まりた都市の景観を作ることができるのではないだろうか。また空きフロアを生かした共用空間を作ることで、会社員が行き交っていたかつての通りに多世代の人々が集い、交流と変動が生まれ、博多という場所に新しい地域性を見出すことができるのではないだろうか。

現在のビル　　空きフロアが生じる　　集いを取り入れる

審査講評　コロナ禍（COVID-19）以降の社会において、オフィスビルをリノベーション（改修）し、都市空間を改変する提案。在宅勤務などで増えるオフィスの空きフロアを共用部として屋外化し、ビル群をブリッジで大胆につなげることで、福岡市の大博通を新たな風景に刷新している。

今回は既存ビルのリノベーションであったが、ビルを建て替える際の新しいルールについても提案がほしかった。たとえば、建築の内部に共用部を取り込むことを制度化し、各ビルの共用部同士をつなぐことができれば、さまざまなレベルに共用部設置階が生まれ、多様な人々がそこを利用することを通して多彩な交流が育ち、都市の賑わいの醸成につながるはずである。

この提案はまた、「ビッグバン」によって高層化が進められる福岡市天神エリアに対するアンチテーゼ（否定）のようにも思えた。中規模のビル群によって立体的にウォーカブル（歩行可能）な都市環境をつくった時に、天神と差別化した、博多駅前地区ならではの都市体験が生まれるのではないだろうか。

図面が少なく、プレゼンテーションポスターもそこまで魅力的ではなかったが、都市スケール（規模）の全体模型と部分模型の表現がとても良かった。本選初日に図面の少なさを指摘されたが、2日めに模型とリンク（連動）した図面を用意した努力も実っての受賞となった。（百枝 優）

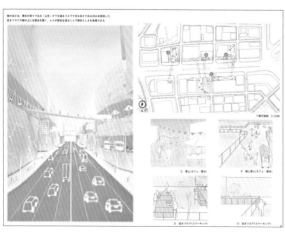

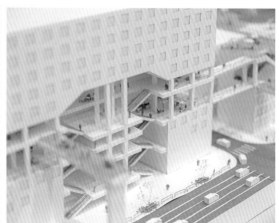

047　米子高専　　◎松原 ひな子、徳田 来夏、宮本 澪[建築学科4年]
担当教員：小椋 弘佳[総合工学科建築デザイン部門]

しょーにん通り——ただいま学校に帰りました

審査評　オンライン授業により必ずしも通学する必要がなくなった20年後の教育現場において、「学校に集まり学ぶこと」の意味を「生きた情報を得られること」ととらえ直し、シャッター街化する商店街に教室を集約し、オンライン授業と実践的授業とを両立しようという着眼点は、非常に現代的でおもしろい。

しかし、少し残念だったのは、まずは学ぶことに意識を向けて、集中する時間とそうでない時間との区別を学ぶなど、幼児期から児童期への移行が求められる低学年を含んだ「小学校」というプログラムに対して、今ひとつリアリティを感じられなかったことである。審査員からは「フリースクールや学童保育など、既存の教育システムに馴染めない子供たちの受け皿としてのプログラムでもいいのではないか」という指摘があったが、模型の作り込みやプレゼンテーションのレベルは高く、設計者の熱量を感じさせる作品として評価され、三菱地所コミュニティ賞の受賞となった。　　　　（宮原 真美子）

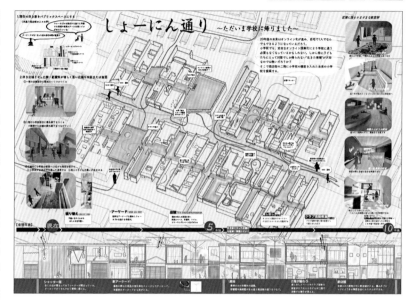

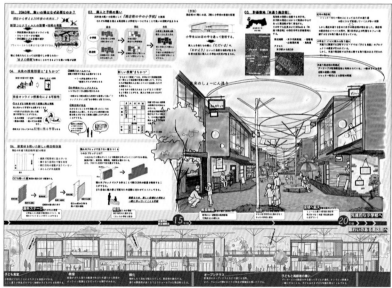

006 | 明石高専

◎大池 岳、宮田 元登、佐々木 誠大[建築学科5年]／神馬 綾乃[機械工学科5年]
担当教員：水島 あかね[建築学科]

空間デザイン部門

むすんで、ひらいて。——時代とともに地域にひらいていく、子どもの空間

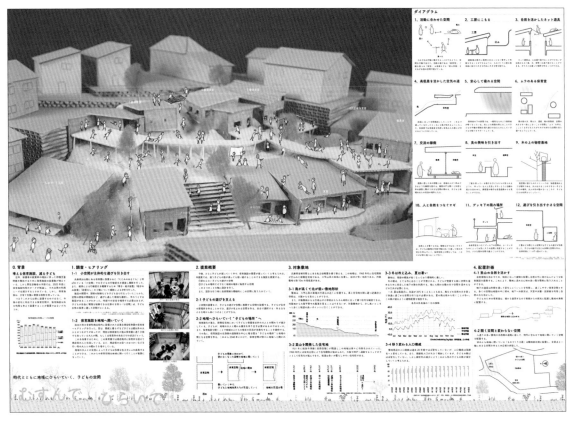

審査講評

「少子高齢化に歯止めが効かない」「地方の財政が逼迫している」という困難な状況が続く現代の日本において、子供の居場所と地域、周辺環境を一体的に考えることは重要である。
この提案では、斜面の住宅地において、環境を読み解きながら建築の中に風や光を取り込もうとしているが、屋根形状や配置計画からは、それらを感じにくかった。また、園庭や屋内遊戯室など、保育園と地域住民、双方のコアになる象徴的な場所がわかりにくく、全体が均質に見えたのも残念である。周囲の住宅よりもひと回り小さいボリューム（塊）を分棟として計画しているが、たとえば、子供が好きなニッチな場所から、地域との交流を促す大きな場所まで、もっと大小のスケール（規模）を混ぜこぜにするという全体計画も考えられたのではないだろうか。
良い点としては、斜面と床の間に生じる小さなスペースを子供の居場所として発見していたこと。こうした地面と建築との特殊な関係から、保育園の空間性を構築することも可能である。少し優等生的にまとまった印象だったので、今後は、1つの気づきを拡大解釈して、もっと荒唐無稽な提案にも挑戦してほしい。

（百枝 優）

053 | 仙台高専(名取) ◎及川 純也、相庭 啓佑[総合工学科III類建築デザインコース4年]
担当教員：坂口 大洋[総合工学科III類建築デザインコース]

点から道へ、道から人へ

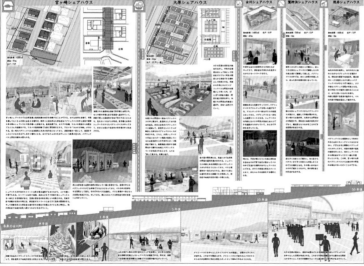

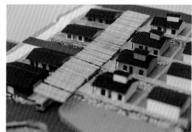

審査講評

「お試し移住プログラム」のためのシェアハウスと町民バスを組み合わせ、バスが「シェアハウスと一体化する」「バス停をつなぐ道に拡張する」「複数のシェアハウスをつなぐ」などの役割を担い、シェアハウスを地域に開くという着眼点はおもしろい。漁業体験のできるパブリック・バス、野菜収穫のできるパブリック・バスなど、バスの具体的な機能を提案しているが、産地は自動車で数分の距離にあるのに、なぜシェアハウス側(内地側)に運ばれてこなければならないのか、という疑問が残った。

人口が減少している地方都市は、空き地や空き家などの空間的資源には、比較的恵まれている(もちろん、宅地化できる土地に限界はある)が、都市にあるサービスや娯楽、商業などを維持するだけの経済的基盤に欠ける。審査員からは、「こうした地方都市のデメリットを補う機能をバスに持たせても良かったのでは？」といった指摘があった。

(宮原 真美子)

| 076 | 有明高専 |

◎榊 竜青、江島 尚、中園 留菜（専攻科2年）、山田 くるみ（専攻科1年）[建築学専攻]
担当教員：正木 哲[創造工学科建築コース]

Water Cycle

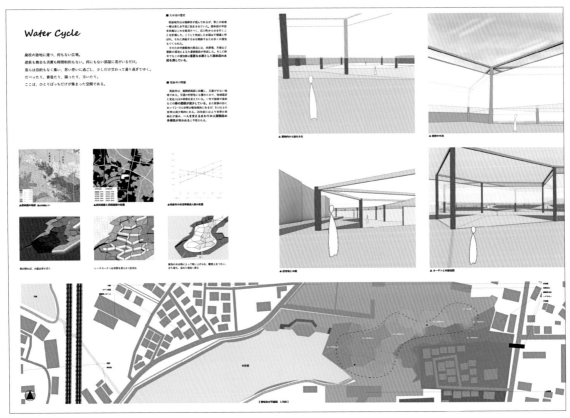

審査講評

溜め池の多い、福岡県筑後市ならではの親水空間を多世代交流の場所として建築化した提案。予選審査時に「『サードプレイス（居心地のいい第三の場所）』という名前に頼ったプログラム提案が弱い」と指摘してあった。

本選では、「ひとりぼっち」というキーワードで、たくさんの情景が小さなダイアグラム（図表）で描かれていた。そのプレゼンテーションはとても目を引いたのだが、中身が無いというか、具体的な設計に落とし込めていなかった。こうしたコンペティション（設計競技）の場合、優等生的に多くの情報を詰め込んでいく作品に対して、引き算の考え方で抽象的なドローイング勝負を挑むのもアリだと思う。

しかし、そうした戦略も中途半端な気がして残念である。

なぜ、半屋外の巨大なワンルーム空間において、カーテンを提案しているのだろうか？　なぜ、ボロノイ図*1のような平面計画なのだろうか？　構造はどうなっているのだろうか？　屋根の素材は？　水位は？　そもそも、ここにどのように人が集まるのだろうか？

さまざまな要素をオーバーレイして（重ね合わせて）新しい風景を描く、それが建築設計の醍醐味である。もっとスタディ（検討）を重ね、議論を重ね、トレーシングペーパーを重ね、自分の頭で、手で、身体全体で試行し、思考してほしい。　　　　　（百枝 優）

註
＊1　ボロノイ図：母点（平面上に分布した点）をもとに、隣り合う母点間を結ぶ直線に垂直二等分線を引き、各母点の最近接領域を分割する操作により描かれる図。環境調査の分野でよく利用される。

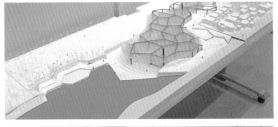

082 | 都城高専

◎前田 刻愛[建築学科5年]
担当教員：横山 秀樹[建築学科]

まちみるStá──全世代が楽しめる都城駅周辺の空間づくり

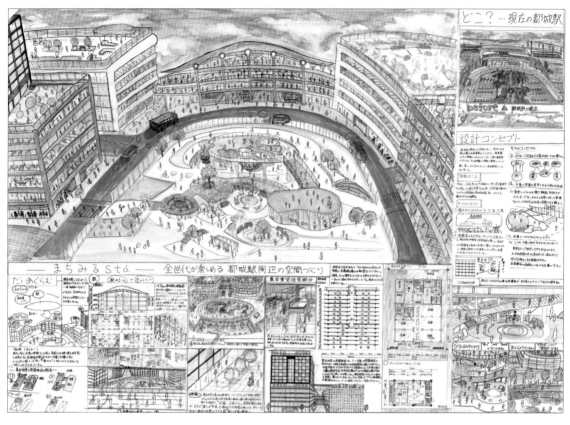

審査講評　地方の小規模な街に突如として現れる都市的な建築に現実的な合理性は全くないが、力業で表現された手描きの図面とスケッチからは、建築や都市のイメージを表現したいという非凡なエネルギーと、とにかく街を賑やかにしたいという強い思いだけは伝わった。「持続可能な未来を考えれば、田舎は田舎らしく低密度で暮らすべきだなんて、勝ち組の都会の人間の戯れ言だ！」と言わんばかりである。
この提案が、辛うじて合理性を持ち得るとすれば、今後、宮崎県都城市が市街化区域を極端に限定して中心部のみを人間のために高度利用し、それ以外の地域をすべて田畑＋太陽光発電用として自然エネルギーと自然環境のために高度利用するという強硬策を取り、20年後には真のコンパクトシティが見えてくるというシナリオだろう。人類は本能的に集まって暮らすことを志向する。それを満足しながら最も効率的に自然環境を守るには何をすべきかを考える上で、その思考実験は意味を持つ。最終案には示されなかったが、楽しく効率的な都市のイメージに加え、その周囲にある農地＋エネルギー生産地＋自然環境を、対比的に手描きのスケッチで表現できれば、もっと強いメッセージたり得た。（末廣 香織）

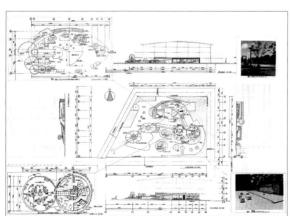

| 010 | 明石高専 | ◎野川 瑛統(5年)、首浦 胡桃、増本 結衣、山口 大空(3年)[建築学科]
担当教員：水島 あかね[建築学科] |

フナマチの円居——持続可能な遊漁の未来

審査講評　遊漁（レジャーフィッシング）の文化に着眼し、新たなネットワークをつくり出す提案は、今までの産業を受け入れて発展させたいという未来への姿勢が見て取れて好感をもった。また、リサーチから提案までしっかりとつくられていた点、パース（透視図）や模型といった基礎的な表現のすぐれていた点が、予選からのブラッシュアップと合わせて評価できた。
一方で、つくられたプログラムの設定の広がりが足りなかった。拾い集めたリサーチ結果や各部分同士の関係性を、プラン（平面計画）には描かれていないアクティビティ（活動）として具体的に提示できれば、

さらに評価できたように思う。また、他の審査員から指摘を受けたように、建物の形態や大きさを決める過程こそが、僕ら設計者にとって設計の醍醐味だと思う。正解はないが、回数を重ねたスタディ（検討）によって形態を導くという練習が、提案に社会性を生んでいくはずだ。　　　　（工藤 浩平）

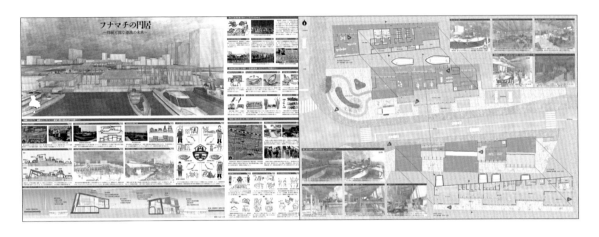

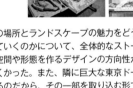

| 012 | 明石高専 | ◎佐武 真之介[建築学科5年]／松島 太陽[都市システム工学科3年]
担当教員：水島 あかね[建築学科] |

jicho-jico
地調自考——自然と触れ合いながら学べる、遊水池施設

審査講評　東京ドームの敷地に都市排水のための河川や暗渠が集中していることから、その場所に貯水機能も備えた子供の遊び場、あるいは公園的施設を作るというアイディアは非常におもしろい。高密な都心部において、水系に加えて森や土壌を含めた環境と景観を長期的視点で考える姿勢も、今後の持続可能な都市を考える上で重要である。都心部の水害についてはいろいろと調べていたし、子供の遊び場についても行動を細かく分析するとともに数多くの楽しそうなスケッチと模型があり、提案に一定の説得力を与えていた。
一方で、提案の内容はどうしても細かい要素に終始しがちになり、こ

の場所とランドスケープの魅力をどうつくっていくのかについて、全体的なストーリーと空間や形態を作るデザインの方向性が見えにくかった。また、隣に巨大な東京ドームがあるのだから、その一部を取り込む形で、拡張したボールパーク（野球場）、つまり、野球以外のアクティビティ（活動）も含めて最大限に楽しめる運動複合施設にすれば、さらに魅力的な計画になっただろう。　　　（末廣 香織）

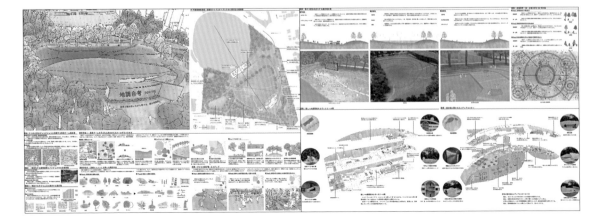

013	明石高専	◎北風 慶人、伊口 蒼真、丸山 泰生[建築学科4年] 担当教員：水島 あかね[建築学科]

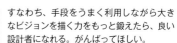

神戸暗渠再考──せせらぎのある都会ぐらし

審査講評 暗渠になっていた川を蘇らせ、道を緑化し自然豊かな公共空間をつくる、という着眼点や全体構成を評価された作品。一方で、設計の細部に落とし込む際、それぞれ別の論理で組み立てられてしまったことは、審査員が批評するポイントとなった。

つまり、全体の計画から細部の計画に入ってもなお、それぞれの部分の設計において全体性を考慮しなければならない、ということである。メインである川を軸に、住宅部分のリノベーション（改修）に向かえたなら、それぞれが別々の提案に見えなかったように思う。プラン（平面図）を描く力、模型を作る力には、他に引けを取らない技術があった。

すなわち、手段をうまく利用しながら大きなビジョンを描く力をもっと鍛えたら、良い設計者になれる。がんばってほしい。

（工藤 浩平）

015	豊田高専	◎長谷川 聡太、田浦 瑠依、梅田 蓮史、川崎 翔央[建築学科3年] 担当教員：前田 博子[建築学科]

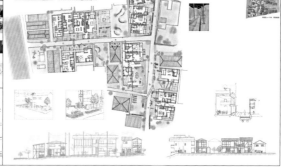

ECHOで広がる

審査講評 電気自動車の時代に、太陽光発電を用いた充電施設と公園駐車場の機能を持つ、人々の交流の場所を計画することは、普遍的課題として可能性がある。1つの屋根ユニットを組み合わせて配置することによって、多様な空間を実現しようとしたことや、このユニットの製作の仕組みを考えようとしていることも評価できる。

一方、これはユニットを中心とする提案なので、その仕組みの具体性と展開の可能性を示すことがキモである。ユニットの構造材料としてはCLT[*2]が想定されていたようだが、残念ながら、どのように接合して構造としてどう成立させるのか、基礎や屋根の防水はどうするのか、

複数のユニットへと拡張する仕組みはどうなるのか、といった具体的なところまでは考えられていなかった。この屋根をどのような場所に配置したらより有効なのか、電気自動車だけでなく他のモビリティ（移動手段）と組み合わせたら何ができるのか、屋根の下で人が佇むためのベンチなどのデザインをどうするのか、といった検討ができていたら、もっとリアリティのある提案になっただろう。

（末廣 香織）

註
*2 CLT：Cross Laminated Timberの略称。ひき板（ラミナ）を、繊維方向が直交するように積層接着した集成材。

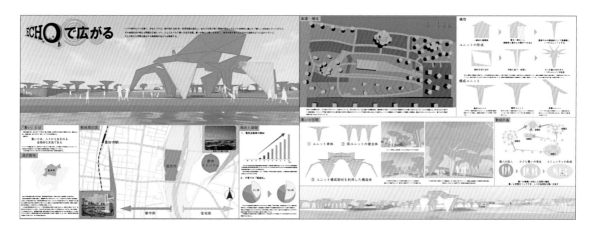

空間デザイン部門

| 023 | 高知高専 | ◎石井 美緒[ソーシャルデザイン工学科まちづくり・防災コース5年]
担当教員：三橋 修[ソーシャルデザイン工学科まちづくり・防災コース] |

終のマチが紡ぐモノ

審査講評

人口減少や防災、農地利用などの社会問題をテーマに、海に面する小さな住宅地を対象として、ワークショップなどで地域とのリアルな関わりを通しながら、20年後の未来を提案している。生まれ育った街は、放っておけないし、これからも持続していけるよう提案したい、という誠実さに溢れたものであった。

パビリオン(仮設建築)、堤防、公民館を提案しているが、互いに関連性のないのが残念である。街全体が面している堤防を軸として、生活と農業、公園がつながるような、大きな親水空間を考えてもよかった。身近な敷地を対象にする場合、提案がそのリアリティ(現実性)に対し

て負けてしまうことがある。普遍的に考えて設計することと、目の前の現実に向き合うこと、それらを両立することは難しい。学生の時点でそのことに立ち向かい、乗り越えようとした点はすばらしい。

近年、まちづくりやソフト面の提案なしでは、建築を実現する根拠が足りなくなっている。しかし、抽象化して物事をとらえることは、設計が持つ大きな力である。具体的な社会と抽象的な設計とで相互にハーモニーを奏でるようなプロジェクトが理想なのだ、とこの作品を見て改めて思った。

(百枝 優)

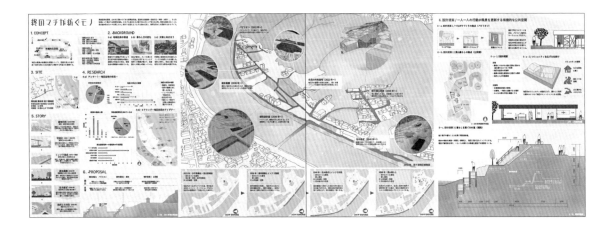

| 029 | 岐阜高専 | ◎小川 泰世、光山 歩、渡邊 凜[先端融合開発専攻専攻科1年]
担当教員：今田 太一郎[建築学科] |

水湊

審査講評

古に水運で栄えた岐阜県大垣市に、伝統的なたらい舟形の自動搬送システムを使って、新しい形での水運ネットワークを復活させるアイディアはおもしろいし、提案された水上マーケットの立体空間も、うまくすれば魅力的な場所になるだろう。それをサポートする技術として、太陽光発電に加えて小型水力発電を想定したり、自動運転システムについて調べていることも可能性を感じさせる。

一方で、搬送システムに人を介在させたためなのか、ステーション、マーケット、アトリウムなどの各機能空間の構成が過度に複雑になり、提案された半屋外空間が、その場所のスケール(規模)を大きく超えてし

まった。結果として、マーケットと搬送システムを組み合わせることのメリットがわかりづらく、提案の説得力を欠くことになった。また、水辺空間の魅力は、波紋、水流、光の反射、水音などによって、自然の美しさ、季節や天候、時間の移ろいを感じられることにある。こうした現象学的な価値を表すには、ソフトウエア仕様通りのCGではなく、一層深いレベルで人の感覚に訴えかける表現手法を身に付けるべきだろう。

(末廣 香織)

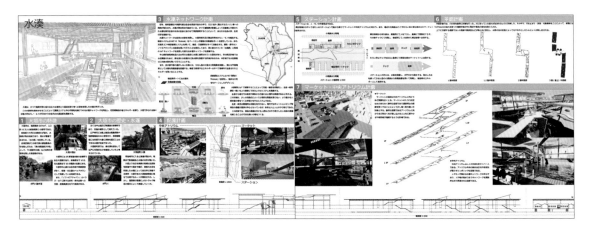

062	熊本高専（八代）	◎上田 結子、小松 舜、中原 水月、福山 湧太［建築社会デザイン工学科4年］ 森山 学［建築社会デザイン工学科］

坂本いろりばた郵便局

審査講評　集いの空間を、全国津々浦々にある郵便局を核として計画した本提案は、街の雰囲気にも合っており好感が持てる。また、高校生も利用するJR坂本駅や市役所支所に近接して配置した点、そこが人々の集まる場所になるであろうことを想像できる点も評価できる。囲炉裏を中心とした、どこかノスタルジー（懐かしさ）を感じさせる意匠も、完成度が高い。
一方、熊本県の坂本町が抱える現状の課題に真正面から答えているものの、坂本駅周辺という中心地に立地するにも関わらず、活動が坂本いろりばた郵便局のみで完結している点には物足りなさを感じる。審

査員からは、「そもそも、2040年に郵便という集配システムが残っているのだろうか」「未来の郵便や宅配のあり方も含めて提案があったら良かったのでは？」などと指摘された。

（宮原 真美子）

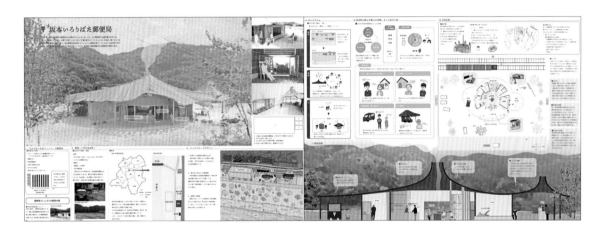

068	仙台高専（名取）	◎高橋 登和、岡田 宗一郎（5年）、吉田 勝斗（3年）［総合工学科Ⅲ類建築デザインコース］ 担当教員：坂口 大洋［総合工学科Ⅲ類建築デザインコース］

AQUESTION

審査講評　被災して閉館した宮城県の松島水族館を、新しい視点でとらえ直すことによって、街と一体化した未来の水族館を提案するという視点には大きな可能性を感じた。もし、水槽の不思議な形態が垣間見えるスケッチのような街並みが出現したら、他にはない魅力的な場所になることも間違いない。最終案では、こうした可能性を具体化してくれることを期待したのだが、結果は提案内容を掘り下げて充実させるのではなく、関連のないアイディアをいくつも継ぎ足したために、提案内容が薄くなり拡散してしまった。
さて、漁業の街と水族館の組合せをイメージした時、魚介類の泳ぐ生け簀と観賞用の水槽には大差がないことに気づく。魚介類の生態を学び、そして育て、最後には調理をして命をいただく場所までを複合的に提案できれば、それは人間と自然環境の問題について深く考える施設になるだろう。具体的な既存建物を生け簀水族館として改修する提案に集中し、さまざまな魚介類の生態に合わせた多様な形の水槽と、それを支える構造的な仕組みを考え、水を透過した自然光の揺らぎ、深い青色、うす暗さも含めて魅力的な空間と新しい街の風景を示してほしかった。

（末廣 香織）

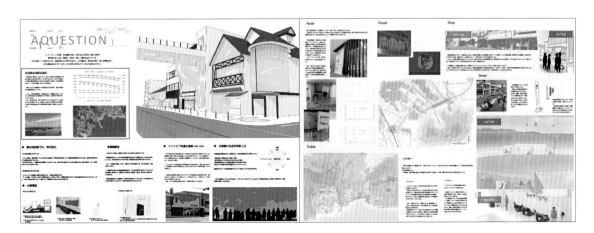

| 093 | 仙台高専（名取） | ◎藤原 ひかる、高野 結奈（5年）、三浦 夢瑚、菅野 翔太郎（2年）［総合工学科Ⅲ類建築デザインコース］　担当教員：坂口 大洋［総合工学科Ⅲ類建築デザインコース］ |

産業の森

審査講評　産業がなくなった工場に、伝統工芸品の工房やギャラリーを作り、この場所を周辺の人たちに開いていく提案。予選で指摘された点だが、本選で全体の計画についてしっかり説明できていたら、審査員はもっと理解できたように思う。周辺状況やプログラム、大きさやそのプロセスを説明するということは、私たち設計者がクライアント（施主）に対して、しないといけないことだ。一方、表現力やパワーは感じることができたので、今後は、ていねいに伝えていく手段を磨いてほしい。作っている時が楽しかったんだな、ということが伝わってくる模型は可愛かったので、その勢いを計画にも落とし込むことが、次なるステップかもしれない。

（工藤 浩平）

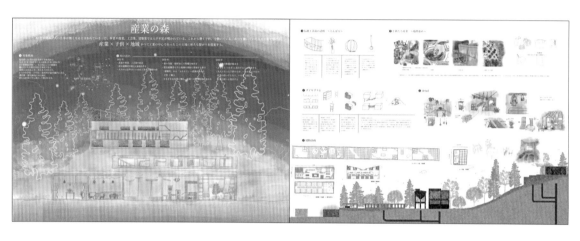

010

015

062

012

023

068

013

029

093

挑戦が成長につながる

末廣 香織 （審査員長）

建築に限らず、デザインとは、多様な条件を整理して、より価値の高い提案をすることである。デザコン2022は20年後の「2040年集いの空間」が課題テーマのコンペ（競技会）だった。そこで説得力を持つ提案をするには、設計者に対して、未来社会への具体的な想像力を持つことと、それをもとに論理的にストーリーを組み立てて魅力的な建築や都市の形を作ることが要求される。結果として、総合的に高いレベルでこうした作業をできていた作品が高く評価されたように思う。その一方、複数の人数で取り組んだ作品が多かったためか、提案内容は細かなアイディアの寄せ集めになってしまい、結局、何が主題なのかがわかりにくいものも目に付いた。

デザインとは整理すること、つまり、必要なものを残し、不要なものを捨てることでもある。これは現実社会でも同じである。各作品内で論理的に、遠慮のない議論をし、アイディアや提案をどんどん出して、その後、冷静に判断しながら切り捨てていく作業を参加メンバーで共有できなければ、すぐれた結果は得られない。まだ人生経験が浅く、社会とつながる経験の少ない高専の学生たちにとって、説得力のある提案へと収束させるのは難しかったに違いない。しかし、現代において情報リテラシー（情報を扱う能力）さえ高ければ、どこからでも必要な情報にアクセスできるはずである。何かに挑戦しなければ、成長はない。デザコン2022に参加した学生たちは、この経験をぜひ、今後の成長へとつなげてもらいたい。

最後に、今回のデザコンの運営に関わったすべての人々の前向きな努力に、心から感謝をして総評としたい。

未来を思考する力

宮原 真美子 （審査員）

「2040年集いの空間」という課題テーマに対して、10代の学生たちが、これからの未来をどのようにイメージしているのかを知ることができ、私にとっても学びのある審査であった。特に、最終審査過程である本選の決勝ラウンドに残った作品は、どれが最優秀賞になってもおかしくないクオリティの高いものだった。

審査の中で、「テーマ設定の現代性」「プログラムや提案のリアリティ（実現性）」「空間の構築力やデザイン性」など、いくつかのキーワードが出たが、どの切り口で作品をとらえるかによって、評価は変わってくる。今回のような公開審査の醍醐味は、審査の議論の中で評価の軸が展開されていくことを目の前で見られることであり、私自身も、他の審査員の意見を聞く中で、「ああ、そういう見方をするとおもしろいな」などの新たな発見があった。

本選では、審査員の票が動くたび、一喜一憂する学生たちの姿が目の端に映り、会場を直視するのが辛いほど彼らの真剣な熱量を感じていた。しかし、大切なのは票が移動することではない。それぞれが、自分の提案で何が評価されたのか、何が足りなかったのかを知る「学びの機会」となっていれば幸いである。

何が正しいのか、答えの出ないのが建築の難しいところであり、一方で、いつまでも考え続けられるのが建築の楽しさである。思考は知識の上に成立する。しっかりと基礎教養を学び（同時に、学んだことに対して常に疑いの目を持ち）、未来を思考する力を身に付け、今後、社会で活躍してほしいと願っている。

029

047

足りなかった部分を補って未来へ進む

工藤 浩平（審査員）

僕が高専で学んでいた頃は、このような機会がなかったので、うらやましく感じた。「このような」というのは、学年を越えて、学校を越えて、学生たちが1つのテーマを持って建築を考えるということである。高専は北から南まで、地域ごとに異なるバックグラウンドを持っていたので、さまざまな切り口と解像度（課題の理解度や提案内容の密度）を持った作品に触れることができた。環境の問題や、廃れてしまった街も含めて、鉄道やバスといったインフラまで拾い上げるような提案に、「『僕たち』『私たち』は諦めていないんだ！」という強い眼差しが感じられたことに、喜びと期待を感じ、関心を持った。今回の審査を通じて、「建築をつくる」というのは、計画、構造、設備といったエンジニアリングの部分（技術）から、人の感動する空間、美しいパース（透視図）、縮尺模型といった造形力や芸術性までが必要とされると同時に、現実社会に即した構想力、他者に伝えるコミュニケーション力、プレゼンテーション力が問われる総合的な学問である、ということを参加した学生たちは感じたと思う。

すべての高専の学生たちにしっかりと伝えたい。現代社会はとても複雑になっている。それは、何か1つの大きな力で一点突破できる発明や発見を求められ、消費していく社会から、これまでに積み重なったものを現実として受け止め、更新方法を変え、持続していける社会に変化し、建築や設計を複合的に考えることが求められているからだ。そのため、今回は2040年の「人々の集まる場所」をさまざまな角度で考える必要があった。見えない未来に向かって、あり得るかもしれないアクチュアリティ（現実）を議論していく難しさ、答え（正解）のない中を、審査員はもちろん、提案者も一緒に彷徨ったように思う。今回は、たまたま優劣はついてしまったが、僕には、本選に残った作品すべてが、すばらしい未来の射程を持った提案だと評価している。その優劣について1つだけ言及すると、差はその総合力でしかなかった。つまりは、それぞれが各高専に戻った後、足りなかった部分を補っていくことのできる差だ、ということだ（差を縮めるのも、実は簡単だよ）。

参加した学生それぞれが、今回できたこと、できなかったことを素直に、客観的に見つめ、受け止め、前に進んでいってほしい（これはゴールではなく、通過点である）。そして、豊かな2040年を描くために、正解のない鍛錬を互いに積んで、より良い社会を一緒に作っていこう、という希望のエールを贈り、総評とさせていただきたい。

建築で問われるのは、個人としてどう考えるか

百枝 優（審査員）

高専の学生の作品を審査するのは、はじめてだった。高専は5年制で、5年生は大学2年生に相当するとのことだが、大学の2年生が課題で提出する作品とは比較にならないくらいクオリティの高いものが多かった、というのが正直な感想だ。

初日に審査員間で話題になったのが、作品リストに作品名と学校名の記載しかない点である。やや甲子園をめざす高校野球のよう、と言うか、デザコンは高専関係者にとって、学校ごとが切磋琢磨する行事なのだろう。これは、批判という意味ではなく、大学で建築を学んだ僕が経験したことのないシステムだ、というだけである。高専の学生は、社会的に専門性の高い内容を学んでいる。しかし、年齢的には高校生に相当する学生もいて、見守る役割が必要だ。高校と大学の正に中間的な立ち位置にある。審査当日は、指導教員も多数来場していて、審査員には程よい緊張感が走っていた。

なぜ、このことに言及しているかと言うと、建築に関しては、個人がどのように考え、感じるかが非常に重要だと思うからである。大学では、はじめから学生は「あなたはどのように考えたか」が問われる。建築家をめざすのであれば、特に、どのような思想を持つ個人なのかが問われる。もちろん、グループで活動している建築家ユニットもあるのだが、傑出した個人同士でタッグを組むほうが、平均的な人たちが集まる集団よりも、傑出した建築を設計できるだろう。また、専門的な教育を受けていない建築家もいる。彼らはきっと社会を切り拓く力を持つ個人なのだろう。

僕が学生の頃に教わった建築家の山本理顕は、「社会は大きいが、個人の集合である」と、度々言っていた。チームで頑張ることはもちろん必要である。しかし、自分自身がどのように考えているのかを、鋭い意見として互いにぶつけ合い、切磋琢磨してほしい。社会に出る時には、1人の個人として扱われるのだから。

作品の展示設営、準備

従来の2倍の20作品が並び、賑わう会場

本選審査は、3年めのコロナ禍(COVID-19)にあって、ようやく従来の形式である、参加者全員が来場し、一堂に会しての大会として開催された。万が一、会場に来られなくなった参加者の出た場合も、大会の方針として、インターネット回線で参加者と会場を結ぶオンライン方式で参加できるよう準備をしていたが、幸い、予選を突破したすべての作品の学生たちは福岡県大牟田市に集うことができた。
会場は大牟田文化会館の小ホールで、およそ18m四方の平土間の空間に、各作品の展示スペースと、ポスターセッションにおけるプレゼンテーション用の登壇の場を設けた。ステージを備えたホールではあるものの、場内の一体感を重視して、会場中央がプレゼンテーションを行なう「広場」となるような平面計画とし、四方の壁沿いに作品展示ブースを作品番号順

に並べた。展示ブースは、プレゼンテーションポスター(図面。以下、ポスター)を掲示するボードと模型を設置するテーブルを含む幅1,800mm×奥行900mm×高さ1,800mmを展示可能範囲とした。学生たちの力の入ったポスターや模型が競うように展示された会場は、予選通過が20作品という例年にない多数となったこともあり、全国から集うことのできた感謝と感動に溢れていたように思う。
今年は、審査員との事前協議において、デザコンは「教育の場」であることを重視するのであれば、少数の作品の審査に2日間を費やすより、本選参加作品数を多くして、なるべく多くの学生が審査員とのやりとりを経験できるようにするべきでは、という鋭い視点からの提案が審査員からあった。そこで、デザコン2022では本選参加作品数を従来の倍である20作品として、本選2日間の日程の内、初日を「ファーストラウンド」、2日めを「決勝ラウンド」と位置付け、初日の「ファース

トラウンド」で選出された作品が2日めの「決勝ラウンド」に進出できる、という2段階の審査過程とした。
初日の午前中は作品展示の準備に充てられ、運営スタッフは、各作品が展示ブースの規定の範囲内に収まっているかを確認。力の入った模型の中には、展示範囲をはみ出るものもあったが、その場で模型を加工してもらい、規定の範囲内に収めた。また、模型用の照明や、ポスターの端がはみ出ている作品については審議となったが、いずれの作品も表現物そのものは規定の範囲を超えていない、という判断で不問とし、全20作品を審査対象とした。
オリエンテーションの時間が近づくにつれ、会場内の緊張感は高まっていった。オリエンテーションでは、初日の進行についての変更点を伝え、参加学生全員の承認を得て、13:20から「ファーストラウンド」のポスターセッションが開始した。

＊文中の[000]は作品番号。

012

015

023

054

076

088

067

029

053

068

108

註(本書29〜34ページ)
＊000、[000]：作品番号。　＊文中の作品名は、サブタイトルを省略。高専名(キャンパス名)『作品名』[作品番号]で表示。

ファーストラウンド① ポスターセッション

多くの作品が短時間内で 見事に説明を完了、 審査員から厳しい指摘も

「ファーストラウンド」はまず、ポスターセッションから始まった。審査員が各展示ブースを巡回し、学生による作品説明と質疑応答を経て審査する。各作品の持ち時間は8分間で、最初の4分間は学生による作品説明、残りの4分間が審査員との質疑応答である。今年は20作品と多数なため、休憩を挟んで前半10作品と後半10作品に分け、4人の審査員は一緒に各作品の展示ブースを1つ飛ばしに巡回して審査し、会場を合計2周することになった。審査員からは事前に、審査員が別々に作品展示ブースを巡る形式のほうが、学生の説明する回数が増えて、良い経験になるのではないか、という提案があったが、オンライン方式で参加する作品への対応を想定していたため、その準備の都合により、4人一緒に巡回して審査することで了承を得ていた。

各作品はそれぞれ短い時間で作品の説明をすることになる。そのため、必然的に端的でわかりやすい説明が求められた。提案したいこと、予選審査で審査員から求められた「本選に向けたブラッシュアップの要望」(本書39ページ〜参照)へどう応えたか、はじめて披露する模型など、説明したいことはたくさんある中で、ほとんどの作品は制限時間内に説明を終えることができた。各作品とも4分間の短い時間で予選からブラッシュアップした部分を中心に提案内容を説明し、残りの

029

4分間で矢継ぎ早に投げかけられる審査員たちからの鋭い質問に回答しなければならない。

以下、審査員と学生との質疑応答の例をいくつか挙げる。

[006]への「風や光を取り込む時に、この屋根の形状が有利なのか?」(百枝)に、学生は模型を見せながら「空気の流れを考慮して、片流れの屋根にした」と詳細を説明したが、「考えていることをもっと明確に見せる工夫はできたはず」(百枝)と、工夫が不十分な点を指摘された。[012]への「考えていることはわかりやすいが、建物の形状はどのように決まっているのか」(末廣)に「元々の土地の歴史の背景や人の印象を意識した」と学生が回答すると、「形を作る論理をもっと明確にしていくほうが魅力的になる」(末廣)とアドバイスされた。[015]では、提案するモビリティ(移動手段)と空間の関係に質問が集中した。「自動車が停まっている様子をもっと意識して、形態のデザインを引き出しては?」(百枝)に、学生は納得したように深く頷いた。

[023]への「まちづくりの主体は? 資金源は?」(百枝)に、学生が「公的な予算の確保が必要になるが、コストを抑えるためにパビリオン(仮設建築)を作りたい」と答えると、「つくるプロセス自体がこの作品の魅力だが、空間の提案ももっと工夫してほしかった」(宮原)とさらなる要望も出た。[088]の「ビルをくり抜いた空間については、予選時の計画より、地上からのつながりを意識した」という学生の説明に対する、「福岡市の一等地でこのようなオフィス空間をつくることの魅力は何?」(宮原)には、学生が「調査して、コワーキングスペース(共同執務空間)が少ないことや、付近の公園が魅力的でないことがわかった」と、提案に至るきっかけを説明。「図面の描き込みが不十分。図面でしっかり表現してほしかった」(工藤)と指摘される場面もあった。

[093]には、「アプローチなどの周辺計画や現状をもっと示してほしかった。それにより建築の形が変わってくるはず。提案者の知る情報を伝える表現を工夫して

表1　本選　ファーストラウンド　第1回投票集計結果(1人10票)

作品番号	作品名	高専名(キャンパス名)	末廣	宮原	工藤	百枝	合計
022	神鉄八百号	明石高専	●	●	●	●	4
047	しょーにん通り	米子高専	●	●	●	●	4
088	空博のつながり	有明高専	●	●	●	●	4
099	還りみち	石川高専	●	●	●	●	4
006	むすんで、ひらいて。	明石高専	●	●		●	3
010	フナマチの円居	明石高専		●	●	●	3
054	響	呉高専		●	●	●	3
076	Water Cycle	有明高専	●	●	●		3
108	Plot	石川高専	●	●	●		3
053	点から道へ、道から人へ	仙台高専(名取)	●			●	2
082	まちみるStā	都城高専			●	●	2
012	地調自考	明石高専	●				1
013	神戸暗渠再考	明石高専		●			1
023	終のマチが紡ぐモノ	高知高専			●		1
062	坂本いろりばた郵便局	熊本高専(八代)	●				1
067	和気曖昧	仙台高専(名取)				●	1
015	ECHOで広がる	豊田高専					0
029	水湊	岐阜高専					0
068	AQUESTION	仙台高専(名取)					0
093	産業の森	仙台高専(名取)					0
	合計		10	10	10	10	40

表註
*まず満票(4得票)の4作品[022][047][088][099]がファーストラウンド通過

表2　票の移動(1人1票をめやす)

末廣	宮原	工藤	百枝	合計
				4
				4
				4
				4
●	●		●	3
	●	●→×	●	3→2
	●	●	●	3
●	●	●		3
●	●	●		3
●		×→●	●	2→3
●	×→●		●	2→3
●→×				1→0
	●→×			1→0
		●→×		1→0
●				1
×→●		×→●	●	1→3
		合計選出作品		11作品

表註
*●は1票、×は0票、→は票の移動。
*■はファーストラウンド通過作品。
*作品名は、サブタイトルを省略。

*議論を経て、1得票作品を中心に、審査員が1人1票をめやすに票を移動。
*追加で、第1回投票で3得票の5作品の内、審査員の票の移動により2得票となった[010]を除く4作品[006][054][076][108]と、審査員の票の移動により3得票となった[053][067][082]の3作品がファーストラウンド通過。最終的に、3得票以上の合計11作品がファーストラウンドを通過した。

ほしい」(工藤)と要望があった。

ポスターセッションでは、審査員と学生の議論が盛り上がり、規定の時間を超えてしまう作品もあったが、どの作品の学生たちも、審査員との直接のやり取りを終えた後は、清々しい顔をしているように見えた。

ファーストラウンド②
ポスターセッション通過作品選出審査(公開審査)

審議は難航。激しい議論の末、10作品の予定が11作品に

全作品のポスターセッションが終了すると、10作品をめやすに決勝ラウンドに進む作品を選出する、ファーストラウンド通過作品選出審査(公開審査)に移った。

はじめに1回めの投票を実施。審査員は1人10票を持ち、それぞれ推薦する10作品に投票した。その結果、[022][047][088][099]に満票となる4票が入り、まず、満票の4作品をファーストラウンド通過作品として、2日めの決勝ラウンドに進めることが決定した(表1参照)。続く3得票が[006][010][054][076][108]の5作品、2得票が[053][082]の2作品、1得票が[012][013][023][062][067]の5作品、という結果になった。

続いて、投票集計結果をもとに、多得票の作品から順に審議が始まった。3得票作品について、[006]には、「園庭や外で遊ぶことについてもっと考えて。そこを取りこぼしてほしくなかった」(工藤)、[010]には、「美しく仕上がっているが、空間的なアプローチ(形や大きさの決定過程)が弱く、課題を解決できているかどうかわかりにくい」(末廣)、「船との関係をもっと見せてほしかった」(宮原)、[054]には、「外国人労働者の問題と建築の形とが乖離している」(百枝)、[076]には、「もう少し練り上げた建築を提案してほしかった」(末廣)、[108]には、「美しくて良いが、もっと課題について深く掘り下げてほしかった」(末廣)、「他の作品が多くの提案を盛り込もうとする中で、唯一引き算をしてやりたいことをシンプルに建築として提案。他の作品と一線を画している」(宮原)などの評価があった。

次に、1得票の5作品については、投票した審査員が講評することになり、[012]には、「都市の水害の問題を扱おうとする試みを評価したい」(末廣)、[013]には、「個人的に興味があるテーマなので、完成するのを見てみたい」(宮原)、[023]には、「人がいなくなる街に対して、誰も住まなくても、せめて土地の記憶を残そうとする意思が伝わってきた」(工藤)、[062]には、「小さな集落でどういうコミュニティをつくり、どう維持するのか、という問題は決勝ラウンドで良い議論になる」(末廣)、[067]には、「中間領域がテーマで、20年後に、塀のない環境で人はどう住むのかに興味があった」(百枝)などと評価された。

以上の議論を踏まえて、決勝ラウンドに進む作品を絞り込むために、1得票の作品を中心に、各審査員はそれぞれが投じている票から1票をめやすに動かすことになった。末廣審査員長は[012]から[067]へ、宮原審査員は[013]から[082]に、工藤審査員は[010]を[053]に、[023]を[067]に票を移動。その結果、[053][067][082]が3得票となり、4得票が4作品、3得票が7作品となった。ここで、審査員団から、3得票以上の11作品をファーストラウンド通過作品として決勝ラウンドへ参加させてはどうか、という提案があり、審査にかかる時間を踏まえて、2日めの各作品の審査時間を予定より1分ずつ短く変更することで、11作品をファーストラウンド通過とすることに決定した(表2参照)。

ファーストラウンド③
ポスターセッション講評

未通過9作品の健闘を讃え、通過11作品へエール

その後、4人の審査員から、決勝ラウンドに進むことのできなかった9作品に対し、ポスターセッションでのやり取りを踏まえて、ていねいな講評があった。また、ファーストラウンドを通過した11作品に対しては、翌日の決勝ラウンドのプレゼンテーションに期待する旨が伝えられた。

099

108

決勝ラウンド① プレゼンテーション

前日の審査員からの
問いへの回答を含め、
短時間で適切に説明できるか

2日めの決勝ラウンドでは、まず、初日の
ファーストラウンドを通過した11作品が
プレゼンテーションに臨んだ。プレゼン
テーションでは、作品説明（プレゼンテー
ション）と質疑応答を通して審査される。
作品説明の内容には、ファーストラウン
ドで審査員から問われた項目1つ1つへの
回答を含むことが求められた。各作品そ
れぞれの持ち時間は、作品の説明4分間、
質疑応答5分間の計9分間で、当日のオリ
エーテーション時に実施したくじ引きにより
決定した審査順で進行した。

学生たちは、スライド資料や模型などを
スクリーンに投影しながら作品を説明し、
質疑応答で各審査員からの質問に答えて
いった。動画を用いて詩的な表現を試み
るなど、プレゼンテーションを工夫した
作品[108]のある一方で、時間が足りず
に十分に説明できずに終わった作品も見
受けられた。

[006]では、機能ごとに部屋を分離する
ことや、大人と違って身体の小さな子供
のための空間のスケール（寸法）の考え
方についての質問（百枝）に続く、「『遊ぶ』
『寝る』という機能ごとに分け、適切に配
置しているのではなく、機能の一致した
空間ごとにまとめて分散しているだけで
は？」（百枝）という指摘に、学生は「園児

の行なう1つの行為である午睡など、活
動に対応して計画した」と答えた。[099]
では、「天候への対応をどこまで検討して
いるか？ 車椅子はどうするのか？」（宮
原）に、「コンクリートの道は幅1,500mm
で、車椅子でも通りやすい」と学生は明
解に回答。[067]には、「シェアの問題に
おいては『めんどくささ』や『おせっかい』
を生む仕掛けを建築でいかに作れるかが
重要」「空間の中に、共用部と私有部の管
理に関するリアリティ（現実性）や、人と
人との関係性をデザインすることが重要」
（宮原）、などの助言があった。
[047]では、「小学校のカリキュラムの中
で『街活』の時間は取れるのか」（百枝）に、
「オンライン授業が増えて、自由な時間は
多いと思う」と学生が回答。また、「新しい
形態の小学校に応じて、学年ごとに児童
の見守り範囲を示し、商店街に子供が実
際に集まること自体の意味をもっと深く
追求して、そこを強調してほしかった」（末
廣）などの要望も出た。[053]には、「空い
たスペースに、一時的に使う機能を持っ
てくることで、空間の可能性はまだまだ
ある」（末廣）と助言があった。[076]では、
提案する空間の導き方に関する「どうして
カーテンで仕切るという発想になったの
か？」（百枝）への、「自分の居場所を仕切り
たい」という学生の回答に対して、「それな
らば、カーテン自体をもっと建築の構築
性に結び付けるなど、さらなる提案が必
要」（百枝）と応じる場面も。

[088]については、敷地周辺の「博多らし
さ」をどうとらえ、いかに空間に反映する
か、提案する空間と既存建物の機能との
関係性、などを中心に議論が展開した。
[022]では、「電車である意味」を巡る議論
が中心となり、「電車でやる意味は？」（宮
原）に、学生が「最寄り駅としてマーケッ
トなどが利用でき、地域とつながると考
えた」と回答するも、「電車で人が移動す
る体験などを含め、車体の設計まで切り
込むことが重要なのでは？」（百枝）と指摘
された。[054]には、「屋根を大勢で作る
意義については共感するものの、社会の
変化に対する視点については、もっとリ
アリティを伴ったほうがいい」（百枝）と助
言があった。
[108]は、動画や詩を用いた詩的なプレ
ゼンテーションを審査員が評価。「建築で
は特に、人間の体験することが重要であ
り、それを伝える努力が必要。図面や模
型で十分に表現できるようになってほし
い」（末廣）などの要望もあった。[082]に
は、「あれもしたい、これもしたいで終わ
るのではなく、提案の中で何が一番大事
にしたいことなのか、一旦、自分から切
り離して客観的に見つめ、そこから引き
算もすることがデザインでは大事」（末廣）
などの助言とともに、「何が正しいかわか
らない時代には、思い切った挑戦も大事
なので、この作品のような大胆さも時に
は必要」（末廣）という応援もあった。

表3　本選　決勝ラウンド　第1回投票集計結果 (1人5票)

作品番号	作品名	高専名(キャンパス名)	末廣	宮原	工藤	百枝	合計	受賞
006	むすんで、ひらいて。	明石高専	●				1	上位入賞対象外
022	神鉄八百号	明石高専		●	●	●	3	上位入賞候補
047	しょーにん通り	米子高専	●	●		●	3	上位入賞候補
053	点から道を、道から人へ	仙台高専(名取)			●		1	上位入賞対象外
054	響	呉高専		●	●		2	上位入賞候補
067	和気曖昧	仙台高専(名取)					0	上位入賞対象外
076	Water Cycle	有明高専					0	上位入賞対象外
082	まちみるStá	都城高専					0	上位入賞対象外
088	空博のつながり	有明高専	●			●	2	上位入賞候補
099	還りみち	石川高専	●	●	●	●	4	上位入賞候補
108	Plot	石川高専	●	●	●	●	4	上位入賞候補

表註　＊2得票以上の6作品[022][047][054][088][099][108]が上位入賞候補。
　　　＊●は1票。　＊作品名は、サブタイトルを省略。

決勝ラウンド②　最終審査(公開審査)01
投票結果をもとに、審査員それぞれの視座から熱い議論が展開

前日のファーストラウンド通過作品選出審査(公開審査)と同様、各賞を決定する決勝ラウンドの最終審査(公開審査)も、審査員4人による投票で始まった。各審査員の持ち票は5票とし、それぞれが推す5作品に投票。運営の学生スタッフが審査員の指示を受けて、審査員席の背後に置かれたホワイトボードの投票集計表に各審査員の票のシールを順番に貼っていく様子を、参加学生と来場者一同は固唾を飲んで見守っている。

1回めの投票で、[099][108]に満点の4票、[022][047]に3票が入った(表3参照)。まず、4得票と3得票の4作品は受賞7作品の内、上位入賞3作品(最優秀賞、優秀賞)の候補とすることを決定。次に、協議の上、1得票以下の5作品は、上位入賞対象外とすることとなった。

続いて、2得票の[054][088]も上位入賞対象外にするかどうか、について議論が始まった。[054]には「3年生ながら力強い作品。しかし、扱っている外国人労働者の問題に関して『20年後の日本がどうなってほしい』など、もう少し具体性がほしい」(百枝)、[088]には「経済が都市を形作っていく中で、博多駅周辺の都心部にもう一度公共空間を取り戻す提案は評価

できるが、図面の表現力が物足りない」(末廣)などの指摘があるなど、議論は収束しない。そこで、先の決定どおり、一旦、2得票以上の6作品を上位入賞の対象とし、審議が進んだ(表3参照)。

3得票の2作品の審議は、「票を入れなかった審査員に、その理由を訊きたい」(宮原)という提案から始まった。[022]には、「列車を使うことのリアリティを突き詰めた時に、列車である価値や意味についてわかりにくいところがある」(末廣)との指摘があり、会場の学生が「移動中のアクティビティ(活動)のことも考えている」と応戦するも、「そうであるなら移動中の状況をパース(透視図)などで具体的に表現しておくことが必要」(工藤)との指摘が付け加えられた。[047]には、「提案内容は良い。だが、中学生や高校生を対象ならわかるが、小学生が対象という点でリアリティに欠け、イメージしづらい」(工藤)との指摘される一方で、「今の日本の教育のあり方に疑問を持つ考え方には共感できる。特に、空洞になりつつある街なかや商店街で『体験』できるところが良い」(末廣)と評価された。

4得票の2作品について、[099]は、「2日めのプレゼンテーションの印象は、初日のポスターセッションとそれほど変わらなかったものの、予選から本選へのブラッシュアップが非常に良かった」(百枝)と評価された。また、「道の提案であれば、もっ

と徹底的に道の可能性を突き詰めてほしかった。やりたいことをたくさん詰め込み過ぎているのでは？」(宮原)と指摘された一方、「細かい提案を重ねて作品の可能性を広げようとした姿勢、図面にまとめた構成力は評価したい」(工藤)と評価する声もあった。

[108]は、「いろいろとたくさん盛り込もうとする作品の多い中で、唯一やりたいことがシンプルに表現されている」(宮原)のほか、初日を踏まえて工夫を凝らした2日めのプレゼンテーションは審査員から高く評価された。同時に、「総合性という点では[099]が勝るのでは」(工藤)と、評価軸に関わる議論が白熱する展開となった。

決勝ラウンド②　最終審査(公開審査)02
混戦となった最優秀賞と優秀賞の選定

審査は混戦模様となり、まず、最優秀賞を審査員4人による2回めの投票で決めることとなった。各審査員の持ち票は2票とし、第1回投票で上位入賞が確定した2得票以上の6作品を対象に、それぞれが

表4　本選　決勝ラウンド　第2回投票(最優秀賞候補への投票)集計結果 (1人2票)

作品番号	作品名	高専名(キャンパス名)	末廣	宮原	工藤	百枝	合計	受賞
022	神鉄八百号	明石高専		●		●	2	最優秀賞候補
047	しょーにん通り	米子高専	●				1	最優秀賞候補
054	響	呉高専					0	最優秀賞対象外
088	空博のつながり	有明高専					0	最優秀賞対象外
099	還りみち	石川高専	●		●		2	最優秀賞候補
108	Plot	石川高専		●	●	●	3	最優秀賞候補

表5　最優秀賞への推薦 (1人1票)

末廣	宮原	工藤	百枝	合計	受賞
				0	最優秀賞対象外
				0	最優秀賞対象外
●		●		2	最優秀賞候補
	●		●	2	最優秀賞候補

表註
＊●は1票。
＊作品名は、サブタイトルを省略。
＊議論の中で各審査員が推す作品を票で表示。

表註
＊得票した4作品[022][047][099][108]が最優秀賞候補。

表6　本選　決勝ラウンド　票の移動と最優秀賞、優秀賞の決定

作品番号	作品名	高専名（キャンパス名）	末廣	宮原	工藤	百枝	合計	受賞
099	遡りみち	石川高専	●	×→●	●	×→●	2→4	最優秀賞（日本建築家協会会長賞）
108	Plot	石川高専		●→×		●→×	2→0	優秀賞

表註
＊議論の結果、宮原審査員、百枝審査員の票が[099]に移動し、全審査員一致で[099]が最優秀賞に決定。
[108]は優秀賞に決定。
＊●は1票、×は0票、→は票の移動。　＊作品名は、サブタイトルを省略。

表7　本選　決勝ラウンド　各賞の決定

作品番号	作品名	高専名（キャンパス名）	末廣	宮原	工藤	百枝	受賞
006	むすんで、ひらいて。	明石高専					
022	神鉄八百号	明石高専					優秀賞
047	しょーにん通り	米子高専		★			三菱地所コミュニティ賞
053	点から道へ、道から人へ	仙台高専（名取）					
054	響	呉高専			★		審査員特別賞
067	和気曖昧	仙台高専（名取）				★	審査員特別賞
076	Water Cycle	有明高専					
082	まちみるStá	都城高専					
088	空博のつながり	有明高専	★				建築資料研究社／日建学院賞
099	遡りみち	石川高専					最優秀賞（日本建築家協会会長賞）
108	Plot	石川高専					優秀賞

表註
＊2つめの優秀賞は、第2回投票で得票した受賞作品以外の2作品[022][047]を候補として審議。審査員の意見は割れ、議論の末、[022]が優秀賞に決定。
＊各審査員の選出した作品（1人1作品）が、空間デザイン部門で準備していた振り分けに従って、審査員特別賞、建築資料研究社／日建学院賞、三菱地所コミュニティ賞に決定。
＊★は受賞対象として審査員が推薦した作品（1人1作品）。　＊作品名は、サブタイトルを省略。

推す2作品に投票。その結果、[108]が3得票、[022][099]が2得票、[047]が1得票となった（表4参照）。

この得票集計結果をもとに議論するが、最高3得票の[108]を最優秀賞ということには強い反対意見が出て、なかなか収束しない。そこで、第2回投票で得票した作品を対象に、各審査員が最優秀賞に推す1作品を表明したところ、[099][108]に2人ずつ、と票が割れた（表5参照）。[099][108]のどちらを最優秀賞にすべきか、議論を重ねた結果、宮原審査員と百枝審査員が総合力の高さを評価して[108]から[099]へ票を動かすことに同意し、全員一致で[099]を最優秀賞とした（表6参照）。

優秀賞については、まず、最優秀賞を最後まで競った[108]が決定（表6参照）。残り1作品は、第2回投票で得票した受賞作品以外の2作品[022][047]を候補として、議論は進んだ。[047]は、小学生を対象とするのには違和感もあるが、商店街に学びの場を置くというプログラムと努力を評価する声も多く、着眼点を評価される[022]と評価は拮抗。最終的に、末廣審査員長の同意を得て、20年後の地方駅の状況に対して大きな可能性のある[022]を優秀賞に決定した（表7参照）。

審査員特別賞2作品と、建築資料研究社／日建学院賞1作品、三菱地所コミュニティ賞1作品については、この時点で受賞していない決勝ラウンド参加作品すべての中から各審査員が1作品ずつ推薦することとし、空間デザイン部門で準備していた振り分けに従って、[054]（工藤）[067]（百枝）が審査員特別賞、[088]（末廣）が建築資料研究社／日建学院賞、[047]（宮原）が三菱地所コミュニティ賞と決まった（表7参照）。

最後に、各審査員から総評があった。工藤審査員は、「主に大学1、2年生に相当する年代で設計しているにもかかわらず、どの作品もよくできているから、自信を持っていい。本選に参加した学生には、いずれも基礎となる力はあるので、これからは、それをどう使うかを学んでほしい。また、設計を勉強したいなら、大学に進学して、さらに勉強してほしい」と、自身の大学時代のエピソードも含めながら助言。また、「答えはすぐには見つからないもの。これをやればこうなる、というように安直な方法は絶対にない。答えをすぐに出さないこと」と、ものごとへの取組み方についての助言とともに、高専の先輩として後輩たちにエールを送った。
百枝審査員は、「2日間かけて審査と提案の改良を繰り返す方法が審査員としても楽しかった。2日めのプレゼンテーションまでにブラッシュアップされていた作品

がいくつかあり、その点も良かった。現在は、個人よりも先に学校の名前があるが、将来は個人として社会に出ていくことになる。今後は、自分が社会に対してどういう意見を持つか意識すると良い」と助言。

宮原審査員は、「どの本選作品も迫力があって良かったし、審査も楽しめた。審査員が変われば評価は変わるもの。今回の審査を通して、自分の強みと弱みについて考えてほしい。今回の審査では、取り上げたテーマの現代性や提案のリアリティがキーワードになったが、建築には正解がないし、答えがないものに対しては仮説を立てるしかない。これからも社会を自覚的に見ていくことが大事」と、学生たちを応援した。

最後に、末廣審査員長から、「高専の学生の、建築をやろうという純粋な気持ちと努力に感心した。こういうコンペの審査は水もので、結果は審査員で変わる。むしろ、議論の中身が大事だ。デザインとは、単に形を考えることではなく、何もないところから新しいことを考えること。現在のように、社会が大きく変わっている変革期では、常識を疑わないといけない。常識とは習慣でしかなかったりするので、大事なのは合理的な思考」という応援のメッセージとともに、会場の参加者や運営も含めてその場にいる全員に対する労いの言葉が贈られ、2日間にわたるデザコン2022は無事に閉会した。

（正木 哲　有明高専）

空間デザイン部門概要

■課題テーマ
2040年集いの空間

■課題概要
今から20年後の地域の姿を想像してみてほしい。世界規模での新型感染症の拡大などにより社会が変わり、今後、建築や都市空間の変容が予想される中で、人はどのような場所にどのように集い、生活や交流をしているのだろうか。人々の新しい生活の舞台には、新しい空間の創出が期待される。地域の20年後を鑑みつつ、提案者自らが地域に生きる当事者の目線に立ち、その地域の未来を、人々が集う場のかたちから、想い描いてほしい。

■審査員
末廣 香織(審査員長)、宮原 真美子、工藤 浩平、百枝 優

■応募条件
❶高等専門学校に在籍する学生
❷1〜4人のチームによるもの。1人1作品
❸創造デザイン部門、AMデザイン部門への応募不可。ただし、予選未通過の場合には、構造デザイン部門への応募は可

■応募数
114作品(314人、21高専)

■応募期間
2022年8月24日(水)〜9月7日(水)

■設計条件
❶計画の対象とする敷地は、あらゆる地域を自由に想定してよい
❷実際の地域、場所などが抱える課題、将来の地域社会の状況について調査した上で提案すること
❸住宅、公共施設、商業施設、広場など、用途は自由に想定してよい

本選審査

■日時
2022年12月10日(土)〜11日(日)

■会場
大牟田文化会館小ホール

■本選提出物
❶プレゼンテーションポスター：A1判サイズ(横向き)最大2枚、厚さ3mmのスチレンボードに貼りパネル化
❷プレゼンテーションポスターの電子データ(PDF形式)：図面ごとに2つのデータファイルに分ける
❸模型：テーブルの上に平積みできるもの。総重量10Kg以下

■展示スペース
作品ごとに、幅1,800mm×奥行900mm×高さ1,800mmの展示ブースを用意。1作品につき展示用パネル(幅1,800mm×高さ2,000mm)1枚、テーブル(幅1,800mm×奥行600mm×高さ700mm)1台を設置

■審査過程
審査方式：
❶審査員と参加学生が来場しての審査
❷本選は、初日に「ファーストラウンド」、2日めに「決勝ラウンド」の2部構成で審査
❸「ファーストラウンド」では予選通過20作品を対象に審査し、「決勝ラウンド」に進出するファーストラウンド通過11作品(10作品をめど)を選出
❹「決勝ラウンド」ではファーストラウンド通過11作品を対象に審査し、各賞を決定
参加数：20作品(62人、11高専)
2022年12月10日(土)
ファーストラウンド
❶ポスターセッション
前半13:20〜14:30
後半14:50〜16:00
❷ファーストラウンド通過作品選出審査(公開審査)
16:20〜18:00
❸ポスターセッション講評
18:00〜18:40
2022年12月11日(日)
決勝ラウンド
❶プレゼンテーション
9:15〜11:15
❷最終審査(公開審査)
11:30〜12:30
❸審査員講評
12:30〜13:00

■審査ポイント
①提案の創造性
②デザインの総合性
③プレゼンテーション力

空間デザイン部門

問題意識と可能性

末廣 香織 (審査員長)

全国の高専の学生から、114作品の応募があったことをまずは感謝したい。今回の課題は、20年後という近い未来を想像しつつ、それぞれが具体的な地域を想定して魅力的な提案を求めるものであった。応募作品を眺めてみると、高専の学生ならではの視点や、エネルギーに溢れた意欲的な作品もあった一方で、提案としてまとめ切れていない作品も数多く見られた。

予選審査では、案の完成度は重要視したが、提案としての整理がまだまだ不十分であっても、提案の中に問題意識が窺えた作品や、取り組もうとしている内容に可能性を感じられた作品には票を入れた。

未来を感じられるテーマ設定と計画性

宮原 真美子

デザコンの審査ははじめてだったが、114作品という応募作品数の多さに驚いた。それぞれに、学生らしい視点や勢いを感じ、作品を読み込むのが楽しかった。一方で、提案の空間表現、作品のテーマ設定のおもしろさ、プレゼンテーション(提案内容の表現)のわかりやすさには、力の差が大きくあったように思う。

私は建築計画を専門としているため、空間提案はもちろん、未来を感じられるテーマ設定とテーマに対する計画性の視点から審査をし、作品をセレクトした。予選を通過した20作品に残した「本選に向けたブラッシュアップの要望」(本書39ページ～参照)を受けて、学生たちが本選までにどのように作品をディベロップ(発展)させるのか、非常に楽しみにしている。

わかりやすくまとめること

工藤 浩平

A1判サイズの紙1枚で表現していく難しさはあると思うが、限られた条件の中で計画を伝えていく力によって、大きく差がついたように思った。その中でも、可能性を感じられる作品、ブラッシュアップしたらおもしろくなりそうな作品を選出した。

ここでは、本選に残らなかった作品に言及したいと思う。簡単に簡条書きにする。

❶場所の説明が明解でない。

❷何が提案に必要とされているか、まとめ切れていない。

❸何をつくったのか、がわからない(図書館なのか？　バスの提案なのか？)。やりたいことが整理されていない、ということ。

❹詳しい図面はなくてもいいのだが、計画内容のわかる最低限の平面図、断面図、パース(見取図？)がない。

デザインする、設計することのメインとなるのは、アイディアをいろいろと広げていった後に削る作業、わかりやすくまとめる作業である。

「あれも、これも」ではなく、最小限に絞って伝えるという作業をやってみてほしい。これもまた訓練だ。

今後の伸び代にも期待を込めて

百枝 優

作品の完成度だけでなく、今後の伸び代を想像して、ドキドキしながら選ぶという今回の予選審査は新鮮だった。

20年後の社会に対して仮説を立てる難しい課題テーマだが、優等生的に複数の社会問題を組み合わせて解決を図る作品よりも、一見無茶に感じても自分ならではの鮮やかな視点のある作品のほうが、今後の飛躍が予感され魅力的に見えた。

審査には相対的な部分もあり、他の審査員の意見を聞いて「なるほど、そういう作品だったのか」と納得することがある。自分の見落としていた作品に光が当たると、ほっとすると同時に、自分自身もまた、1つ学べた気がするのだった。

予選では、当初、117作品の応募があった。今年は審査員の意向もあり、予選通過作品を例年の10作品から20作品に増やし、その代わり、本選においても段階的に選出を進める2段階審査を実施することが事前に決まった。応募受付の終了後、審査員と応募作品のプレゼンテーションポスター(以下、ポスター)の電子データ(PDF形式)を共有し、予選審査に臨んでもらうこととなった。なお、応募作品の高専名と氏名は公平を期すために伏せられている。

予選審査はインターネット回線を利用したオンライン方式での実施となった。はじめに、事務局から応募規定に沿わない3作品[005][011][105]があることを伝え、審査員4人の合意を得て、117作品からそれら3作品を除いた114作品を全応募作品とした。そして、そこから、予選審査までにポスターを提出しなかった1作品[115]を除いた113作品を審査対象とすることが決まった。

予選審査は2段階に分けて行なわれた。まず、1次審査として、4人の審査員がそれぞれ20作品を選ぶ1次選考投票を実施。投票の結果、満票である4票の作品が3作品、3票の作品が7作品あり、これら10作品を再度確認したところ異論は出なかったので、そのまま予選通過とした(表8参照)。

次の2次審査では、残りの10作品を選出するため、1次選考投票で2票の15作品と、1票の17作品から審査員が選出した5作品の合計20作品を対象として、1人10票で2次選考投票を行なった。この得票集計結果をもとに審査員間で協議した結果、そのうち10作品を予選通過とした。先の1次審査で選出した10作品と合わせて、合計20作品を予選通過作品とし、予選審査を終了した(表9参照)。

審査員からは、「案としてまとまっている作品が少なく、完成度の低い作品には票を入れにくい」という意見が出る一方、「粗削りな提案だが、今後の伸びに期待して票を入れた。楽しみである」という意見もあった。結果的に、本選に参加する予選通過作品には、1次審査で4票(満票)を獲得した作品から1票のみの作品までが含まれることとなった。予選通過20作品には、審査員による「本選に向けたブラッシュアップの要望」(本書39ページ〜参照)を送付した。　　(正木 哲　有明高専)

表8　予選——1次選考投票　集計結果(1人20票をめやす)

作品番号	作品名	高専名(キャンパス名)	末廣	宮原	工藤	百枝	合計
010	フナマチの円居	明石高専	●	●	●	●	4
053	点から道へ、道から人へ	仙台高専(名取)	●	●	●	●	4
062	坂本いろりばた郵便局	熊本高専(八代)	●	●	●	●	4
022	神鉄八百号(しんてつやおごー)	明石高専	●	●	●		3
029	水湊	岐阜高専	●		●	●	3
067	和気曖昧(わきあいまい)	仙台高専(名取)	●		●	●	3
076	Water Cycle	有明高専	●	●		●	3
088	空博のつながり	有明高専	●	●	●		3
093	産業の森	仙台高専(名取)		●	●	●	3
108	Plot	石川高専		●	●	●	3
012	地調自考(jicho-jico)	明石高専	●			●	2
013	神戸暗渠再考	明石高専			●	●	2
015	ECHOで広がる	豊田高専	●		●		2
019	5感の変換	明石高専	●			●	2
021	銭湯で紡ぐまちと人	明石高専	●		●		2
023	終のマチが紡ぐモノ	高知高専			●	●	2
034	げんきのこ	呉高専	●			●	2
047	しょーにん通り	米子高専		●		●	2
054	響	呉高専		●	●		2
063	店と生きる	仙台高専(名取)		●		●	2
082	まちみるStâ	都城高専	●			●	2
090	シェアリングプラットフォーム	石川高専			●	●	2
099	還りみち	石川高専			●	●	2
111	記憶へいざなう緑廊	石川高専			●	●	2
116	湯渡蔵渡(ゆわたりくらわたり)	呉高専		●		●	2
006	むすんで、ひらいて。	明石高専		●			1
027	Atsumaru	豊田高専			●		1
031	目的に屯する	豊田高専			●		1
042	ブドウとまちと人と	都城高専				●	1
044	森(モリ)の都	仙台高専(名取)			●		1
045	海の守り(杜)場	仙台高専(名取)			●		1
048	兵庫塩屋のまちなか交換日記	明石高専			●		1
050	べんべんがらがら	高知高専			●		1
064	新たな都市の形	有明高専	●				1
068	AQUESTION	仙台高専(名取)	●				1
070	こどもの町	米子高専			●		1
073	充電木(じゅうでんき)	呉高専		●			1
077	交	熊本高専(八代)	●				1
079	駅から広がる集いの空間	米子高専	●				1
085	ミズシマ	米子高専	●				1
087	接続のすゝめ	鹿児島高専			●		1
114	まちの緩衝材	米子高専	●				1
合計			20	20	20	20	80

表註
＊●は1票を示す。
＊作品は予選の1次選考投票で票の入った42作品。票の入らなかった作品は未掲載。
＊■は1次選考で予選通過となった10作品を示す。
＊作品名はサブタイトルを省略。
＊作品番号[005][011][105]は欠番。[115]は審査対象外。

＊文中の[000]は作品番号。

表9　予選——2次選考投票　集計結果（1人10票をめやす）

作品番号	作品名	高専名（キャンパス名）	1次選考投票の得票数	末廣	宮原	工藤	百枝	合計
010	フナマチの円居	明石高専	4					
053	点から道へ、道から人へ	仙台高専（名取）	4					
062	坂本いろりばた郵便局	熊本高専（八代）	4					
022	神鉄八百号（しんてつやおごー）	明石高専	3					
029	水湊	岐阜高専	3					
067	和気曖昧（わきあいまい）	仙台高専（名取）	3					
076	Water Cycle	有明高専	3					
088	空博のつながり	有明高専	3					
093	産業の森	仙台高専（名取）	3					
108	Plot	石川高専	3					
006	むすんで、ひらいて。	明石高専	1	●	●	●	●	4
013	神戸暗渠再考	明石高専	2	●	●	●	●	4
015	ECHOで広がる	豊田高専	2	●	●	●	●	4
047	しょーにん通り	米子高専	2	●	●	●	●	4
054	響	呉高専	2	●	●	●	●	4
012	地調自考(jicho-jico)	明石高専	2	●	●	●		3
023	終のマチが紡ぐモノ	高知高専	2	●	●		●	3
068	AQUESTION	仙台高専（名取）	1	●		●	●	3
082	まちみるStá	都城高専	2	●		●	●	3
099	遷りみち	石川高専	2		●	●	●	3
090	シェアリングプラットフォーム	石川高専	2		●	●		2
034	げんきのこ	呉高専	2	●				1
045	海の守り(杜)場	仙台高専（名取）	1				●	1
073	充電木（じゅうでんき）	呉高専	1		●			1
019	5感の変換	明石高専	2					0
021	銭湯で紡ぐまちと人	明石高専	2					0
031	目的に屯する	豊田高専	1					0
063	店と生きる	仙台高専（名取）	2					0
111	記憶へいざなう緑廊	石川高専	2					0
116	湯渡蔵渡（ゆわたりくらわたり）	呉高専	2					0
	合計			10	10	10	10	40

表註
＊●は1票を示す。
＊作品は1次選考で予選通過となった10作品と、2次選考投票の対象となった20作品。
＊▨は2次選考で予選通過となった10作品を示す。
＊▦は1次選考で予選通過となった10作品を示す。
＊■は予選通過20作品を示す。
＊作品名はサブタイトルを省略。

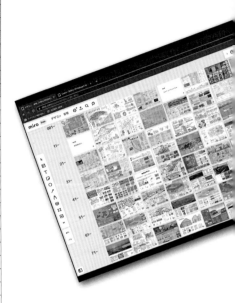

予選　　　　　　　　　**開催概要**

予選審査準備
2022年8月24日（水）～9月7日（水）：エントリー期間
2022年9月9日（金）：全応募117作品の内、応募規定に沿わない3作品と未着の1作品を除いた113作品のプレゼンテーションポスターの電子データ（PDF形式）を審査員に審査資料として送付し、事前に応募作品の概要の把握を依頼

予選審査
■**日時**　2022年9月26日（月）10:00～15:00
■**審査方式**　運営本部と各審査員とをインターネット回線でつなぎ、ビデオ会議アプリ「Zoom」を利用したオンライン方式で実施。全応募117作品の内、応募規定に沿わない3作品と未着の1作品を除いた113作品を対象に審査
■**会場**　運営本部は有明高専4号棟マルチメディア室、各審査員は各

所在地
■**事務担当**　正木 哲、窪田 真樹（有明高専）
■**予選提出物**　プレゼンテーションポスター（高専名と氏名の記載不可）の電子データ：A1判サイズ（横向き）、PDF形式またはJPG形式／インターネット回線を利用した予選エントリーフォーム（Web）にアップロードして提出
設計主旨、配置図、平面図、断面図、透視図（CG、模型写真含む）、イラストなどを適宜選択し、表現すること
■**予選通過数**　20作品（62人、11高専）
■**予選審査ポイント**
①提案の創造性
②デザインの総合性
③プレゼンテーション力

本選に向けたブラッシュアップの要望

審査員：末廣 香織（審査員長）、宮原 真美子、工藤 浩平、百枝 優

むすんで、ひらいて。
——時代とともに地域にひらいていく、子どもの空間

006 ｜ 明石高専

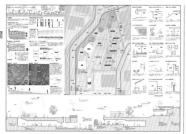

少子高齢化に歯止めが効かない現代において、子供の居場所と地域、周辺環境を一体的に考えることは重要だ。スケッチ調のダイアグラムがたくさん描かれており、非常に魅力的な空間のできそうな予感はするものの、具体的な設計内容が見えなかった。今後の大きな飛躍に期待しての、ギリギリでの予選通過だ。シナリオはすでにあるわけだから、どんどん手を動かして、身体で考えてほしい。　　　　　　（百枝 優）

フナマチの円居
——持続可能な遊漁の未来

010 ｜ 明石高専

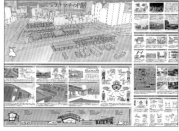

街のコンテクスト（背景や状況）を読み込み、それを空間に落とし込んでいる点は評価できる。漁師や観光客と建物、という一方向のつながりだけで成立させるのではなく、ギブアンドテイクの関係をつくろうとした時、新たに生まれてくる関係まで考えられていることは、現代の建築をつくる上で大事なことである。漁業という産業をどう引き継ぎ、街の役割はどう変わっていくかという点で、周りとの関係から建築を再度、考え直してほしい。たとえば、建物に入るプログラムが変わるかもしれない。プログラムは街から導かれる可能性もある。建築自体については立ち方を再考。1つ1つの建築のボリューム（塊）をもう少しバラバラにしてもいいかもしれない。住人が集まれる、やや大きいホールのような場所とか。　　（工藤 浩平）

地調自考
——自然と触れ合いながら学べる、遊水池施設

012 ｜ 明石高専

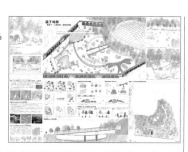

東京ドームの敷地に都市排水のための河川や暗渠（あんきょ）が集中していることから、その場所に貯水機能も備えた子供の遊び場、あるいは公園的施設を作るというアイディアはおもしろい。また、長期的な視点で、水系に加えて森や土壌を含めた環境と景観を考える姿勢も良い。一方で、デザイン自体には機能的な根拠が乏しく、どういった楽しさや場所の価値を生み出すかについてのアイディアも弱く、魅力的なランドスケープのイメージも見えない。ここにどの程度の保水機能や遊水機能が必要か、遊び場の安全性をどう守るかといった要件を整理する努力、楽しい空間体験を考える想像力を発揮して、その結果を魅力的に表現してほしい。また、拡張したボールパーク（野球場）、つまり野球以外のアクティビティ（活動）も含め、最大限に楽しめる複合施設として、東京ドームの一部を取り込む形で計画するべきだろう。著名なランドスケープ・アーキテクトのデザインに加えて、首都圏外郭放水路、インドの階段井戸などを参考に。　　　　　　　　　　　　　　　　　（末廣 香織）

神戸暗渠再考
——せせらぎのある都会ぐらし

013 ｜ 明石高専

暗渠（あんきょ）を復活させ、街の中に自然豊かな環境をつくりたいという意思は伝わった。ただし、災害時の救急車両や一般車両の移動のための既存インフラがこの建築とどう関係づいているのかが、わかりづらい。既存インフラと共存するのか、分離して成立するのかを考えてみてほしい。マスタープラン（全体計画）で付け足したり、減築しているプラン（平面計画）は、まだまだ抽象的なので、全部とは言わないが、具体的な場所を選び、暗渠の地面部分や既存インフラを含めた計画の詳細を詰めてほしい。　　　　　　　　　　　　　　　　　　　　　　　（工藤 浩平）

*000：数字は作品番号

ECHOで広がる

015 豊田高専

電気自動車の時代に、充電施設と公園駐車場の機能を持つ交流の場所を計画するのは、普遍的な課題の解決策として悪くない。屋根の構造や仕組みを一応、考えているのも良い。一方、エネルギー面から見ると、太陽光発電はともかく、ここでの床発電や音発電にメリットがあるとは思えない。空間の提案には場所の特性が生かされていない。木製ユニットの素材のイメージが不明で、形の決め方も論理的でなく、樹状形のメリットや魅力を生かせていない。
敷地は車道と公園が立体交差する場所であり、景色も良い。また、駐車スペースと人のくつろぎスペースには、多少のレベル差や距離感のあるほうが望ましいので、道路から公園へと降りるルートに展望や休憩のできる場所をデザインしたほうが良い。また、樹状ユニットはデザインを工夫すれば、単体で構造面でも、雨水処理の面でも成立するので、基本ユニットをある程度、自由に配置したほうが、フレキシブルで自然な空間をつくるという提案。ピエール・ルイージ・ネルヴィ(Pier Luigi Nervi)の『Gatti Wool Factory』のRC(鉄筋コンクリート)梁や『トリノ労働会館』、トーマス・ヘザウィック(Thomas Heatherwick)の水上の公園『リトル・アイランド』は参考になる。(末廣 香織)

神鉄八百号
──線路でつながる人々の暮らし

022 明石高専

高齢化の進むニュータウンに対し、既存の鉄道インフラを少し変化させることで、人々が交流する時間と空間をつくるという提案。自動運転などのIT技術によって、これまで駅と都市の間にあった境界が無くなり、駅のプラットホームが本当の意味での広場に変化する。「八百号マルシェ」は、これまでの「強い」鉄道のイメージが、まるで屋台のように身近で、都市の祝祭性を担うものに変化して感じられ、おもしろい。複数の駅の提案があるが、駅の面する周囲環境や地域の特性によって、それぞれの駅を固有のものとして描けると、より魅力的なものになるのではないだろうか。(百枝 優)

終のマチが紡ぐモノ

023 高知高専

4つの社会問題をテーマにし、地方の小さな住宅地を対象に提案しているが、少し優等生的と言うか、提案に迫力が足りない。5つのエリアに対し、公民館、公園、散歩道を提案しているが、それぞれに関連性が無いのも残念。もう少し堤防に重点を置いて設計することで、地域全体がつながり、街の風景も同時に更新されるというようなことは考えられないだろうか。堤防につながる道も重要な気がする。(百枝 優)

水湊

029 岐阜高専

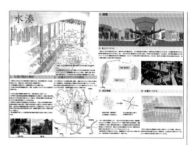

岐阜県大垣市の古の水運を復活させることで、魅力的な水辺空間と新しい形のマーケットを提案するアイディアは良いし、水上に計画した屋根のある立体空間は、それなりに魅力的に見える。一方で、水上マーケットの仕組みやターミナルの機能は見えず、その場所での人々の営みの様子も示されていない。根拠のない居住地域の計画は無駄でしかない。
まず、この地域で最も可能性のある場所に集中して、適切な規模のマーケットを計画すべきである。無人小型船(水上ドローン)を使った省エネルギー集配システムを想定し、ここで使うエネルギーを生み出すための水力発電と水位調整のためのロック(閘門)の仕組みを想定する。船着き場になる沿岸のデザインと充電施設(ターミナルではなくステーション)を検討するなどして、より具体的なデザインへと集約すべきだろう。また、水辺空間の魅力は、波紋、水流、光の反射、水音などによって、自然の美しさ、季節や天候の移ろい、時間の流れを感じられることである。それを最大限に生かす空間をデザインすることが重要である。スティーヴン・ホル(Steven Holl)の建築を参考に。(末廣 香織)

しょーにん通り
──ただいま学校に帰りました

047 米子高専

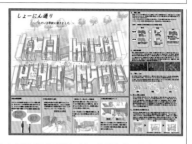

オンライン授業により必ずしも通学する必要がなくなった20年後の教育現場において、「学校に集まり学ぶこと」の意味を「生きた情報を得られること」ととらえ直し、シャッター街化する商店街に教室を集約し、オンライン授業と実践的授業とを両立しようという着眼点は、非常に現代的でおもしろい。しかし、具体的な時間割(体育や家庭科の授業はどこで?)、教員と児童数の想定、普通教室や特別教室の規模など、小学校としての具体性(同様に、店舗の具体性も)の見えないのが残念である。小学校としてファンクション(機能)を満たした計画が必要だろう。
また、本通り商店街の現状をしっかりと調査し、町家やアーケードの構造や材料を把握した上で、どのように店舗から教室へ改修したのか、何人で使う空間なのかなど、建築空間の提案も必要である(現状だと、構造体として、水平方向の壁量が足りない?)。現状のプレゼンテーションポスターでは、どこが商店街の店舗空間で、どこが小学校なのか、判別できない。そのため、提案にある「未来の授業形態」や、「子供が通学する店内」に描かれているような場面が、どこで発生するのか想像できない。プレゼンテーションポスターのさらなる作り込みをしてほしい。(宮原 真美子)

点から道へ、道から人へ

053 仙台高専(名取)

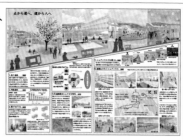

「お試し移住プログラム」のためのシェアハウスと町民バスを組み合わせ、道から人の交流が広がっていくという着眼点はおもしろい。しかし、現状の提案では、単にバスが移動する」というプログラムの提案に過ぎず、具体的な空間を提案していないのが残念である。
提案にある宮ヶ崎シェアハウスでは、町民バスが漁港への移動手段、漁業体験の拠点、漁具整備スペース、お裾分けスペースへと変化している様子を描いているが、主となるシェアハウスとの空間的な連続性や、「漁港ではどのように漁業体験の施設になるのか?」などを読み取ることができず、現状では「何にでも転用できるバスの提案」としか理解できない。4つのシェアハウスと町民バスとがどのように空間として接続するのか、時に分解するのか、などを具体的な空間提案として考えてブラッシュアップすることが必要。(宮原 真美子)

響
──2040年、「学びと遊び」、「地域住民と外国人技能実習生」の共鳴を起こす

054　呉高専

プログラムの着眼点はすばらしい。全体のドローイングの雰囲気は良さそうなので、具体的な屋内のプラン(平面計画)を考えてみてほしい。また、それが地域や社会にどういった影響を及ぼすのか(ネットワークされるのか)を表現してほしい。要するに、ソフトもハードも、具体的な計画をもって進めてほしいということだ。　(工藤 浩平)

AQUESTION

068　仙台高専(名取)

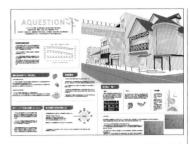

被災した宮城県の松島水族館を、新しい視点でとらえ直すことによって、街と一体化した未来の水族館を考えたことは評価できる。もし、水槽の不思議な形態が垣間見える街並みが出現したら、他にはない魅力になることも間違いない。しかし、提案内容には現実的条件の裏付けがなく、デザインや表現のレベルが低いため、あまりに説得力が乏しい。

松島という漁業の街と水族館との組合せをイメージした時、新鮮な魚介類が泳ぐ生け簀と観賞用の水槽には大差の無いことに気づく。魚介類の生態を学び、そして育て、最後には調理をして命をいただくことができれば、それは人間と自然環境の問題について深く考えることのできる施設になるだろう。具体的な既存建物を取り上げ、それを生け簀水族館として改修する提案をつくること、さまざまな魚介類とそれに合わせたいろいろな形の水槽、そしてそれを支える構造的な仕組みを考えることに挑んでほしい。また、水槽を取り巻く空間に、環境について学び、魚介類を育てて調理し、食事する場所を計画し、水を透過した自然光の揺らぎ、深い青色、うす暗さも含めて魅力的な空間として表現してほしい。
(末廣 香織)

坂本いろりばた郵便局

062　熊本高専(八代)

集いの空間を、全国津々浦々にある郵便局を核に計画した本提案は、街の雰囲気にもマッチ(適合)しており、好感が持てる。また、敷地を高校生も利用する坂本駅や市役所支所に近接して配置した点も、人々が集まる場所になるであろうことが想像でき、評価できる。熊本県八代市坂本町の現状の課題に真正面から答えている一方で、課題テーマ「2040年集いの空間」に対する提案については弱い印象を受ける。そもそも、2040年には郵便という集配システムが残っているのだろうか。　(宮原 真美子)

Water Cycle

076　有明高専

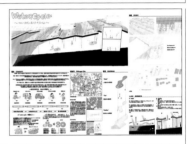

溜め池の多い、福岡県筑後市ならではの親水空間を多世代交流の場所として建築化した提案。プログラムの提案は少し弱い。水の冷却効果やビオトープ(生物生息空間)への着目は、詩的な風景を描くことができそうでおもしろいが、もう少し具体的に設計を詰めてほしい。サードプレイス(居心地のいい第三の場所)という耳慣れた曖昧な言葉に振り回されずに、魅力的な場所と空間を自分なりにイメージして提案してほしい。たとえば、水の上に建てるなど、環境性能でもイメージでも、どちらからのアプローチでもいいので極端な仮説を立てて、もっと見たことのない建築をつくり出してほしい。
(百枝 優)

和気曖昧

067　仙台高専(名取)

プログラム設定、全体構成は評価できる。「あいまい」であることには、最初から作れる範囲と作れない範囲があると思う。街の「あいまいさ」には、多種多様な人や業種の領域が互いに重なり合うことや、人が他者の領域、もしくは公的な領域に侵入することを許す寛容さがあると思う。そういったものを具体的に表現してほしい。また、宅地開発といった近代手法と何が違うのかをしっかりと表現しない限りは、近代の宅地開発と同じような道を辿る計画になるだろう。もう少し広い範囲でのネットワークも考えてみてほしい。　(工藤 浩平)

まちみるStá
──全世代が楽しめる都城駅周辺の空間づくり

082　都城高専

地方の小規模な街に突如として現れる都市的な建築に現実的な合理性は全くないが、とにかく力業で表現された手描きの図面とスケッチからは、街を賑やかにしたいという強い思いだけは伝わった。この提案が辛うじて合理性を持ち得るとすれば、今後、宮崎県都城市が極端に市街化区域を限定して、中心部のみを人間のために高度利用し、それ以外の地域をすべて田畑+太陽光発電用として、自然エネルギーと自然環境のために高度利用するという強硬な施策を取り、20年後、ここには市の大半の人口が集中するコンパクトシティが実現するというシナリオだろう。人類は本能的に集まって暮らすことを志向する。それを満足させながら最も効率的に自然環境を守るには何をすべきかを考える上で、そのためのスタディは意味を持つ。人々が集まって暮らす楽しく効率的な都市のイメージに加え、その周囲にある農地+エネルギー生産地+自然環境を、対比的に手描きのスケッチで表現し尽くすこと。昔のOMAの『Pointcity』やMVRDVの『Metacity / Datatown』のスタディ(習作)が参考になる。
(末廣 香織)

空博のつながり

088　有明高専

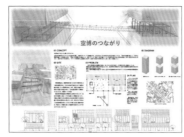

コロナ禍（COVID-19）以降の社会において、オフィスビルのビルディングタイプ自体を疑う都市的な提案。複数のビルの空きフロアを共用部としてリノベーション（改修）し、ビル群をブリッジで大胆につなげることで、福岡市の大博通を新たな風景に刷新している。
共用部とあるが、これをどのようにしたら実現できるのか気になった。たとえば、行政が買い取り、公共空間として誰もが訪れるようにするのか、それともビルに入っているテナントの事業者のみが使用できる空間なのか。個人的には、公共空間が立体的に展開している都市を描いたほうがおもしろいと思った。通りを歩いている人が、いつのまにかビルの屋上にまで辿り着くような、都市を俯瞰するダイナミックな体験ができるのではないだろうか。そうすると、場当たり的なリノベーションよりも、「ビルの建替え時に容積の中に一定以上の公共空間を入れる」という都市の新たなルールを計画するという方向性もあり得るかもしれない。
（百枝　優）

還りみち
──暮らしを紡ぐ「みち」

099　石川高専

情報技術や輸送手段が変化した2040年では、人が自ら外出する必要がなくなるため、「自動車のための道」から「人が何かしらの目的に出合うための土の道」へ変わるだろうという着眼点はおもしろい。しかし、新たに設けられた棚や大屋根と、歴史的な街並み空間との関係を読み取れず、どこか取って付けられた印象を受ける。
本選では、金沢市瓢箪町の広場など、具体的な敷地を選定し、周辺のサイトサーベイ（敷地調査）をしっかりと行ない、具体性を持って提案する必要があるだろう。その際、「土のみち」や「モビリティのみち」が、どのように既存の建物と接続するのか、言い換えれば、道が人々の集いの空間に転換されるのか。空間提案としてブラッシュアップされることを期待する。
（宮原　真美子）

産業の森

093　仙台高専（名取）

不思議なドローイングに魅せられた。
ただし、全体の計画が全く見えないので、もっとわかりやすく計画してほしい。全体像としても、どういった敷地でどういった背景の場所なのか、周辺状況や歴史もわかりやすく表現してほしい。そして、しっかりと空間をつくってほしい。それぞれの建物同士の関係も見えづらく、単体の建物内で完結しているように見える。工場を開いていくことに向き合ってほしい。
（工藤　浩平）

Plot

108　石川高専

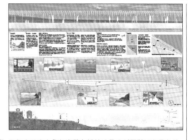

2040年、さらなる多死の時代、これまでのような家墓を維持するのが困難であるため、樹木葬や海洋散骨など維持管理不要な埋葬方法を選ぶ人が増えるだろう、という想定から、故人の弔い空間を、今を生きる我々が集う海岸公園のようにとらえた視点はおもしろい。また、海洋散骨された故人の記憶が、波と「おりん」（鈴）の音に還元され、そこを訪れた人の体験につながるという詩的な空間体験や、故人を偲ぶために訪れる人たちと海を見に来た地元住民とが、同じ風景を前に場所を共有する光景の描かれている点は、この提案の魅力的なところである。しかし、こうした物語が情緒的であるが故に、空間提案として物足りなさを感じる。
「おりん」を吊るすための回廊のような空間の素材、海の見え方、人の居方（単にベンチを置くだけでいいのか？）、地形との関係、駅（車内）からの見え方、アクセス（車での来訪者はどうするのか？）、散骨する船着場と一体でもいいのでは、など空間提案をする上で考えるべき事項は多い。ぜひ、敷地内だけに留まらず、周辺環境も合わせて読み取り、組み込んだ提案をしてほしい。現在の情景としての建築を、具体性を持って提案する必要があると思う。さらなるブラッシュアップを期待したい。
（宮原　真美子）

CAMPUS OF JAPAN

001　明石高専

◎北方 陽向、坂本 裕、岡 未都希、天辰 昴平[建築学科4年]

一乗谷パークに集う人々──水力エネルギーでやすらぎを

009　福井高専

◎大久保 洋平(5年)、寺前 海斗(4年)[環境都市工学科]

裸足で歩く未来

002　サレジオ高専

◎安西 夏緒、湊 尚己、半澤 龍大[デザイン学科4年]

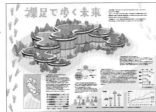

みらいの小学校のカタチ

014　有明高専

◎高岡 紅、北川 恵美、谷口 純美、徳永 佳乃[創造工学科建築コース5年]

世代を超えた交流と明るい未来を求めて
──未成年者と高齢者を繋げるための施設

003　サレジオ高専

◎多和田 風夏、坂東 礼菜(4年)、木下 空澄(3年)[デザイン学科]

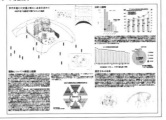

レトロタウン──90sの活気をもう一度

016　釧路高専

◎鎌田 晴渡、吉野 優哉[創造工学科建築デザインコース建築学分野4年]／平野 雄大[創造工学科エレクトロニクスコース電子工学分野4年]

The Last Journey──最後の旅行

004　サレジオ高専

◎下河邉 千里、具 仁恵、西村 岳(4年)、岩崎 七海(2年)[デザイン学科]

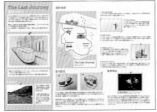

みんなの街 清水──これからの介護の在り方

017　明石高専

◎増本 祥太、川枝 夕姫、惣輪 瑞月[建築学科4年]

縁路はつづくよどこまでも

007　明石高専

◎寺下 響、上月 克仁[建築学科5年]

「来楽」を交わす──まちの酒造を日常の集いの場へ

018　明石高専

◎大西 創、池上 智哉、田辺 晃聖、松山 智咲[建築学科4年]

笑葺──藁葺屋根の笑顔の空間

008　明石高専

◎山本 雄大、妹島 賢治、馬場 悠成、ユーツ 望天[建築学科4年]

5感の変換──生と偽のグラデーション

019　明石高専

◎三島 朋也、西田 伊吹、東田 陽也、吉川 優[建築学科4年]

註(本書43〜50ページ)
＊000：作品番号。　＊氏名の前にある◎は学生代表。　＊作品番号[005][011][105]は辞退により欠番。

デザコン2022 有明　043

街──20年後の電車活用

020 | 米子高専

◎高野 陽子、宮本 愛実、
山本 咲菜子[建築学科5年]

銭湯で紡ぐまちと人

021 | 明石高専

◎坂口 琴音、関川 珠音、山下 さと、
山本 らな[建築学科4年]

あいあつまる街

024 | 米子高専

◎野坂 美羽、加藤 美羽[建築学科5
年]

Tour du soleil

025 | 仙台高専（名取）

◎佐々木 愛、伊藤 弓史、鈴木 千愛
[総合工学科Ⅲ類建築デザインコー
ス2年]

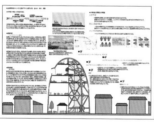

Save animal smile everyone──動物が繋ぐコミュニティ

026 | 仙台高専（名取）

◎齋藤 花楠子[総合工学科Ⅲ類建築
デザインコース2年]／
小野寺 遥香、佐々木 心音、
佐々木 莉央[総合工学科Ⅲ類1年]

Atsumaru──Circleに集う

027 | 豊田高専

◎大河内 柚季、那須 陽紗希、
矢浦 このみ[建築学科3年]

あきない　こあきない

028 | 仙台高専（名取）

◎安藤 星空[生産システムデザイン
工学専攻専攻科1年]／
加藤 颯、田邊 優和[総合工学科Ⅲ類
建築デザインコース3年]

Umaji十宅──ゆずでつながる移住促進のためのシェアハウス計画

030 | 高知高専

◎池 優二郎[ソーシャルデザイン工
学科まちづくり・防災コース5年]

目的に屯する

031 | 豊田高専

◎三鬼 優矢、中田 圭一郎、
松原 香穂、小松 峻太朗[建築学科3
年]

食はかすがい

032 | 豊田高専

◎鈴木 美依奈、塩見 有葉、
藤田 梨恵[建築学科3年]

渡らない橋

033 | 米子高専

◎熊中 昇陽、朝久 桃伍、辻 壮太、
初芝 滉太[建築学科4年]

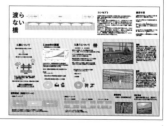

げんきのこ

034 | 呉高専

◎石田 瑠花、岡戸 和音、
金谷 賢志朗[建築学科3年]

The SHIP──全てを受け入れ、多様に繋がる空間

035	岐阜高専

◎後藤 優太[先端融合開発専攻専攻科1年]

道と縁側──新たな団地コミュニティの形

041	小山高専

◎岡本 大輝[建築学科5年]

東松島ミュージアム化計画

036	仙台高専(名取)

◎阿部 向日葵(5年)、佐々木 望夢(4年)[総合工学科Ⅲ類建築デザインコース]

ブドウとまちと人と──ブドウが作り出す新たな空間

042	都城高専

◎今村 真之祐[建築学専攻専攻科1年]

再び

037	米子高専

◎岡田 初奈、樋口 ほのか[建築学科5年]

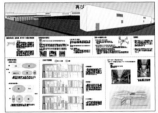

zizou

043	米子高専

◎福井 三玲、柳楽 晴、横山 玲希[建築学科5年]

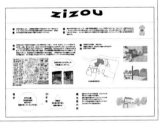

学び合う×賑わい合う＝(学び＋賑わい)合う≒集い合う

038	豊田高専

◎高橋 未和[建築学科3年]

森の都

044	仙台高専(名取)

◎菅野 莉玖(5年)、齋藤 由良(3年)、武藏 翔(2年)[総合工学科Ⅲ類建築デザインコース]

食で集う団地

039	米子高専

◎本間 汐莉、小林 夕莉、堀尾 真緒[建築学科4年]

海の守り(杜)場

045	仙台高専(名取)

◎尾形 大哉(5年)、日塔 晴菜(4年)[総合工学科Ⅲ類建築デザインコース]

新・本町通り

040	岐阜高専

◎佐藤 翔、須田 隆ノ介、船戸 裕汰[先端融合開発専攻専攻科1年]

七分間の宿り木──ちょっと立ち寄り自ら形作るオアシス

046	大阪公立大学高専

◎渡邊 涼平[総合工学システム学科都市環境コース5年]

兵庫塩屋のまちなか交換日記
──なにげないできごとを未来に集積する、とおりみち空間

048 明石高専

◎寒竹 志勇[建築学科5年]

甦生するまち釧路

056 釧路高専

◎三橋 優祐、烏谷部 桂大、松浦 虎太郎[創造工学科建築デザインコース建築学分野4年]

ここで泊まって、食べて、買って

049 米子高専

◎髙永 志帆、河原 朱里、原 凪紗[建築学科5年]

海に繋がりを

057 阿南高専

◎井上 怜嗣、佐藤 綾人、遠藤 蒼太、佐竹 優季[創造技術工学科建設コース4年]

べんべんがらがら──高知県赤岡町の町屋を活かしたまちの中の無人美術館

050 高知高専

◎北岡 由衣、安田 遥香[ソーシャルデザイン工学科まちづくり・防災コース5年]

つどい、つなぐ

058 仙台高専(名取)

◎渋谷 駿(5年)、尾崎 麗桜(3年)[総合工学科III類建築デザインコース]

移住の極致

051 米子高専

◎松永 旭陽、岸田 空大、鐵本 怜士真[建築学科4年]

AN EXTENDING TOWN

059 米子高専

◎野口 凜太郎、大和田 峻介、似内 暁彦、村岡 拓真[建築学科4年]

日常と非日常

052 豊田高専

◎竹内 沙爽、中根 杏、吉井 香乃、望月 結衣[建築学科4年]

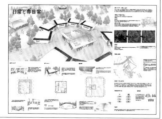

金剛地域のたばくまん

060 熊本高専(八代)

◎野田 綾乃、日髙 七菜子、山本 有璃[建築社会デザイン工学科4年]

メモリアルミュージアム──思い出を、残し、伝え、ともに成長していく空間

055 釧路高専

◎山口 杜基、渡邊 海輝[創造工学科建築デザインコース建築学分野4年]、横山 暖人[創造工学科エレクトロニクスコース電気工学分野4年]

集いの森

061 豊田高専

◎村松 嵩太、髙津 貴祥、髙山 ひまり、原田 真歩[建築学科4年]

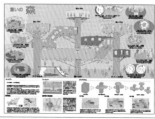

店と生きる

063 仙台高専（名取）

◎朝倉 眞紘(5年)、髙橋 涼馬(4年)、大河原 末雲(3年)[総合工学科Ⅲ類建築デザインコース]

マザー

071 有明高専

◎鹿子島 大貴[創造工学科建築コース5年]

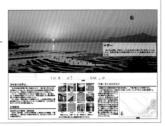

新たな都市の形

064 有明高専

◎池亀 斗、市川 侑真[創造工学科建築コース5年]

テラ×テラ──お寺でつながる

072 仙台高専（名取）

◎阿部 直樹、藤井 貴哉(5年)、長谷部 大夢(3年)[総合工学科Ⅲ類建築デザインコース]

惹きつけ、動く

065 豊田高専

◎澤田 拓磨、増村 優吾、児子 創汰、海野 寛太[建築学科3年]

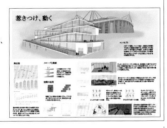

充電木──Connection×省エネ

073 呉高専

◎佐々木 悠心、國本 康平、郷坪 大地、加藤 悠雅[建築学科4年]

斬リ繋グ／過去ト未来

066 仙台高専（名取）

◎小栗 昂大、滝口 葉菜(5年)、鈴木 おりん(4年)、長沼 杏(2年)[総合工学科Ⅲ類建築デザインコース]

前川國男建築の伝承

074 仙台高専（名取）

◎木村 星満(5年)、竹内 駿翔(3年)[総合工学科Ⅲ類建築デザインコース]

往古来今参勤交代──水と共に時を巡るミュージアム

069 仙台高専（名取）

◎後藤 杏紗(5年)、早坂 真之介(3年)[総合工学科Ⅲ類建築デザインコース]

寄り合い鉄道

075 米子高専

◎森灘 亜実、藤川 理子、藤田 真綾[建築学科4年]

こどもの町──「こどもの声」が町全体に広がり人が集う、2040年の浜坂。

070 米子高専

◎西川 和樹[建築学科5年]

交──地域住民と外国人との交流。日常の交通を通して人々が集う場所

077 熊本高専（八代）

◎沖田 梓帆[建築社会デザイン工学科5年]

かまくらであう──かまくらをかたどった三つの施設

078 長野高専

◎塚原 治美(5年)、高野 快成、田中 美帆、田原 一樹(4年)[環境都市工学科]

ミズシマ──海に浮かぶ島

085 米子高専

◎佐々木 律、川部 知歩[建築学科4年]

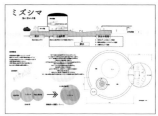

駅から広がる集いの空間

079 米子高専

◎山中 雄太、岡田 凌空、米井 悠河、ツェグメドドルジ・ツェドー[建築学科5年]

食×コミュニケーションの爆発──海に広がる大空間レストラン

086 大阪公立大学高専

◎池田 隼、和氣 舞佳[総合工学システム学科都市環境コース4年]

canal

080 釧路高専

◎小林 愛里、山崎 愛莉、増川 綺莉、金子 梨々香[創造工学科建築デザインコース建築学分野5年]

接続のすゝめ──「住む」から「訪れる」

087 鹿児島高専

◎菊永 慧[都市環境デザイン工学科5年]

#阿寒町によってって
──「縁る」「選る」「寄る」場の整備で、まちの「おいろなおし」を!

081 釧路高専

◎増田 悠一郎[建設・生産システム工学専攻専攻科1年]/小椋 悠加(5年)、下村 双葉、森 美結(2年)[創造工学科建築デザインコース建築学分野]

結わえる

089 鹿児島高専

◎丸尾 成央、鈴木 碧、福永 新、野妻 美晴[都市環境デザイン工学科5年]

バーチャルの森

083 仙台高専(名取)

◎浅沼 晏(5年)、藤島 愛梨(4年)[総合工学科Ⅲ類建築デザインコース]

シェアリングプラットフォーム──総湯通いで生まれる居心地のシェア

090 石川高専

◎鈴木 尋[建築学科5年]

可変的な公園で不変な遊びを──鬼ごっことプロジェクションマッピング

084 大阪公立大学高専

◎庄司 千夏良、鞍留 希空、京谷 湧太[総合工学システム学科都市環境コース4年]

芽を出す

091 米子高専

◎佐々木 悠作、安藤 大智、植村 洸祐、スミヤダシ・ビルグーン[建築学科4年]

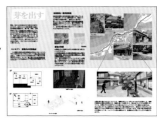

表裏一体

092 | 都城高専

◎前田 真明[建築学専攻専攻科1年]

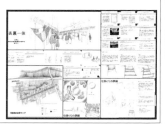

巡り合い、廻る

100 | 長野高専

◎佐藤 拓実、嶋田 悠太郎(5年)、森 穂乃花(3年)[環境都市工学科]

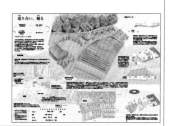

消えた境界線に集う

094 | 岐阜高専

◎漆﨑 萌々絵[建築学科5年]

よ和みち──米子 本通り商店街

101 | 米子高専

◎勝部 麻衣[建築学専攻専攻科1年]

SNS──ソーシャルネットワークストリート

095 | 有明高専

◎川西 健太郎、武藤 光輝、西村 陽翔[創造工学科建築コース5年]

Share+Work+square

102 | 有明高専

◎中村 琢人、齋藤 月映、山本 晃瑠[創造工学科建築コース5年]

商店街×高専──アーケードで集う20年後

096 | 有明高専

◎鷲見 武洋、高尾優希、七條来夢、池上歩夢[創造工学科建築コース5年]

魚そだてて、店ひらき、夕日ながめる団地暮らし

103 | 熊本高専(八代)

◎平井 愛斗、原田 英治、松﨑 愛[建築社会デザイン工学科5年]

働きどころが寄りどころ

097 | 長野高専

◎関 晃紀(5年)、佐久間 幸太朗、青木 桃音(4年)[環境都市工学科]

つくるあそび

104 | 豊田高専

◎宮宇地 麟、徳重 凛香、中江 琉生[建築学科3年]

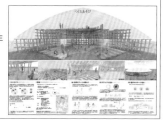

個の集い×数=大きな集い

098 | 小山高専

◎山田 聡太[建築学科5年]

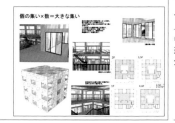

温泉で広がる人とのつながり

106 | 釧路高専

◎宮原 心温、梅津 翔、細越 優希[創造工学科建築デザインコース建築学分野4年]

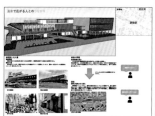

Re: Cardboard Box

107 | 阿南高専

◎藤川 大輝、美馬 好大(4年)、後藤 翼、吉田 好花(2年)[創造技術工学科建設コース]

HAKO COMMUNITY──コンテナが紡ぐ個性の集いの場

109 | 秋田高専

◎鎌田 大輝、若狭 千乃[創造システム工学科土木・建築系空間デザインコース5年]

ふらっと。

110 | 米子高専

◎門脇 倖、谷口 萌紬[建築学科4年]

記憶へいざなう緑廊

111 | 石川高専

◎川合 由蘭(5年)、中出 悠、澤田 慶太(4年)[建築学科]

集い、紡ぐ──紡いでいくため、集う場に

112 | 呉高専

◎岡本 夏海、外村 天音[プロジェクトデザイン工学専攻建築系専攻科1年]

Luna

113 | 岐阜高専

◎河村 月紫[建築学科5年]

まちの緩衝材──古書停(古書店×バス停)から拡がる

114 | 米子高専

◎中山 航大、加茂 大助[建築学科5年]

火炎崇拝──KAEN SUUHAI[*1]

115 | 岐阜高専

◎田口 広美[建築学科5年]

**＊1：予選審査までにプレゼンテーションポスターの電子データを提出しなかったため、審査対象外。

湯渡蔵渡

116 | 呉高専

◎亀田 朋樹、岩谷 香里、笠江 真雪(4年)、橘高 雷士(3年)[建築学科]

ただいま、三田。

117 | 舞鶴高専

◎江田 雪乃[建設システム工学科建築コース5年]

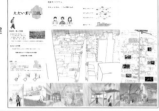

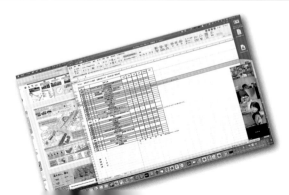

審査員

審査員長
末廣 香織
すえひろ　かおる

建築家
九州大学大学院　教授 、建築家、NKS2アーキテ
クツ　共同主宰

1961年　大分県豊後高田市生まれ
1984年　九州大学工学部建築学科卒業
1986年　九州大学大学院工学研究科建築学専攻
　　　　修士課程修了
1994年　ベルラーヘ・インスティテュート建築学
　　　　大学院修士課程修了（オランダ）
1993年　ヘルマン・ヘルツベルハー建築設計事
　　　　務所　勤務（オランダ）
1994-98年　九州大学工学部建築学科　助手
1998年-NKSアーキテクツ（現・NKS2アーキテ
　　　　クツ）設立　共同主宰
2005-22年　九州大学大学院人間環境学研究院
　　　　准教授
2022年-九州大学大学院人間環境学研究院　教
　　　　授

主な建築作品

福岡女子大学第1期工事（共同設計、2014年／
2015年度グッドデザイン賞、2016年福岡県木
造・木質化建築賞（木質化の部大賞））、『春日の住
宅』（2015年／2017年日本建築学会作品選奨）、
『銘建工業本社事務所』（共同設計、2019年／
JIA中国建築大賞2021〈優秀賞〉）、2022年日本
建築学会作品選奨）など

審査員
宮原 真美子
みやはら　まみこ

佐賀大学　准教授

1981年　愛知県名古屋市生まれ
2005年　日本女子大学家政学部住居学科卒業
2008年　東京大学大学院工学系研究科建築学専
　　　　攻修士課程修了
2008-09年　組織設計事務所勤務
2013年　東京大学大学院工学系研究科建築学専
　　　　攻博士課程修了　博士（工学）
2013年　日本学術振興協会　特別研究員
2014-17年　日本女子大学家政学部住居学科
　　　　助教
2017年　佐賀大学理工学部理工学科都市工学部
　　　　門　准教授

主な建築作品

『伊予西条 糸プロジェクト住宅設計コンペティ
ション応募案』（共同設計、2017年）、『TRACK／
TRUCK』（共同設計、2022年）など

主な受賞

ISAIA2016 Academic Session Award（共同受
賞、2016年）など

主な著書

『シェアハウス図鑑』（共著、2017年、彰国社）など

審査員
工藤 浩平
くどう　こうへい

建築家、株式会社工藤浩平建築設計事務所　代
表取締役

1984年　秋田県秋田市生まれ
2005年　秋田工業高等専門学校環境都市工学科
　　　　卒業
2008年　東京電機大学工学部建築学科卒業
2011年　東京藝術大学大学院美術研究科建築専
　　　　攻修士課程修了
2012-17年　SANAA（妹島和世＋西沢立衛）　勤
　　　　務
2017年-工藤浩平建築設計事務所設立　代表取
　　　　締役
2018-21年　秋田工業高等専門学校環境都市工
　　　　学科　外部指導講師
2019年-東京デザイナー学院建築デザイン学科
　　　　非常勤講師
2020年-東京電機大学未来科学部建築学科　非
　　　　常勤講師
2023年-東京理科大学創域理工学部建築学科　非
　　　　常勤講師
　　　　多摩美術大学美術学部環境デザイン学科
　　　　非常勤講師

主な建築作品

『プラス薬局みさと店』（2019年／LIXILフロン
トコンテスト2019金賞、2020年度グッドデ
ザイン賞、2022年日本建築学会作品選集新人
賞）、『楢山の別邸』（2020年）／JIA東北住宅大賞
2021〈住宅賞〉、『佐竹邸』（2021年）、『2025年
日本国際博覧会　休憩所他設計業務の公募型プ
ロポーザル「優秀提案者」受賞案』（2022年-、計
画中）など

審査員
百枝 優
ももえだ ゆう

建築家、株式会社百枝優建築設計事務所　代表取締役

1983年　長崎県長崎市生まれ
2006年　九州大学芸術工学部環境設計学科卒業
2009年　横浜国立大学大学院建築都市スクール
　　　　Y-GSA修了
2010-14年　隈研吾建築都市設計事務所　勤務
2014年−百枝優建築設計事務所設立　代表取締役
　　　　九州大学芸術工学部芸術工学科　非常勤講師
2020年−九州大学人間環境学府空間システム専攻
　　　　コース　非常勤講師

主な建築作品
『Agri Chapel(丘の礼拝堂)』(2016年／令和3年度AACA賞〈芦原義信賞〉、2018年日本建築学会作品選集新人賞)、『Four Funeral Houses』(2018年／AR Emerging Architecture Awards 2018 Highly Commended〈準大賞、イギリス〉)、『Farewell Platform』(2021年／DFA Design for Asia Awards 2021 Grand Award〈大賞、香港〉)など

構造デザイン部門

製作物は、2021年呉大会同様「紙」の橋である。ケント紙と接着剤を用いて、紙自体が持つ強さやしなやかさ、軽さなどの特性を最大限に引き出し、「耐荷性」「軽量性」「デザイン性」に富む橋を製作してほしい。今年は、分割された2つの橋のパーツ（構造体）を中央でつないで1つの橋を形成する、という新しいカタチの橋を求める。「新たなつながりをつくる橋」として、合理性に基づいて導かれたカタチとともに、創造性にあふれた構造方式の橋を期待する。

新たなつながり
──ふたつでひとつ

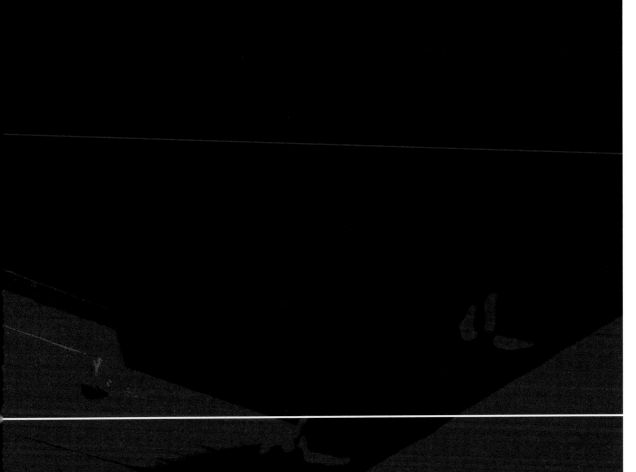

本選 ▶ **54** 作品 ─────── 受賞 ▶ **6** 作品

2022.10.24-10.31　応募
2022.11.22-11.29　プレゼンテーションポスターの
電子データ提出
2022.12.10
仕様確認
審査員審査
競技＝耐荷性能試験1
技術交流会1
2022.12.11
競技＝耐荷性能試験2
技術交流会2
審査員講評

■最優秀賞(国土交通大臣賞):
米子高専『火神岳(ほのかみだけ)』[009]
■優秀賞(日本建設業連合会会長賞):
舞鶴高専『継手の濃厚接触』[031]
■優秀賞:
徳山高専『一繋』[049]
■審査員特別賞:
仙台高専(名取)『SIMPLE DIVIDING GOOD STRUCTURE』[022]
苫小牧高専『翼』[042]
■日刊建設工業新聞社賞:
呉高専『双嶺(そうれい)』[007]

009 　米子高専　　石倉 宗弥(5年)、◎山田 果奈、安藤 大智、佐藤 政大、髙橋 叶羽、村岡 拓真(4年)[建築学科]
担当教員：北農 幸生[総合工学科建築デザイン部門]

構造デザイン部門

火神岳
_{ほのかみだけ}

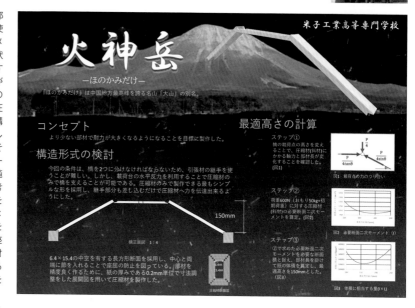

審査講評
今回の大きな課題である接合部については、引張材[*1]の継手を使うことが難しいと考え、台形状のラーメン構造形式[*2]を採用している。この形状であれば、載荷台の水平反力[*3]を利用することで圧縮材のみで橋を支えることが可能であり、最もシンプルな骨組構造の1つである。また、中央の水平材には圧縮力が作用しているので、継手部分の構造は左右の部材を中央部でただ単に差し込むだけの単純な形式となっている。そして、圧縮材である斜材の断面2次モーメント[*4]と取付け角度については、単純な力学モデルに基づき、部材重量を考慮しながら最適な形状を求める工夫をしている。斜材の断面形状には、6.4×15.4mmの中空を有する長方形断面を採用。中心と両端に節を入れることで座屈（たわみ）の防止を図るとともに、部材を精度高く作るために、紙の厚みである0.2mm単位で寸法調整をした展開図を用いて製作している。
本作品は非常に単純な形状ではあるが、各所に独自の工夫が見られ、完成度の高い作品に仕上げられている。その結果、高い軽量点も獲得している。(中澤 祥二)

註
*1　引張材：引張り方向に働く外力のみを負担する部材。
*2　ラーメン構造形式：垂直材（柱）と水平材（梁）を剛接合した構造形式。
*3　水平反力：ここでは、橋が外側に広がろうとするのに抵抗（反発）する水平方向の力を指す。
*4　断面2次モーメント：力の作用した点や軸を中心に回転する方向に部材を変位させようと作用する力（曲げモーメント）にどの程度耐えられるか（梁材の変形のしにくさ）を示す値。物体の断面（大きさや形状）を変えると変化する。

米子工業高等専門学校

「ほのかみだけ」は中国地方最高峰を誇る名山「大山」の別名。

コンセプト
より少ない部材で耐力が大きくなるようになることを目標に製作した。

構造形式の検討
今回の条件は、橋を2つに分けなければならないため、引張材の継手を使うことが難しい。しかし、載荷台の水平反力を利用することで圧縮材のみで橋を支えることが可能である。圧縮材のみで製作できる最もシンプルな形を採用し、継手部分も差し込むだけで圧縮材へ力を伝達出来るようにした。

6.4×15.4の中空を有する長方形断面を採用し、中心と両端に節を入れることで座屈の防止を図っている。部材を精度良く作るために、紙の厚みである0.2mm単位で寸法調整をした展開図を用いて圧縮材を製作した。

最適高さの計算

ステップ①
橋の載荷点の高さを変えることで、圧縮材(斜材)にかかる軸力と部材長が変化することを確認した。(図1)

ステップ②
荷重600N（おもり50kg+初期荷重）に対する圧縮材(斜材)の必要断面二次モーメントを算定。(図2)

ステップ③
②で求めた必要断面二次モーメントを必要な断面積と捉え、部材長を掛けて紙の体積を算出し、最適高さを150mmとした。(図3)

★質量：58.6g　総得点：95.6

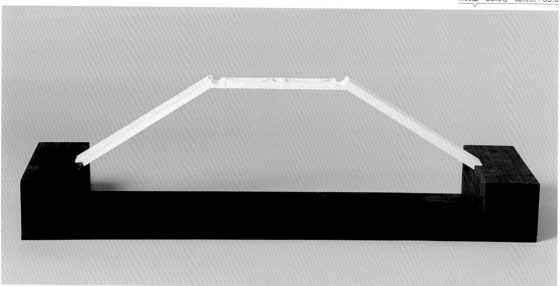

註(本書55〜61ページ)
＊000：作品番号。　＊氏名の前にある◎印は学生代表。　＊受賞順、順位順に掲載。　＊総得点が同点の場合は、軽量点の高いほうを上位とする。
総得点、軽量点が同点の場合は、同順位とする。　＊文中の[000]は作品番号。　＊「質量」の前の★は、載荷の全過程成功を示す。

| 031 | 舞鶴高専 | ◎下山 慶、稲葉 壮希、石原 有佑子[建設システム工学科都市環境コース4年]／川村 拓海(3年)、平中 太朗、斎藤 仁子(2年)[建設システム工学科]　担当教員：玉田 和也[建設システム工学科] |

構造デザイン部門

継手の濃厚接触

審査講評 本作品は、台形状のフレームと引張材*1を組み合わせたシンプルな形状である。[009]と同様、載荷台の水平反力*3を積極的に利用し、引張材を併用することで、接合部にはせん断力*5が作用せず、圧縮力のみが作用するように計画されている。その結果、継手の簡略化、軽量化が図られている。中央部から両側の支点を結ぶ引張材は、線材で構成したトラス材*6を想定することも可能であるが、本作品は、紙という材料の特性を活かして面材*7を用いることにより、効率的かつシンプルな形態に仕上げられている。この「面材を利用する」という考え方(工夫)は、橋の素材を紙とした2019年以降のデザコンで多くの事例が見られる。

(中澤 祥二)

*1　引張材：本書56ページ註1参照。
*3　水平反力：本書56ページ註3参照。
*5　せん断力：物体の内部に生じる、たとえば正方形を平行四辺形に変えるように物体をずらす力。
*6　トラス材：三角形の組合せで構成した構造方式の部材。
*7　面材：板状の面状部材。

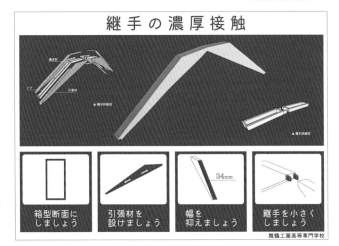

★質量：74.8g　総得点：86.3

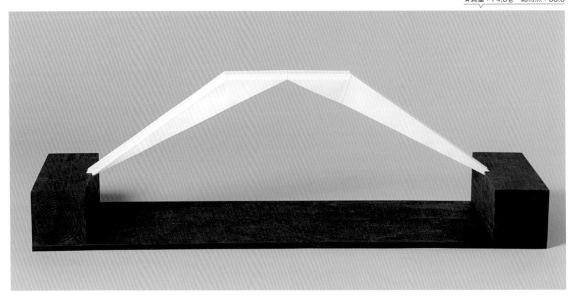

049　徳山高専　◎元永 真菜(4年)、中谷 怜奈、神田 菜々美(3年)、廣中 隼輝、有馬 佑月希(2年)、下園 紗羽(1年)[土木建築工学科]
担当教員：海田 辰将[土木建築工学科]

一繋

審査
講評　本作品は台形状のラーメン構造形式[*2]を採用し、載荷台の水平反力[*3]を積極的に利用したシンプルな形状としている。シンプルな形状ではあるものの、細幅の梁材[*8]の横倒れを防止するために、主構造の低重心化、補剛材の適切な導入など、細かに配慮している。また、中央部の接合部には主に圧縮力のみが作用するため、「ほぞ」などを一切用いない面タッチ[*9]というシンプルかつ大胆な構造であることは非常に興味深い。この接合形式は他の作品を含めて数点見られたが、今大会の中で最も簡潔な接合部の形式と言えるだろう。
（中澤 祥二）

註
*2　ラーメン構造形式：本書56ページ註2参照。
*3　水平反力：本書56ページ註3参照。
*8　梁材：梁(はり)に使用される部材。
*9　面タッチ：平面と平面との接触面が圧縮されることで、両側の部材(橋)がズレないようにつながっていることを意味する。

★質量：110.0g　総得点：81.6

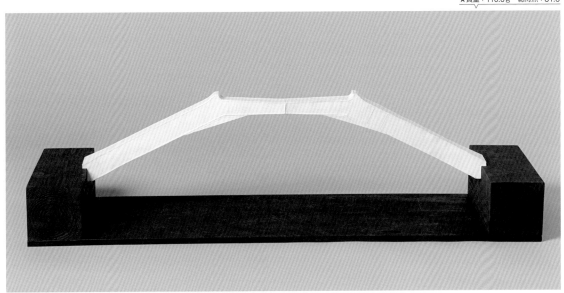

● 審査員特別賞

| 022 | 仙台高専(名取) | ◎小室 陽輝、畠山 幸大、草苅 紘平、木下 憲吾、武田 菜々花、平山 航太[総合工学科Ⅲ類建築デザインコース4年]
担当教員：藤田 智己[総合工学科Ⅲ類建築デザインコース] |

SIMPLE DIVIDING GOOD STRUCTURE

審査講評 本作品は台形状のラーメン構造形式[*2]が採用されており，載荷台の水平反力[*3]を積極的に利用したシンプルな形状をしている。作品名「SIMPLE DIVIDING GOOD STRUCTURE」は、「SDGs」と掛けているが、「持続可能な開発目標」ではなく、より「強く」「軽く」「つくりやすい」を目標として、部材や接合部を単純化することを構造コンセプトとしている。継ぎ手には、部材よりやや大きな断面に部材と部材を差し込む形式を採用しており、単純な施工(組立て)が可能となっている。面材[*7]や中間材[*10]を適切に配置し、骨組みの捩れや横倒れを防ぐための適切な配慮が見られ、完成度の高い作品となっている。 (中澤 祥二)

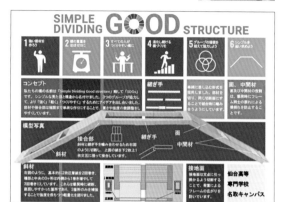

註
*2 ラーメン構造形式：本書56ページ註2参照。
*3 水平反力：本書56ページ註3参照。
*7 面材：本書58ページ註7参照。
*10 中間材：ここでは、橋部材の補強材として作用している。

● 審査員特別賞

| 042 | 苫小牧高専 | ◎村上 拓郎[創造工学科電気電子系4年]／林 憲伸(4年)、佐藤 泰樹(2年)[創造工学科機械系]／大沢 穂香、中嶋 一心[創造工学科都市・環境系3年]／濱田 理央[創造工学科1年]　担当教員：高澤 幸治[創造工学科機械系] |

翼

審査講評 本作品の構造は、おもりを載せる載荷点から両支点を結ぶような三角形を基本とするトラス構造形式[*11]であり、台形状のフレーム構造形式とは異なる。プレゼンテーションポスターで説明されているように、空高く飛び上がる鳥の翼に因んだ作品名である。本作品はトラス構造形式であることにより、力の流れが明解となっている。載荷台の水平反力[*3]を積極的に利用し、すべての部材には圧縮力のみが作用している。この圧縮力を利用して、接合部を複雑な構造にせず、力の方向に垂直な面で接触するようにしており、非常にシンプルにまとめられている。それ以外にも、数々の構造上の工夫が見られ、完成度の高い作品となっている。 (中澤 祥二)

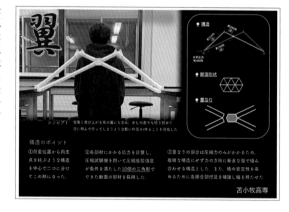

註
*11 トラス構造形式：部材を三角形の組合せで構成した構造形式。
*3 水平反力：本書56ページ註3参照。

● 日刊建設工業新聞社賞

| 007 | 呉高専 | 樋口 彰悟[プロジェクトデザイン工学専攻建築系専攻科2年]／◎小椋 千紗、小宇羅 由依(5年)、築山 綾花(4年)、竹本 快未(2年)、吉川 諒哉(1年)[建築学科]　担当教員：三枝 玄希[建築学科] |

双嶺
そうれい

審査講評 本作品は、アーチ状の八角形部材(リブ[*12])と引張材[*1]を組み合わせた構造形式であり，台形状のフレーム構造形式とはやや異なる。橋の中央部で発生するモーメント[*13]を圧縮力と引張力とに分けて処理することをコンセプトとして提案した構造形式である。載荷台の水平反力[*3]を積極的に利用した橋脚となっている点、接合部はそれぞれの部材を相互に垂直に差し込むだけの簡単な構造となっている点のほか、八角形部材の製作に関する工夫がプレゼンテーションポスターにわかりやすく表現されているところを評価した。 (中澤 祥二)

註
*12 リブ：構造を補強する目的で肋骨状に取り付けられる部材。
*1 引張材：本書56ページ註1参照。
*13 モーメント：支点にかかる力で物体を回転させる方向に作用する。
*3 水平反力：本書56ページ註3参照。

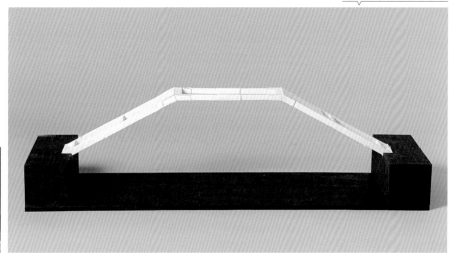

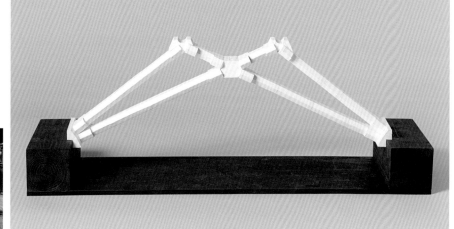

質量：114.9g　総得点：76.8

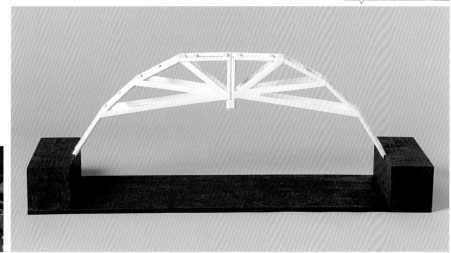

2つの橋を接合して作る、デザコン初の形態の橋

中澤　祥二（審査員長）

紙の特性を活かした、2つの橋の接合方法がカギ

2019年東京大会以降、今回で4回めとなる「紙」を素材として実施された構造デザイン部門は「新たなつながり──ふたつでひとつ」という課題テーマで、紙と木工用接着剤で製作した橋（製作物＝「作品」）の「耐荷性」「軽量性」「デザイン性」を競うものである。本大会の新しい試みとして、「分割された2つの橋（製作物＝「作品」）をスパン中央でつなぎ、1つの橋を作る」ということが加えられている。紙という素材の持つ強さやしなやかさ、軽さなどの特性を最大限に引き出すことに加えて、2つの橋をどのように接合するかが重要なポイントである。

審査における作品の評価は、競技得点と審査員評価点の合計となる。競技得点は、2点集中荷重載荷による「載荷点」と、軽量な作品ほど高得点になる「軽量点」との合計である。審査員評価点は、「プレゼンテーションポスター」の出来栄え、「『作品』（橋）の構造的な合理性」、「『作品』（橋）の独自性」の観点を評価基準として3人の審査員により採点されるが、今年は例年と異なり、作品のプレゼンテーションと質疑応答ではなく、応募時のプレゼンテーションポスター（以下、ポスター）の書類審査によって評価した。このような変更もあり、今回のポイントである構造的な合理性、2つの橋の接合部をポスターの中に適切かつ、わかりやすく示していた作品が審査員評価点で高得点を得ている。

台形状のラーメン構造形式が多数

応募作品全体の傾向として、載荷台の水平反力[*1]を利用して台形状のラーメン構造形式[*2]を採用する作品が多く見られた。この構造形式を採用した作品はシンプルで力の流れが明解であることから、部材を比較的細く加工することができ、軽量化につながっている。また、載荷点から両支点を結ぶような三角形を基本とするトラス構造形式[*3]も数多く採用されている。この構造形式も載荷点から支持点への力の流れが直接的で明解な構造物と言えよう。台形状のラーメン構造形式を多角形化してアーチ状になる作品はあったが、今回は、本来のアーチ構造形式[*4]を採用した作品は比較的少ないように思える。

これら以外の構造形式として、実際の橋梁で用いられる梁桁構造形式の作品も数多く見られたが、軽量化と耐荷性能の両立という観点からは、やや難しい構造形式のように思われる。2021年呉大会で数多く見られた、紙を面材[*5]として大胆に利用する作品はほとんど見られなかった。もちろん、引張材[*6]の代わりに紙の面材を部分的に利用することは積極的に行なわれていたが、面材は引張力を負担するものであるから、「2つの橋をつなげる」という今回の条件では利用するのが難しいのかもしれない。

接合部の負担は圧縮力のみ。単純な構造で軽量に

2つの橋をつなぐ接合部に注目すると、接合部に圧縮力のみを負担させ、単純な構造にした作品が軽量化を実現できたように思われる。前述した台形状のラーメン構造形式の中央部、トラス構造形式の中央部を簡単な接合部としているものが多い。中には、「ほぞ」などを一切用いず、面で支えるのみという極めて単純な接合部を提案した作品もあり、構造体（橋）の軽量化に大きく貢献している。一方、このようなシンプルな接合部が許される前提条件は、載荷される荷重が移動しないことにある。実際の橋梁のように移動荷重を受ける場合には、異なる接合部や構造形式のほうが有効となる可能性もあり、今後、本部門の課題テーマの動向に注目したい。

半数の27作品が全載荷段階をクリア

今大会に参加した54作品中、最終段階のおもりの載荷まで耐えたのは、ちょうど半数に当たる27作品であった。惜しくも耐荷性能試験の途中で崩壊した作品の中にも、工夫された作品が多数あった。また、崩壊した作品を見ると、アーチ部材やラーメン部材の座屈（たわみ）による破壊、引張材や部材の接合部での破断、両支点付近やおもりの荷重を直に受ける載荷点まわりでの破壊が多い。このような崩壊傾向を分析して対策を考えることは、今後に向けて重要なことであり、今回受賞した作品の中にも参考になる対策方法がたくさん含まれている。最終段階までおもりの載荷に成功した作品の多くは、数々の試作を繰り返し行ない、耐荷性と軽量性を実現したのではないだろうか。そのような作品が、結果的に総得点で上位となったものと思われる。

参加したすべての作品に関わった学生たちは、デザコンを通じてチームワークの大切さを知り、創造性を養う貴重な経験ができたのではないだろうか。

註
＊1　水平反力：本書56ページ註3参照。
＊2　ラーメン構造形式：本書56ページ註2参照。
＊3　トラス構造形式：本書60ページ註11参照。
＊4　アーチ構造形式：アーチ形に部材を組み上げた構造形式。
＊5　面材：本書58ページ註7参照。
＊6　引張材：本書56ページ註1参照。

表1　総合順位

作品番号	作品名	高専名（キャンパス名）	質量(g)	仕様確認	軽量点[30点]	載荷点[50点]	合計[80点]	審査員評価点[20点]	総得点[100点]	順位	受賞
009	火神岳	米子高専	58.6	○	30.0	50	80.0	15.6	95.6	1	最優秀賞（国土交通大臣賞）
031	継手の濃厚接触	舞鶴高専	74.8	○	23.5	50	73.5	12.8	86.3	2	優秀賞（日本建設業連合会会長賞）
049	一繋	徳山高専	110.0	○	16.0	50	66.0	15.6	81.6	3	優秀賞
022	SIMPLE DIVIDING GOOD STRUCTURE	仙台高専（名取）	117.2	○	15.0	50	65.0	14.8	79.8	4	審査員特別賞
027	スレンダー GO	鹿児島高専	115.1	○	15.3	50	65.3	14.1	79.4	5	
023	団結	新モンゴル高専	101.9	○	17.3	50	67.3	12.0	79.3	6	
054	トラス＋面材	IETモンゴル高専	99.4	○	17.7	50	67.7	11.5	79.2	7	
053	KHANA	IETモンゴル高専	102.6	○	17.1	50	67.1	11.6	78.7	8	
050	二猫一	徳山高専	121.6	○	14.5	50	64.5	13.6	78.1	9	
035	耐えあがれ！	舞鶴高専	113.1	○	15.5	50	65.5	12.0	77.5	10	
017	富嶽	東京都立産業技術高専（品川）	133.2	○	13.2	50	63.2	14.1	77.3	11	
007	双嶺	呉高専	114.9	○	15.3	45	60.3	16.5	76.8	12	日刊建設工業新聞社賞
043	合橋	秋田高専	147.1	○	12.0	50	62.0	13.9	75.9	13	
001	波翼	福井高専	141.6	○	12.4	50	62.4	13.1	75.5	14	
024	アーチャー	新モンゴル高専	152.4	○	11.5	50	61.5	13.1	74.6	15	
038	天の梁	津山高専	98.8	○	17.8	40	57.8	13.6	71.4	16	
045	3.14……	明石高専	137.9	○	12.7	45	57.7	13.5	71.2	17	
042	翼	苫小牧高専	268.9	○	6.5	50	56.5	14.7	71.2	18	審査員特別賞
030	Flux	有明高専	260.0	○	6.8	50	56.8	13.7	70.5	19	
051	合掌橋	岐阜高専	290.0	○	6.1	50	56.1	12.4	68.5	20	
046	糸	小山高専	381.0	○	4.6	50	54.6	11.9	66.5	21	
010	E.Z.D.08-RHAMEN	石川高専	429.1	○	4.1	50	54.1	12.0	66.1	22	
003	Twin Bridge　ゲンドウ	サレジオ高専	725.5	○	2.4	50	52.4	12.4	64.8	23	
026	夕鶴	釧路高専	676.0	○	2.6	50	52.6	12.0	64.6	24	
006	凸凹結合台形ラーメン	阿南高専	948.2	○	1.9	50	51.9	12.5	64.4	25	
012	ふっくら山	和歌山高専	463.4	○	3.8	50	53.8	10.3	64.1	26	
047	翔け橋	小山高専	518.0	○	3.4	50	53.4	10.5	63.9	27	
005	合掌	豊田高専	823.4	○	2.1	50	52.1	11.6	63.7	28	
041	翡翠	米子高専	100.3	○	17.5	30	47.5	14.4	61.9	29	
015	えーフルート	長岡高専	880.8	○	2.0	50	52.0	9.9	61.9	30	
019	暁雲	都城高専	395.5	○	4.4	45	49.4	12.4	61.8	31	
039	X	神戸市立高専	1,802.0	○	1.0	50	51.0	9.9	60.9	32	
052	ARCH×ARCH	明石高専	178.0	○	9.9	40	49.9	10.5	60.4	33	
008	人ツ橋	呉高専	118.2	○	14.9	30	44.9	15.1	60.0	34	
002	剛龍	福井高専	276.9	○	6.3	40	46.3	13.1	59.4	35	
013	由良競	和歌山高専	612.4	○	2.9	45	47.9	10.3	58.2	36	
036	Japanese Mt.Fuji	石川高専	291.1	○	6.0	40	46.0	12.0	58.0	37	
032	UNI TOONO	モンゴル科技大高専	136.2	○	12.9	30	42.9	12.3	55.2	38	
028	buckle	近畿大学高専	152.4	○	11.5	30	41.5	11.5	53.0	39	
029	ラ　ミルフィーユ	近畿大学高専	153.0	○	11.5	30	41.5	10.7	52.2	40	
020	空	長野高専	112.2	○	15.7	20	35.7	15.7	51.4	41	
014	アジの開き	松江高専	251.4	○	7.0	30	37.0	13.5	50.5	42	
033	両親	モンゴル科技大高専	118.0	○	14.9	20	34.9	11.9	46.8	43	
021	白	長野高専	141.7	○	12.4	20	32.4	14.1	46.5	44	
034	「人」	香川高専（高松）	656.6	○	2.7	30	32.7	11.1	43.8	45	
040	紅葉	神戸市立高専	1,314.4	○	1.3	30	31.3	10.3	41.6	46	
044	引張橋	秋田高専	214.9	○	8.2	20	28.2	12.9	41.1	47	
018	白夜	東京都立産業技術高専（品川）	294.8	○	6.0	20	26.0	8.0	34.0	48	
037	峅嶬	群馬高専	1,172.8	○	1.5	20	21.5	10.3	31.8	49	
016	鶴橋	鶴岡高専	1,293.3	○	1.4	20	21.4	9.9	31.3	50	
004	紡	鶴岡高専	737.5	○	2.4	10	12.4	11.1	23.5	51	
048	深淵	福島高専	281.2	○	6.3	10	16.3	6.6	22.9	52	
025	Owen Bridges	大阪公立大学高専	864.5	○	2.0	10	12.0	10.5	22.5	53	
011	ツカウチブリッジ	長岡高専	911.5	○	1.9	0	1.9	10.1	12.0	54	

表註
＊「仕様確認」欄の○は合格、×は仕様違反。
＊軽量点：30点満点。質量の小さい順に1位の作品に30点、2位以降については、1位の作品の質量を該当作品の質量で除した数値に30を乗じた点数（小数点第2位を四捨五入して小数点以下1桁まで表示）を与える。

$$軽量点＝\frac{質量の最も小さい作品の質量(g)（今回は58.6）}{該当作品の質量(g)}×30$$

ただし、製作物を載荷装置に設置後、載荷する前の段階で「崩壊」と判断された場合は、加点の対象外。

＊競技得点＝（軽量点＋載荷点）×係数。
「係数」とは設置時間に関するもの。今年は全作品が規定時間内だったため、全作品とも「係数=1.0」で計算（本書87ページ「審査方法」参照）。
＊総得点＝競技得点＋審査員評価点。
＊総得点が同点の場合は、軽量点の高いほうを上位とする。総得点、軽量点が同点の場合は、同順位とする。
＊作品名は、読み仮名とサブタイトルを省略。
＊■は載荷の全過程を成功した27作品を示す。

コロナ禍でも来場しての直接対決。2つの橋で1つの橋を作る

企画

材料の紙は継続して4年め、作る橋は新しい形

2019年東京大会以降、使用材料は紙で、橋のスパン（支点間水平距離）は900mm、各大会で載荷位置の高さが異なるものの、中央部への固定荷重の2点載荷という条件に応える橋（製作物＝「作品」）の製作という課題が続いてきた。2021年呉大会では、固定荷重を載荷した状態のまま、さらに人や物の通る部分に移動荷重として鉄球を転がす耐荷性能試験（競技）が採択された。有明大会では、過去3大会での経験を活かすため、比較的早い段階で材料を紙に決定し、呉大会と同様の紙と接着剤を使用する規定にした。

今大会のメインテーマ「NEW!!」に応じて本部門でも、これまでの大会の経験を活かしつつ、今までにない新しい課題テーマを設定したいと考えていた。メインテーマの説明「新しいつながりを紡ぎなおしていく必要があるのではないでしょうか」という一文をヒントに、材料面ではこれまでの大会を踏襲して紙を用いつつ、「新しいつながりをつくる」橋として、「分割された2つの橋のパーツ（部品）をスパン中央でつなぎ1つの橋を作る」というこれまでにない新しい形状の橋を課題とした。

まず、構造形式については、分割された2つの橋のパーツ以外の部品（くさびや込み栓など）を用いずに、スパン中央付近にて、乾式の方法（接着剤などを利用しない方法）で2つの橋のパーツをつないで1つの橋を作る、2点支持形式とした。

次に、耐荷性能試験については、例年と同じ載荷装置を使用。橋を載せる載荷台の支点間水平距離は例年900mmであったが、「2つの橋のパーツをつないで1つの橋にする」という新しい課題なので、例年より厳しい条件となることが予想されるため、100mm短くして800mmとした。この乾式による継手部分や重なり部分の条件については、橋のスパン中央から±100mm内で収めるように製作するものとした。

載荷条件については、今回は移動荷重の載荷をなくし、2020年名取大会と同様、橋への載荷は2点集中荷重方式で、固定荷重のみとした。しかし、支点間水平距離を例年より短くしたため、例年、中央から左右に150mmだった集中荷重の作用位置を中央から左右に125mmへと変更した（本書86ページ〜参照）。

今回の課題テーマでは、2つの橋のパーツをつなぐ方法が大きなカギであり、創意工夫、合理性、創造性に富み、軽量化を極めた多種多様な橋が提案されることを期待した。

COVID-19への対応

全参加者が来場する大会を目標に

2022年9月時点で、新型コロナウイルス感染症（COVID-19）の感染者数が第7波のピーク時から減少したものの、デザコン2022を開催する冬場には第8波やインフルエンザとの同時流行の懸念があることがメディアなどで報じられていた。そ

の一方で、全国の各地域で開催される大小イベントは、ほとんどが中止せずに、感染対策を講じながら実施していた。このような社会状況の中、デザコン2022は、参加者が来場して一堂に会すかたちで実施することが決まった。

当初、海外高専の参加については、両国の感染状況や渡航制約の状況などを踏まえ、インターネット回線で会場と参加学生とをつないだオンライン方式での参加を認める予定であった。また、参加予定の学生が新型コロナウイルスに感染したり、濃厚接触者になったりして来場できない可能性も考えられた。そのため、希望する作品についてはオンライン方式での参加も想定していた。

参加作品数と来場人数については、感染拡大防止のため制限を行ない、同一高専で2作品が参加する場合は、新型コロナウイルスの感染拡大防止対策と宿泊場所の確保が難しいことから、引率教員は1人、大会への来場人数を1作品3人以内とした。1作品のみ参加する高専については、引率教員は1人、大会への来場人数を6人以内とした（本書73ページ「開催概要」参照）。

2021年呉大会では1高専1作品に制限したため、35作品のエントリーであったが、有明大会は、来場しての開催に加え、同一高専で2作品応募できることもあり、54作品のエントリーがあった。

最終的に、オンライン方式での参加作品はなく、海外高専を含めてエントリーした54作品すべての来場が実現した。

註（本書65〜71ページ）
＊000：作品番号。　＊文中の作品名は、サブタイトルを省略。高専名（キャンパス名）『作品名』［作品番号］で表示。
＊文中の［000］は作品番号。

デザコン2022 有明　　065

006

キーワードは、乾式による
継手部分を橋スパン中央から
±100mm内に収められるか？

初日（12月10日）の受付終了後、10:00から仕様確認を実施。仕様確認は事前にデザコンの公式ホームページに公開した作品番号順に行ない、11:10にすべて完了した。

まず、検査用の木製のチェックボックス2台を用意し、それぞれの橋が製作限界内に収まっているかどうかを2カ所で同時に検査した。チェックボックスは木製で不透明であったため、基本的に仕様確認は、橋をチェックボックスに入れて、製作限界と2つの橋のパーツをつなぐ継手部分の寸法規定に違反していないかを真上から確認する形で検査した。各作品の代表学生が橋の左側パーツをチェックボックスに入れて、「制限値以内に収められるか」「乾式による継手部分は、橋スパン中央から±100mm内に収められるか」を担当スタッフとともに確認。同様の手順で、橋の右側パーツも確認した。

次に、耐荷性能試験の際、ずれ止め（ずれ防止）となる載荷治具[*1]の丸鋼が作品内に入る深さを検査。許容値の11mm以下に収まるかどうかを確認した。

最後に、橋の左側パーツと右側パーツを接合し、橋全体がチェックボックス内に収まるかを検査した。

3つの製作限界確認に合格した橋は、接合された状態のまま各作品の代表学生が計量場所に持っていき、計量台に並べて置かれた2台の電子天秤に載せ、質量を計測。各電子天秤の質量を小数点以下1桁まで読み取り、2台の合計値を作品質量とした。そして、担当スタッフの前で各作品の代表学生に「仕様確認　評価シート」へその数値を記載させ、記載ミスなどのトラブルが発生しないように留意した。

過去の大会と比べ、今年はどの橋も製作精度が高く、すべての橋の継手部分がスパン中央から±100mm以内で接合していた。参加54作品中、52作品が1回めの仕様確認で合格となった。1回めの仕様確認で不合格となった2作品については、製作限界を超えていたものの、いずれの作品もわずかな修正をしただけで2回めの仕様確認で合格した。今年は仕様確認の不合格に伴う橋の修正と加工作業が少なかったため、仕様確認作業は予定より早い1時間余りで無事に終了した。

050

021

橋種の多様さ、
驚きの接合部の登場

仕様確認と並行して、11:00頃から開始した審査員審査では、3人の審査員が作品番号順に作品の展示ブースを巡回して、各作品を審査した。今年の評価基準は、「プレゼンテーションポスター」「『作品』(橋)の構造的合理性」「『作品』(橋)の独自性」の3項目で、事前に受け取っていた「プレゼンテーションポスター」については、審査員たちは1週間かけてすでに審査していた。そのため、当日、各作品

の展示ブースでは、実物の橋を確認すると同時に、「プレゼンテーションポスター」と実物との相違の有無を中心に審査した。今年は、学生による作品のプレゼンテーションを要求していなかったが、一部の作品に関しては、再確認する意味で、審査員は学生による説明を求めた。その結果を踏まえて、各審査員は最終的な採点を行なった。

審査員審査の結果は、午後から行なわれた耐荷性能試験の際に、会場の大型スクリーン上で公表された。

今年の課題テーマ「新たなつながり——ふ

たつでひとつ」に即した、2つの橋のパーツを中央でつないで1つの橋を作るという難しい課題であるにも関わらず、桁橋[*2]、トラス[*3]橋、アーチ[*4]橋、梁桁[*5]橋、ラーメン[*6]橋梁など、多種多様な構造形式の橋が出揃った。富士山をイメージした橋やモンゴルのゲル(移動式住居)の要素をデザインに取り入れた橋もあった。また、ジョイント部に複雑な構造を使わずに、軸力の伝達方向と垂直な面によるタッチ(本書59ページ註9「面タッチ」参照)のみで力を伝えるという驚くべき発想の作品もあった。

002

初の2日間にわたる
耐荷性能試験

耐荷性能試験は、12月10日14:00〜16:00、翌11日9:00〜12:00の2日間に分けて実施。各作品は事前に割り振った順番で、3台の載荷装置を用いて、3つの橋を同時に載荷していった。状況を会場の客席からも確認できるように、ステージの前方に24インチのモニタを3台設置し、「設置作業中」「〇〇kgf*7載荷の経過時間」「〇〇kgf載荷成功」などの情報をリアルタイムで表示した。

設置制限時間は90秒としていたが、ほとんどの作品が60秒程度で設置を完了。固定荷重の載荷については、10〜40kgfは10kgf刻み、40〜50kgfは5kgf刻みでおもりを追加していき、おもりを追加した後、10秒間の載荷状態を保持できれば成功とした。

載荷順ごとに3つの橋の耐荷性能試験が完了した後、司会役の学生スタッフが作品のアピール点、作品名の由来や特徴、製作時に工夫した点、参加した感想、来年への抱負などについて、各作品の学生にインタビューを行ない、会場を盛り上げた。初日、耐荷性能試験前のオリエンテーションでは、各参加作品に対して、構造デザイン部門長から耐荷性能試験の実施方法を説明した。続いて、進行が円滑に進むよう、有明高専の学生スタッフに参加学生の役を演じてもらい、実際の耐荷性能試験と同じ要領で入場から退場までの動きを見せるリハーサルを実施。その後、質疑応答で疑問や問題がないことを確認して、オリエンテーションを終了した。

初日（12月10日）の耐荷性能試験には、原則として、同一高専で2作品が参加した場合の、質量の大きいほうの作品が参加するということで、24作品が参加した（例外として、鶴岡高専と神戸市立高専は2作品とも初日に参加）。

初日の耐荷性能試験に参加した24作品の質量は100.3g〜1,802.0gと幅広く、全載荷過程（総荷重50kgf）を成功したのは10作品のみであった。

初日の耐荷性能試験は、司会役の学生の活躍により和やかな雰囲気で進んでいった。大きなトラブルやハプニングもなく、耐荷性能試験がスムーズに進んだことにより、予定よりも30分以上早く終了した。

すぐれた作品の工夫や
製作エピソードを披露

初日の耐荷性能試験終了後に、大会初の技術交流会を開催した。初日に暫定順位1〜3位となった徳山高専『一繋』[049]、IETモンゴル高専『KHANA』[053]、舞鶴高専『耐えあがれ！』[035]を製作した学生に再度、登壇してもらい、作品のすばらしい点や製作に関するエピソードなどを披露してもらった。客席からも質問があり、各作品の参加学生たちは丁寧かつ適切に回答していた。その後、3人の審査員からそれぞれ初日の耐荷性能試験を終えての感想が述べられた。その中で、「どのように作品は壊れたのかを知ることが大切であり、次のステップになる。それが積み重なって技術は進んでいく」（森下）という言葉が特に印象に残った。

わずか30分という短い時間であったが、参加学生たちが互いに作品の工夫を知り、理解し合うという技術交流会の目的を達成できた。

100g未満の橋が50kgf成功
1位を競う

2日めの耐荷性能試験には、質量の小さい（軽い）入賞候補作品が登場する。質量58.6g〜911.5gの30作品が参加し、17作品が載荷の全過程（50kgf）を成功した。特に質量の小さい作品が見事に50kgfのおもりの載荷を成功すると、会場からは大きな拍手が起こった。

2日めの耐荷性能試験も、初日と同様、司会役の学生のスムーズな進行によってトラブルもなく順調に進み、予定よりも40分以上早く終了した。

2日間を終えて、最終的に耐荷荷重50kgfを成功した27作品の内、米子高専『火神岳（ほのかみだけ）』[009]、舞鶴高専『継手の濃厚接触』[031]、IETモンゴル高専『トラス+面材』[054]の3作品は質量がわずか100g未満であった。橋の耐荷性を追求すると同時に、軽量化を追求することは大変難しく、大きな努力を要する。この3作品の軽量化は大変にすばらしいことである。一方、4作品が45kgfまでの載荷を成功した後、最後の50kgfを失敗した。耐荷性能試験後のインタビューで、製作した学生はその原因として、接着剤がまだ十分に乾燥していなかったこと、耐荷性能試験の会場の環境が影響したことなどを挙げていた。参加54作品のちょうど半数となる27作品が、最終の載荷を終えた時点での総荷重となる50kgfを耐え切った。50kgfの載荷に成功した作品には、会場から盛大な拍手が送られた。

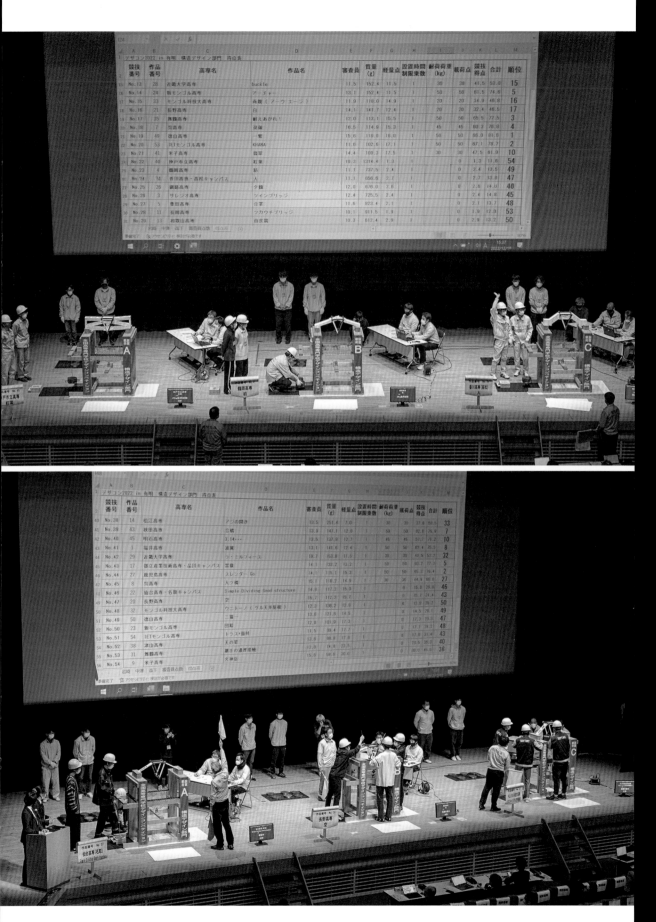

表2 耐荷性能試験の載荷順

初日（12月10日）

載荷順	作品番号	作品名	高専名（キャンパス名）	質量(g)	作品番号	作品名	高専名（キャンパス名）	質量(g)	作品番号	作品名	高専名（キャンパス名）	質量(g)
		載荷装置A					載荷装置B				載荷装置C	
1	016	鶴橋	鶴岡高専	1,293.3	039	X	神戸市立高専	1,802.0	037	峰嶂	群馬高専	1,172.8
2	015	えーフルート	長岡高専	880.8	006	凸凹結合台形ラーメン	阿南高専	948.2	047	翔け橋	小山高専	518.0
3	012	ふっくら山	和歌山高専	463.4	010	E.Z.D.08-RHAMEN	石川高専	429.1	002	剛龍	福井高専	276.9
4	018	白夜	東京都立産業技術高専（品川）	294.8	052	ARCH×ARCH	明石高専	178.0	044	引張橋	秋田高専	214.9
5	028	buckle	近畿大学高専	152.4	024	アーチャー	新モンゴル高専	152.4	033	両親	モンゴル科技大高専	118.0
6	021	白	長野高専	141.7	035	耐えあがれ！	舞鶴高専	113.1	007	双嶺	呉高専	114.9
7	049	一繋	徳山高専	110.0	053	KHANA	IETモンゴル高専	102.6	041	翡翠	米子高専	100.3
8	040	紅葉	神戸市立高専	1,314.4	004	紡	鶴岡高専	737.5	034	「人」	香川高専（高松）	656.6

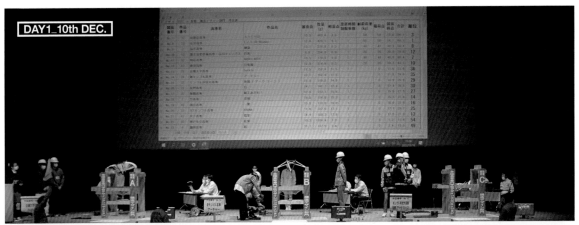

DAY1_10th DEC.

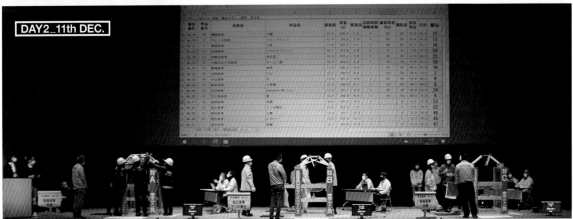

DAY2_11th DEC.

2日め（12月11日）

載荷順	作品番号	作品名	高専名（キャンパス名）	質量(g)	作品番号	作品名	高専名（キャンパス名）	質量(g)	作品番号	作品名	高専名（キャンパス名）	質量(g)
		載荷装置A					載荷装置B				載荷装置C	
1	026	夕鶴	釧路高専	676.0	003	Twin Bridge　ゲンドウ	サレジオ高専	725.5	005	合掌	豊田高専	823.4
2	011	ツカウチブリッジ	長岡高専	911.5	013	由良888	和歌山高専	612.4	025	Owen Bridges	大阪公立大学高専	864.5
3	019	暁雲	都城高専	395.5	030	Flux	有明高専	260.0	046	糸	小山高専	381.0
4	051	合掌橋	岐阜高専	290.0	036	Japanese Mt.Fuji	石川高専	291.1	042	翼	苫小牧高専	268.9
5	048	深淵	福島高専	281.2	014	アジの開き	松江高専	251.4	043	合橋	秋田高専	147.1
6	045	3.14……	明石高専	137.9	001	波翼	福井高専	141.6	029	ラ　ミルフィーユ	近畿大学高専	153.0
7	017	富嶽	東京都立産業技術高専（品川）	133.2	027	スレンダー GO	鹿児島高専	115.1	008	人ツ橋	呉高専	118.2
8	022	SIMPLE DIVIDING GOOD STRUCTURE	仙台高専（名取）	117.2	020	空	長野高専	112.2	032	UNI TOONO	モンゴル科技大高専	136.2
9	050	二猫一	徳山高専	121.6	023	団結	新モンゴル高専	101.9	054	トラス+面材	IETモンゴル高専	99.4
10	038	天の梁	津山高専	98.8	031	継手の濃厚接触	舞鶴高専	74.8	009	火神岳	米子高専	58.6

表註　＊同一高専で2作品が参加の場合は、原則として、質量の大きいほうの作品が初日の耐荷性能試験に参加。
　　　＊載荷装置3台で同時に3作品ずつ載荷。載荷装置ごとに、事前に提出された仕様確認表に記載された質量の大きな作品から順に載荷。
　　　＊作品名は、読み仮名とサブタイトルを省略。　＊ ■ 欄の27作品は、載荷の全過程を成功。

技術交流会2

最終結果を待つ緊張感の中
暫定1〜3位の作品が登壇

耐荷性能試験2終了後、11:15〜11:45の間、初日と同様の技術交流会を実施した。暫定1〜3位となった米子高専『火神岳(ほのかみだけ)』[009]、舞鶴高専『継手の濃厚接触』[031]、仙台高専(名取)『SIMPLE DIVIDING GOOD STRUCTURE』[022]の学生が大ホールの壇上に登場。司会の学生スタッフは各作品に、全審査を終えた感想や後輩への期待などをインタビューし、3人の審査員にコメントを求めた。

審査講評

2つの橋の接合部に
多彩な工夫

今年の課題は過去のデザコンに見られないもので、すべての参加者にとって新しいチャレンジとなった。

参加した橋には平板[*8]要素、平面フレーム[*9]要素、トラス要素、梁要素などが取り入れられ、中には壮大で魅力あふれる橋もあった。橋の構造形式としては、軽量化を極めたスレンダーなトラス橋、アーチ橋、ラーメン橋などが見られた。橋の軽量化は、例年と変わりなく重要な課題であった。本大会では、特に橋の中央の接合部分に、いろいろな工夫が凝らされていた。参加54作品の接合部分は大きく次の3つの方式に分けられる。

①断面の円の経寸法の異なる管材を2つ製作し、片方をもう一方の管材の中に挿入し、特に上弦材にかかる軸力を互いにしっかりと伝え、両者をつなぐ方式。
②橋の左右支点における水平反力[*10]を利用。アーチ構造の主な部材に軸力しか作用しないという特性を活かし、接合部分の両端をそれぞれ凸凹に加工して、回転を許しながら相互に力を伝達する方式。
③アーチ構造の特性を利用する点では②と同じであるが、2つのパーツの接合部分の端の角度を精密に加工して、橋の左右パーツがタッチ(接触)するのみで、接触面に生じる軸力を相互に伝達する方式(本書59ページ註9「面タッチ」参照)。

載荷点については、満点の50点が27作品、続く45点が4作品、40点が4作品、30点が8作品、20点が7作品、10点が3作品、0点が1作品であった。総合順位1位から10位までの作品の載荷点はすべて50

点満点で、審査員評価点は11.5点から15.6点の間、軽量点は30.0点から14.5点の間に分布している。このことから、上位入賞には軽量点の獲得が非常に重要だったことがわかる。

総合順位1〜3位の軽量点は、それぞれ30.0点、23.5点、16.0点で、大差が生じている。最も軽い作品の質量はわずか58.6g(Mサイズの卵1個分相当)、最も重い作品は1,802.0gであった。参加全54作品の平均質量は392gで、100g未満の作品が4作品もあった。昨年までに比べ、全体的にさらなる軽量化の図られたことが理解できる。受賞した作品を以下に紹介する。

最優秀賞(国土交通大臣賞)
米子高専『火神岳(ほのかみだけ)』[009]
軽量点：30.0点、審査員評価点：15.6点、載荷点：50点、総得点：95.6点
特色：載荷台の水平反力を利用することで圧縮材のみで橋を支える構造形式とし、最適な梁断面(大きさや形状)と橋の高さを追求することによって、最大限の軽量化を図ることに成功した。

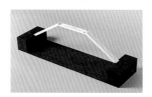

優秀賞(日本建設業連合会会長賞)
舞鶴高専『継手の濃厚接触』[031]
軽量点：23.5点、審査員評価点：12.8点、載荷点：50点、総得点：86.3点
特色：2本の梁とつなぎ材で構成した平面フレームの表面を紙で包み、外観は三角形のラーメン構造形式の橋に見える。2つのパーツの接合部は片方のパーツをもう一方のパーツに差し込む方式で、正に作品名の如く「継手の濃厚接触の橋」である。

優秀賞
徳山高専『一繋』[049]
軽量点：16.0点、審査員評価点：15.6点、載荷点：50点、総得点：81.6点
特色：中空の四角断面を持つシンプルな

ラーメン構造形式で、低重心化と曲げ抵抗[*11]の合理化を図った、非常にシンプルな橋。

審査員特別賞
仙台高専(名取)『SIMPLE DIVIDING GOOD STRUCTURE』[022]
軽量点：15.0点、審査員評価点：14.8点、載荷点：50点、総得点：79.8点
特色：面材[*12]と中間材[*13]を用いて補強した平面フレームで構成した台形ラーメン構造形式の橋。継手部分には2つのパーツの片方をもう片方に差し込む形式を採用している。斜材、接合部、水平部材とも非常にシンプルな橋である。

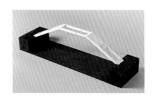

審査員特別賞
苫小牧高専『翼』[042]
軽量点：6.5点、審査員評価点：14.7点、載荷点：50点、総得点：71.2点
特色：10個の三角形でできた6辺形断面を持つ梁部材から2つの大きい三角形を形成し、すべての梁部材が圧縮力しか負担しないですむ構造形式。圧縮力しか生じない特性を利用し、接合部分は軸力と直交する垂直な面材で組み合わせてつなぐ構造となっている。

日刊建設工業新聞社賞
呉高専『双嶺(そうれい)』[007]
軽量点：15.3点、審査員評価点：16.5点、載荷点：45点、総得点：76.8点
特色：立体トラス構造形式で構成したアーチ形の橋。柱を用いることで、外からかかる荷重を分散してリブ[*14]に伝える構造形式としている。橋の中央部で発生

する曲げモーメントを圧縮力と引張力に分けて、橋への負担が少なくなるように処理している。

3年ぶりに参加学生と関係者が一堂に会した大会となった。コロナ禍にも関わらず、構造デザイン部門に参加した学生と指導教員の数は240人を超え、会場は大いに盛り上がった。大勢の人々に本大会を楽しんでもらえたことを信じつつ、参加者の協力で無事に大会が終了できたことを感謝する。

（下田 誠也／金田 一男　有明高専）

註
*1　載荷治具：おもりを載荷するための器具。本書87ページ図3参照。
*2　桁橋：橋脚の上に桁を架けたシンプルな構造形式の橋。
*3　トラス：トラス構造形式。本書60ページ註11参照。
*4　アーチ：アーチ構造形式。本書62ページ註4参照。
*5　梁桁：梁桁構造形式。梁桁とは、ここでは橋の桁

を指す。桁の上に床版を貼る橋の構造形式。
*6　ラーメン：ラーメン構造形式。本書56ページ註2参照。
*7　kgf：重量キログラム。重さ、重力、力、荷重など物体にかかる力を表す単位。地球上では、10kgfは10kgの物体にかかる力（重力）。
*8　平板：平らな板。
*9　平面フレーム：両側の梁をつなぎ材で連結して構成した平面構造。

*10　水平反力：本書56ページ註3参照。
*11　曲げ抵抗：力の作用した点や軸を中心に回転する方向に部材を変位させようと作用する力（曲げモーメント）にどの程度耐えられるか（梁材の変形のしにくさ）を示す値。
*12　面材：本書58ページ註7参照。
*13　中間材：本書60ページ註10参照。
*14　リブ：本書60ページ註12参照。

開催概要

構造デザイン部門概要

■ 課題テーマ
新たなつながり──ふたつでひとつ

■ 課題概要
製作物は、2021年呉大会同様「紙」を用いた橋である。ケント紙と接着剤を用いて、紙自体が持つ強さやしなやかさ、軽さなどの特性を最大限に引き出し、「耐荷性」「軽量性」「デザイン性」に富む橋を製作してほしい。
求めているのは、分割された2つの橋のパーツ（部品）をスパン中央でつないで1つの橋を形成するという新しいカタチの橋である。
「新たなつながりをつくる橋」として、合理性に基づいて導かれたカタチとともに、創造性にあふれた構造方式の橋を期待する。

■ 審査員
中澤 祥二（審査員長）、岩崎 英治、森下 博之

■ 応募条件
❶高等専門学校に在籍する学生
❷個人または6人以内のチームによるもの。1人1作品のみ
❸他部門への応募不可
❹同一高専で2作品まで応募可。ただし、同一高専で2作品を応募する場合、同じ形や同じコンセプトの作品の応募は認めない。
同一高専で2作品を応募する場合、新型コロナウイルス（COVID-19）の感染拡大防止対策や宿泊場所の確保が難しいという観点から、大会への来場は1作品につき3人以内。つまり、各高専1作品参加、2作品参加のいずれの場合も、大会へ来場できるのは各高専6人以内

■ 応募数
54作品（265人、35高専）

■ 質疑応答期間
質疑：2022年4月26日（火）～5月10日（火）
回答：2022年6月1日（水）より公式ホームページにて公開

■ 応募期間
エントリーシート提出：
2022年10月24日（月）～31日（月）
プレゼンテーションポスターの電子データ提出：
2022年11月22日（火）～29日（火）

■ 事前提出物
❶エントリーシート：高専名、作品名、コンセプト、チームメンバー氏名、学科名、学年、指導教員氏名など
❷プレゼンテーションポスターの電子データ：A2判サイズ（横向き）、PDF形式

本選審査

■ 日時
2022年12月10日（土）～11日（日）

■ 会場
大牟田文化会館　大ホール

■ 本選提出物
❶橋（製作物＝「作品」）：指定どおりのもの（本書86～87ページ参照）
❷プレゼンテーションポスター：A2判サイズ（横向き）1枚。高専名、作品名、コンセプト、「作品」の写真、アピールポイントを記載

■ 審査過程
参加数：54作品（192人〈来場学生〉、35高専）
2022年12月10日（土）
❶仕様確認　10:00～11:10
❷審査員審査　11:00～12:30
❸オリエンテーション　13:30～13:45
❹耐荷性能試験（競技）1　14:00～16:00
❺技術交流会1　16:00～16:30
2022年12月11日（日）
❶耐荷性能試験（競技）2　9:00～11:10
❷技術交流会2　11:15～11:45
❸審査員講評と結果発表　13:00～13:15

スレンダー Go

★順位：5　質量：115.1g　総得点：79.4

027　鹿児島高専

◎川口 恭兵、佐藤 莞太朗、吉原 侑里、菊永 慧(5年)、荊原 久美子(2年)[都市環境デザイン工学科]
担当教員：川添 敦也[都市環境デザイン工学科]

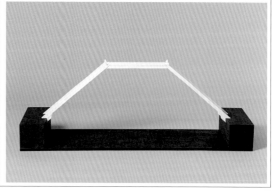

団結

★順位：6　質量：101.9g　総得点：79.3

023　新モンゴル高専

◎イスヘ・ウランジャラガル、エンフトル・フレルシヤガイ、ニャムバト・ナランバト、エンフブヤン・テムーレン、エルデネバト・ビルグテイ、ツビシンバヤル・ツォグ[土木建築工学科4年]
担当教員：バトドルジ・バトトルガ[土木建築工学科]

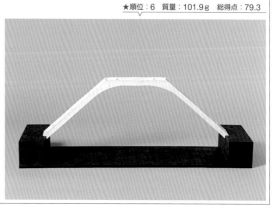

トラス+面材

★順位：7　質量：99.4g　総得点：79.2

054　IETモンゴル高専

◎エンフバータル・ビャムバジャルガル、バヤルマグナィ・エルヘム(5年)、エルベネビレグ・ツォルモン、ガンゾリグ・フラン、ガンガンツェツェグ・マラルマ、ジャムバルドルジ・オトゴン(4年)[建設工学科]
担当教員：シニネゲン・シュレンツェツェグ[建設工学科]

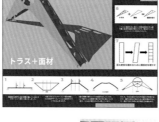

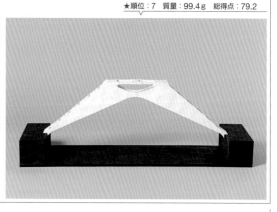

KHANA

★順位：8　質量：102.6g　総得点：78.7

053　IETモンゴル高専

◎ムンフボルド・ノムンダリ、バダルチ・ツォグトビレグ、ツェレメグ・アヌジン、バトバータル・バトオリギル、オドサイハン・サラル(4年)、イクバヤル・ウナダル(3年)[建設工学科]
担当教員：エルデネスレン・ガントゥルガー[建設工学科]

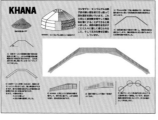

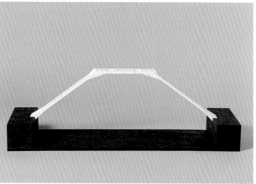

*000：作品番号。　*氏名の前にある◎印は学生代表。　*順位順に掲載。
*総得点が同点の場合は、軽量点の高いほうを上位とする。総得点、軽量点が同点の場合は、同順位とする。　*「順位」の前の★は、載荷の全過程成功を示す。

二猫一
_{に こ いち}

050　徳山高専

内冨 駿仁(5年)、◎中村 綾花(4年)、
田中 奏(3年)、林 美宙(2年)、金子 まりも、
中越 凜子(1年)[土木建築工学科]
担当教員：海田 辰将[土木建築工学科]

★順位：9　質量：121.6g　総得点：78.1

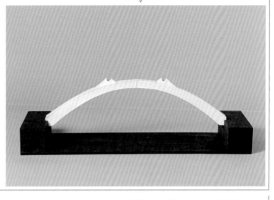

耐えあがれ！

035　舞鶴高専

日下部 元喜、小山 愛加[建設システム
工学科建築コース4年]／吉田 千晴(3年)、
◎井上 博之(2年)、河瀬 絢香、
福井 愛美(1年)[建設システム工学科]
担当教員：玉田 和也[建設システム工
学科]

★順位：10　質量：113.1g　総得点：77.5

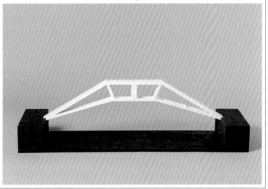

富嶽──3次元的橋梁物

017　東京都立産業技術高専（品川）

◎丸岡 昂平、網野 心、金子 晃樹[もの
づくり工学科生産システム工学コース
5年]／古川 愛椛[ものづくり工学科AI
スマート工学コース2年]
担当教員：上島 光浩[ものづくり工学
科生産システム工学コース]

★順位：11　質量：133.2g　総得点：77.3

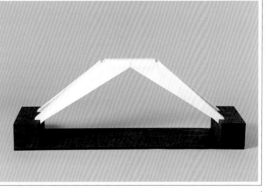

合橋

043　秋田高専

◎田口 真治(3年)、小林 憧子(2年)[創
造システム工学科土木・建築系]／
菅原 琉惺[創造システム工学科1年]
担当教員：寺本 尚史[創造システム工
学科土木・建築系空間デザインコース]

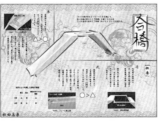

★順位：13　質量：147.1g　総得点：75.9

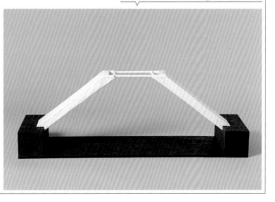

波翼——HAU

★順位：14　質量：141.6g　総得点：75.5

001　福井高専

◎田中 こころ、下村 成輝、杉若 光、銅 健吾、南部 紗季、渡辺 瑠乃羽[環境都市工学科5年]
担当教員：吉田 雅穂[環境都市工学科]

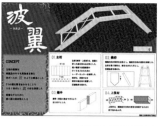

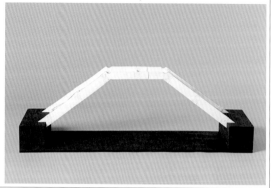

アーチャー

★順位：15　質量：152.4g　総得点：74.6

024　新モンゴル高専

◎ツォグバヤル・トゥグスバヤル、ツェグメド・ヒシゲスレン、ガンボルド・エルヘムバヤル、ソガルスレン・ツェンデスレン、バトトルガ・テムーレン、バーサンスレン・マンドール[土木建築工学科5年]
担当教員：バトドルジ・バトトルガ[土木建築工学科]

天の梁

順位：16　質量：98.8g　総得点：71.4

038　津山高専

◎岡田 拓実、髙岡 英明(5年)、髙石 若葉、渡邊 雪葉(4年)[総合理工学科機械システム系]
担当教員：塩田 祐久[総合理工学科機械システム系]

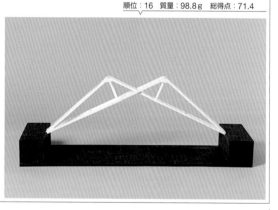

3.14····

順位：17　質量：137.9g　総得点：71.2

045　明石高専

◎岡本 悠、久保木 直人、岡本 陽大、加東 工、青田 優星、太田 姫梨子[都市システム工学科4年]
担当教員：生田 麻実[都市システム工学科]

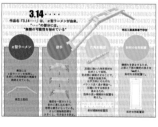

Flux

★順位：19　質量：260.0g　総得点：70.5

030｜有明高専

◎下村 麟、岩屋 昂士朗、泉 裕介(5年)、
田中 美咲(4年)、福澤 寧々、矢野 あさひ
(3年)[創造工学科建築コース]
担当教員：岩下 勉[創造工学科建築コー
ス]

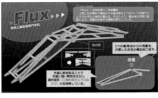

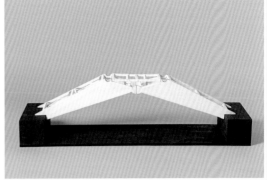

合掌橋

★順位：20　質量：290.0g　総得点：68.5

051｜岐阜高専

◎久芳 友宏、後藤 優奈、佐藤 颯良、
竹中 愛翔、服部 百香、松波 真之介[先
端融合開発専攻専攻科1年]
担当教員：廣瀬 康之[環境都市工学科]

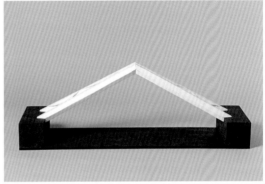

糸

★順位：21　質量：381.0g　総得点：66.5

046｜小山高専

◎齋藤 さくら、松坂 奏美、西松 花歩[建
築学科2年]
担当教員：本多 良政[建築学科]

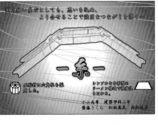

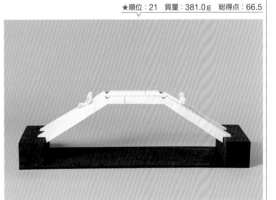

E.Z.D.08-RHAMEN

★順位：22　質量：429.1g　総得点：66.1

010｜石川高専

◎黒田 みゆき、紅谷 美羽、泉 晴貴、
進藤 直人[建築学科4年]
担当教員：船戸 慶輔[建築学科]

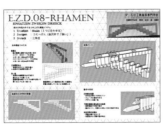

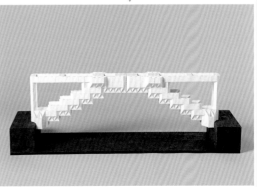

Twin Bridge　ゲンドウ

★順位：23　質量：725.5g　総得点：64.8

003 ｜ サレジオ高専

◎谷本 璃、三木 亮輔、保坂 嶺斗[デザイン学科4年]／渕脇 蒼矢[機械電子工学科4年]
担当教員：谷上 欣也[デザイン学科]

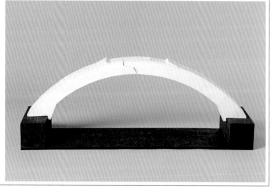

夕鶴

★順位：24　質量：676.0g　総得点：64.6

026 ｜ 釧路高専

◎佐藤 侃音、本橋 幸大(4年)、武田 紗奈、中川 真緒、渡邊 紅音(3年)[創造工学科建築デザインコース建築学分野]
担当教員：西澤 岳夫[創造工学科建築デザインコース建築学分野]

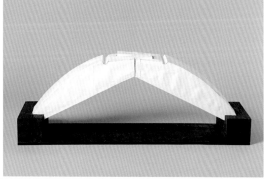

凸凹結合台形ラーメン

★順位：25　質量：948.2g　総得点：64.4

006 ｜ 阿南高専

◎南 里佳、国原 鈴乃(5年)
美馬 好大、矢野 優希(4年)[創造技術工学科建設コース]
担当教員：井上 貴文[創造技術工学科建設コース]

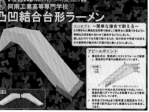

ふっくら山

★順位：26　質量：463.4g　総得点：64.1

012 ｜ 和歌山高専

藤浦 浩司(5年)、◎成瀬 翔紀(4年)、寺井 梨華、山﨑 宇槻、出口 遥香(3年)、河村 佳紀(2年)[環境都市工学科]
担当教員：櫻井 祥之、山田 宰[環境都市工学科]

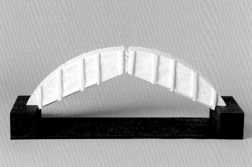

翔け橋——Kakehashi

047　小山高専

◎畑中 優志[建築学科2年]／夘月 碧端
[電気電子創造工学科2年]
担当教員：大和 征良[建築学科]

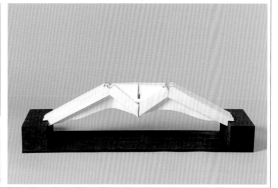

合掌——人と人が手を取り合う未来へ

★順位：28　質量：823.4g　総得点：63.7

005　豊田高専

◎柴田 青澄、大沼 裕貴、青山 周平、
筧 優祐、近藤 永都、筒井 駿[建設工学
専攻専攻科1年]
担当教員：川西 直樹[環境都市工学科]

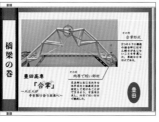

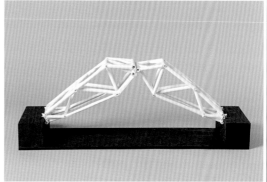

翡翠
HISUI

順位：29　質量：100.3g　総得点：61.9

041　米子高専

◎田原 多喜莉、中井 綾音、松本 遥、
鳥井 陽菜、門脇 倖、谷口 萌紬[建築学
科4年]
担当教員：畑中 友[総合工学科建築デ
ザイン部門]

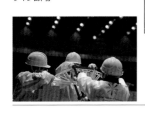

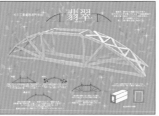

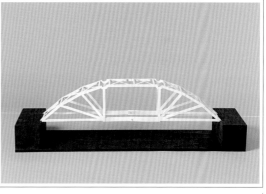

えーフルート——A flute

★順位：30　質量：880.8g　総得点：61.9

015　長岡高専

◎和田 知大、星野 由、中村 健人、
山田 悠作(専攻科2年)、古川 諒太(専攻
科1年)[環境都市工学専攻]
担当教員：宮嵜 靖大[環境都市工学科]

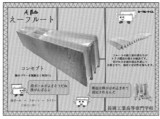

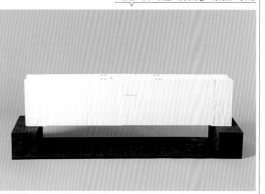

暁雲

順位：31　質量：395.5g　総得点：61.8

019　都城高専

◎宗像 大樹、宇野木 瑠那、谷口 陽菜、中野 喬一郎[建築学専攻専攻科1年]／深川 萌夏[建築学科5年]
担当教員：大岡 優[建築学科]

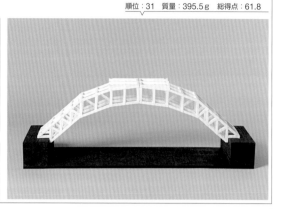

X

★順位：32　質量：1,802.0g　総得点：60.9

039　神戸市立高専

勅使河原 豊(3年)、◎津川 桂海羽(2年)、橋本 紗羅、下田 莉士(1年)[都市工学科]
担当教員：伊原 茂[都市工学科]

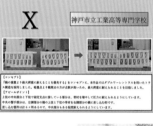

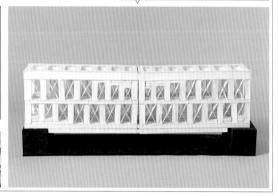

ARCH×ARCH

順位：33　質量：178.0g　総得点：60.4

052　明石高専

◎寺坂 拓磨、松原 直己、渡邉 由恭、梶原 礼智、武田 隼、村上 奨[都市システム工学科3年]
担当教員：生田 麻実[都市システム工学科]

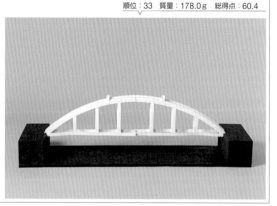

人ツ橋

順位：34　質量：118.2g　総得点：60.0

008　呉高専

松下 芽生[プロジェクトデザイン工学専攻建築系専攻科1年]／◎土手 淳平、脇田 美礼優、栗原 菜々子[建築学科5年]／高田 澄海[機械工学科2年]
担当教員：松野 一成[建築学科]

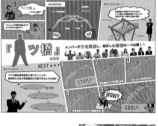

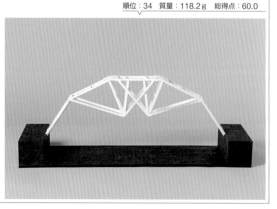

剛龍
こうりゅう

002 ｜ 福井高専

◎南北 城、保木 克也、髙間 海友、大江 康二郎、小谷 朝日、中出 咲良[環境都市工学科3年]
担当教員：樋口 直也[環境都市工学科]

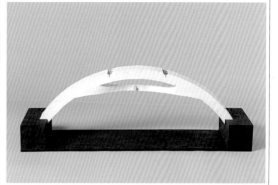

由良競
ゆ　ら　きょう

013 ｜ 和歌山高専

Ngor Chinhok(5年)、◎溝畑 圭汰(4年)、白井 俊成、伊賀 康将、西﨑 郁馬、上山 春奈(3年)[環境都市工学科]
担当教員：山田 宰、櫻井 祥之[環境都市工学科]

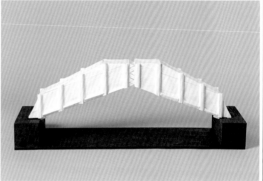

Japanese Mt.Fuji

036 ｜ 石川高専

◎浅賀 諒和、久保 恭平、前川 天音[環境都市工学科4年]
担当教員：髙野 典礼、重松 宏明[環境都市工学科]

UNI TOONO──ウニトーノ（ゲルの屋根・天井）

032 ｜ モンゴル科技大高専

◎ニャムスレン・ムングントール、アルタンゾル・アリウンバット、ズルフバータル・ボロルエルデネ、ガンホヤグ・トォグトゥーンジャルガル(3年)、ブレヴドルジ・マンダフフスレン、オトゴンバヤル・ウスフ＝イレードゥイ(2年)[建設工学科]
担当教員：スフバータル・ルハグワバータル、綿貫 久[建設工学科]

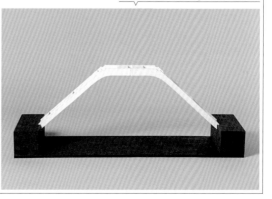

buckle

順位：39　質量：152.4 g　総得点：53.0

028　近畿大学高専

◎竹中 陸斗、山口 智也、山本 奨[総合
システム工学科都市環境コース5年]
担当教員：松岡 良智[総合システム工
学科都市環境コース]

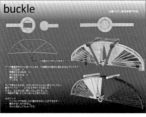

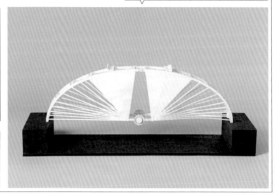

ラ　ミルフィーユ

順位：40　質量：153.0 g　総得点：52.2

029　近畿大学高専

◎清水 穣治、松永 朋己(5年)、
藤川 誠ノ介(4年)[総合システム工学科
都市環境コース]
担当教員：松岡 良智[総合システム工
学科都市環境コース]

空

順位：41　質量：112.2 g　総得点：51.4

020　長野高専

◎春原 太喜、塩原 陸斗(5年)、
Phone Myat Kyaw(4年)[環境都市工
学科]
担当教員：奥山 雄介[工学科都市デザ
イン系]

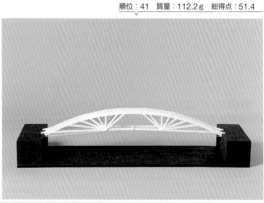

アジの開き

順位：42　質量：251.4 g　総得点：50.5

014　松江高専

野田 悠斗、野津 秀太(5年)、
◎蓮岡 慶行(4年)、友國 健晟、
大島 康生、大西 成弥(3年)[環境・建設
工学科]
担当教員：岡崎 泰幸[環境・建設工学科]

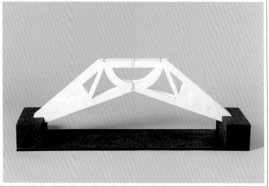

両親——AAB ЭЭЖ

033　モンゴル科技大高専

◎ツェデンダンバ・プレブボルド（4年）
オユンジャルガル・ハリウナー、
シャグダルスレン・エルデネホロル、
シジルバートル・ビルグーデイ（3年）、
バヤルバット・サルナイ、ボルド＝エルデ
ネ・タミル＝エルデネ（2年）[建設工学科]
担当教員：スフバータル・ルハグワバー
タル、綿貫 久[建設工学科]

白——White

021　長野高専

◎戸田 英寿、西村 俊亮、齋藤 寛樹[環
境都市工学科5年]
担当教員：大原 涼平[工学科都市デザ
イン系]

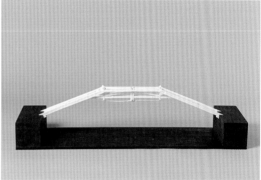

「人」

034　香川高専（高松）

◎高橋 大樹、冨田 彗太、岩田 侑真、
山本 陽紀[建設環境工学科2年]
担当教員：林 和彦[建設環境工学科]

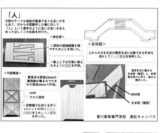

紅葉

040　神戸市立高専

◎児玉 卓謹、坂 潤哉、鍛治川 倭（3年）
伊達 祐葵、麻田 銀河（1年）[都市工学
科]
担当教員：伊原 茂[都市工学科]

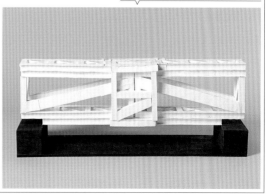

引張橋

順位：47　質量：214.9g　総得点：41.1

044 | 秋田高専

◎長谷川 絢哉、斉藤 愛菜(3年)、
三国屋 颯波(2年)[創造システム工学科
土木・建築系]
担当教員：丁 威[創造システム工学科
土木・建築系国土防災システムコース]

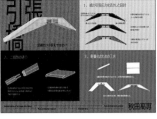

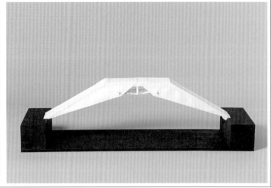

白夜──オチナイアーチ

順位：48　質量：294.8g　総得点：34.0

018 | 東京都立産業技術高専
　　　　（品川）

◎吉田 幸平、小柳 拓也、松隈 道明、
諸冨 陽大、横山 千華[ものづくり工学
科生産システム工学コース5年]
担当教員：上島 光浩[ものづくり工学
科生産システム工学コース]

峥嵘

順位：49　質量：1,172.8g　総得点：31.8

037 | 群馬高専

◎佐竹 海聖(4年)、戸塚 嶺登、
田島 紗優、小林 光希(3年)、志村 美月、
今井 和空(1年)[環境都市工学科]
担当教員：木村 清和[環境都市工学科]

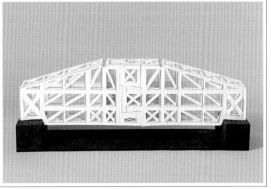

鶴橋

順位：50　質量：1,293.3g　総得点：31.3

016 | 鶴岡高専

◎阿部 拓夢[創造工学科電気・電子コー
ス5年]／福定 隼也[創造工学科機械
コース4年]／佐藤 愛斗[創造工学科化
学・生物コース4年]
担当教員：和田 真人[創造工学科機械
コースデザイン工学分野]

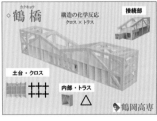

紡

順位：51　質量：737.5g　総得点：23.5

004 ｜ 鶴岡高専

◎尾崎 日茉里、吉住 咲哉[創造工学科
機械コース5年]／渋谷 優貴[創造工学
科化学・生物コース4年]
担当教員：和田 真人[創造工学科機械
コースデザイン工学分野]

深淵

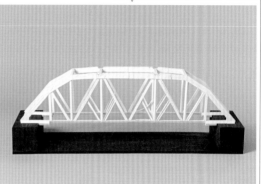

順位：52　質量：281.2g　総得点：22.9

048 ｜ 福島高専

豊増 汰一(4年)、◎吉田 里奈、
門脇 真音、松本 弥音、宗像 彩乃(3年)、
大津留 優空(1年)[都市システム工学
科]
担当教員：相馬 悠人[都市システム工
学科]

Owen Bridges

順位：53　質量：864.5g　総得点：22.5

025 ｜ 大阪公立大学高専

◎那須 遥丈、谷川 阿弦、森田 康介[総
合工学システム学科都市環境コース4
年]
担当教員：岩本 いづみ[総合工学シス
テム学科都市環境コース]

ツカウチブリッジ

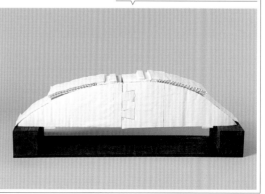

順位：54　質量：911.5g　総得点：12.0

011 ｜ 長岡高専

◎大塚 優樹、柳澤 茉依、恩田 空、
内山 草太郎、加藤 尚希[環境都市工学
科5年]
担当教員：宮嵜 靖大[環境都市工学科]

橋（製作物＝「作品」）の設計・製作条件

1．構造形式
❶水平スパン（支点間水平距離）800mm（図1参照）。分割された2つの橋のパーツ（部品）を水平スパン中央付近にて、2つの橋のパーツ以外の部品（たとえば、くさびや込み栓など）を用いずに乾式（接着剤などを使わない方法）でつなぎ、1つとなる、2点支持形式の橋とする
❷2つの橋のパーツをつなぐ作業も競技の設置時間に含めるため、容易につなぐことができる橋とする

2．載荷条件
固定荷重（集中荷重）を与える載荷方式
固定荷重：橋を載荷装置に載せ、橋の左右対称の位置に順次、おもりを作用させて載荷する（図4参照）
橋上面のスパン中央から左右それぞれ125mmの位置であるSa点とSb点に載荷治具*¹（図3参照）を橋の上面と同じ高さの位置に置き、載荷治具の他端同士をSc点で22∅の丸鋼を通し、その両端にナットを取り付ける。このScを通す丸鋼の中央に付いた、載荷ワイヤ先端のフックが掛けられる吊りピースとフックを結合することにより、Sc点にかかる固定荷重をSaとSbの2点に伝達し、橋に固定荷重を載荷する（図1参照）

3．支持条件
橋を載せることのできる支持部は、RaとRbの2カ所の支点（図1、図2参照）
❶橋を載せる支持部（支点Raと支点Rb）は、断面が100×100mmの木材の角材
❷支点Raと支点Rbの支持条件は、鉛直方向と水平方向の移動が固定された支持であること（図2参照）
❸橋を載荷台に設置する際に支持部と接することができるのは、両側支持部の水平方向100mm、鉛直方向25mm以内のみ（図2参照）

4．寸法
作製限界内に収まる寸法とする（図1、図2参照）
❶乾式による継手部分や重なりは、最終完成形の橋の水平スパン中央から±100mm内に収めるようにする
❷おもりを載荷した時の橋の変形によって、SaとSbにある載荷治具の丸鋼が左右にずれることがないように、左右への「ズレ止め機構」（たとえば、丸鋼が収まるくぼみ〈最大深さ11mm〉など）を施すこと（図3下部参照）

5．質量
計測器具（エー・アンド・デイ製 EK-4100i／秤量4,000g、最小表示0.1g）を用いて、橋の質量を測定

6．使用材料
❶使用可能な材料：ケント紙と木工用接着剤
❷紙は次の4種類に限る。同等品の使用は不可
①コクヨ　高級ケント紙（セ-KP18）
サイズ：A3　秤量：157g/m²　紙厚0.19mm
②コクヨ　高級ケント紙（セ-KP28）
サイズ：A3　秤量：210g/m²　紙厚0.22mm
③菅公工業　ケント紙（ベ063）
サイズ：A3　秤量：157g/m²　紙厚0.19mm
④muse　KMKケント断裁品（#200）
サイズ：8切　秤量：180g/m²
❸木工用接着剤は、主成分が酢酸ビニル樹脂系エマルジョン形とし、次の2種類に限る
①コニシ　木工用CH18
②セメダイン　木工用605

7．部材の加工と接着
❶紙を任意形状に切ったり、折ったり、よじったり、丸めたりすることは可
❷紙同士を接着剤で接着すること、複数枚の紙を接着剤で貼り合わせることは可
❸一度溶かすなど使用材料の原形をとどめないような使い方は不可
❹単に紙自体の強度を増すなど、接着以外の目的での含浸処理は不可
❺NC工作機やレーザー加工機などによる自動切断、マーキングなどの加工は可

8．初期荷重
載荷治具、スプリングフック、載荷ワイヤ、おもり受けなどの総質量約8kgがセッティング荷重（初期荷重）として作用するが、このセッティング荷重は耐荷重に含めない

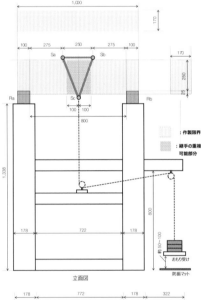

図1　載荷装置と製作限界平・立面図（単位：mm）

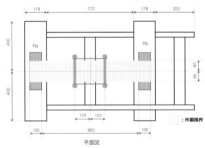

図2　Ra、Rb支点付近詳細図（単位：mm）

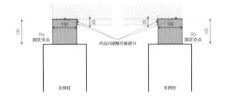

競技内容

製作した橋(製作物=「作品」)の耐荷性能を競う

競技＝耐荷性能試験

1.載荷順
耐荷性能試験は2日間に分けて実施。事前に提出された仕様確認表に記載された質量の大きい順に、3台の載荷装置を用いて、3組の橋(製作物=「作品」)に同時に載荷する(本書71ページ表2参照)。同一高専で2作品が参加の場合は、原則として、質量の大きいほうの作品が初日の耐荷性能試験に参加

2.載荷装置への設置
❶橋を載荷台に設置する際は「設置開始」の合図で橋の組立を開始し、90秒以内に設置を完了すること。90秒以内に設置が完了しなかった場合の規定は、下記「審査方法」(❶競技得点の③係数)を参照
❷載荷治具の設置を完了した時点で手を挙げ、競技審判に設置完了の合図をすること
❸設置完了後に、競技審判が載荷条件を満足しているかを確認する
❹競技審判からの吊りピースと載荷ワイヤの結合の指示を受けて、おもり受けと防振マットの間隔(50〜100mmの範囲)を確保した上で、吊りピースと載荷ワイヤを結合する

3.載荷方法
❶最初の荷重は10kgf*²とし、追加で50kgfまでおもりを載荷
❷40kgfまでは、10kg刻み、40kg以降は5kg刻みでおもりを載荷
❸各載荷段階において、載荷後10秒間の耐荷状態を確認した後、次の載荷段階へ移る
❹耐荷状態とは、おもり受けが防振マットに接していない状態のこと

4.競技の継続不能状況
Sc点に変位がない状態では、おもり受けと防振マットの距離は、50〜100mmの範囲(図1参照)。おもり受けが防振マットに接した場合、橋に破断が生じていなくても崩壊しているものとみなして競技を終了する

審査方法

「競技(耐荷性能試験)」「審査員審査」を通して、製作された橋(製作物=「作品」)の耐荷性能、軽量化、デザイン性などを審査する

応募作品(橋、プレゼンテーションポスター)は、❶競技得点、❷審査員評価点を合計した❸総得点により評価し、得点の高い作品ほど上位とする
同点の場合は、軽量点の高いほうを上位とする。総得点、軽量点が同点の場合は、同順位とする

❶競技得点
競技得点は、載荷点と軽量点の合計に係数を乗じた80点満点とする
①載荷点:載荷に成功した耐荷荷重のkgfを点数とする(50点満点)
②軽量点:30点満点。質量の小さい順で1位の作品に30点、2位以降については、1位の作品の質量を該当作品の質量で除して、それに30を乗じた点数(小数点以下2桁で四捨五入)を与える
ただし、製作物を載荷装置に設置後、載荷する前の段階で「崩壊」と判断された場合は、加点の対象外

$$該当作品の軽量点 = \frac{質量の最も小さい作品の質量(g)}{該当作品の質量(g)} \times 30$$

③係数:載荷装置への設置時間制限規定に関する係数。90秒以内に設置を完了した場合は1.0、90秒を超えて180秒以内に設置を完了した場合は0.9、180秒を超えた場合は0.7を係数とする

$$競技得点 = (載荷点 + 軽量点) \times 係数$$

❷審査員評価点
審査員評価点は20点満点とする
①審査員審査で、各作品の展示物と、各作品(一部)との質疑応答の内容を審査した評価点
審査員は「プレゼンテーションポスター」(8点満点)、「『作品』(橋)の構造的な合理性」(6点満点)、「『作品』(橋)の独自性」(6点満点)の3項目を評価する
②作品の設計趣旨、構造的合理性、デザイン性などを審査する

❸総得点
$$総得点 = 競技得点 + 審査員評価点$$

註
*1　載荷治具:本書73ページ註1参照。　　*2　kgf:本書73ページ註7参照。

図3　載荷治具部材詳細(単位:mm)

Sa、Sbピン支承丸鋼

Scピン支承丸鋼

Sa - Sb 載荷治具

Sa - Sc 載荷治具

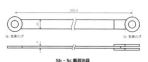

Sb - Sc 載荷治具

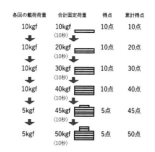

載荷治具のズレ止め機構の条件

図4　載荷手順フローと得点

各回の載荷荷重	合計固定荷重	得点	累計得点
10kgf	10kgf (10秒)	10点	10点
10kgf	20kgf (10秒)	10点	20点
10kgf	30kgf (10秒)	10点	30点
10kgf	40kgf (10秒)	10点	40点
5kgf	45kgf (10秒)	5点	45点
5kgf	50kgf (10秒)	5点	50点

審査員長
中澤 祥二
なかざわ しょうじ

豊橋技術科学大学　教授

1970年　愛知県豊橋市生まれ
1993年　豊橋技術科学大学建設工学課程卒業
1995年　同大学院工学研究科機械・構造システム工学専攻修士課程修了
1997年　日本学術振興会　特別研究員(DC2)
1998年　豊橋技術科学大学大学院工学研究科機械・構造システム工学専攻博士後期課程修了　博士(工学)
　　　　日本学術振興会　特別研究員(PD)
1999-2007年　豊橋技術科学大学建設工学系助手
2007-08年　同　助教
2008年　同　准教授
2008-09年　岐阜工業高等専門学校建築学科准教授
2009-10年　豊橋技術科学大学建設工学系准教授
2010-14年　同学建築・都市システム学系准教授
2014年-同　教授

主な活動
学会活動として、日本建築学会シェル・空間構造運営委員会　委員(2004年-)、日本建築学会立体骨組小委員会　委員(2012-16年)など

主な論文
「シェル・空間構造の減衰と応答制御」(共同執筆、2008年、日本建築学会)、「ラチスシェルの座屈と耐力」(共同執筆、2010年、日本建築学会)、「ラチスシェル屋根構造設計指針」(共同執筆、2016年、日本建築学会)など

主な受賞
日本建築学会東海支部東海賞(1998年)、国際シェル・空間構造学会坪井賞(2002年)など

審査員
岩崎 英治
いわさき えいじ

長岡技術科学大学大学院　教授

1962年　北海道生まれ
1985年　長岡技術科学大学工学部建設工学課程卒業
1987年　同大学院工学研究科建設工学専攻修士課程修了
1990年　同大学院工学研究科材料工学専攻博士課程修了　工学博士
1990-98年　同学建設系　助手
1998-2000年　徳山工業高等専門学校土木建築工学科　助教授
2000-07年　長岡技術科学大学環境・建設系助教授
2007-12年　同　准教授
2012-15年　同　教授
2015年-同大学院工学研究科環境社会基盤工学専攻　教授

主な活動
鋼橋を中心とした土木鋼構造の構造解析法をはじめ、腐食耐久性の向上のため腐食環境評価、防食法、および既設鋼構造の余耐力評価、リダンダンシー評価法などを中心に研究、活動。学会活動として、土木学会構造工学委員会継続教育小委員会　委員長(2012年-)、日本鋼構造協会「土木鋼構造診断士」テキスト改訂小委員会　委員長(2013年-)、土木学会鋼構造委員会既設鋼構造物の性能評価と回復のための構造解析技術に関する小委員会　委員長(2015-18年)、日本鋼構造協会「土木鋼構造診断士」専門委員会　委員長(2019年-)、土木学会構造工学委員会構造工学論文集編集小委員会　委員長(2019年-)など

主な著書、論文
「耐候性鋼橋梁の可能性と新しい技術」(共同執筆、『テクニカルレポート』No.73、2006年、日本鋼構造協会)、「耐候性鋼橋梁の適用性評価と防食予防保全」(共同執筆、『テクニカルレポート』No.86、2009年、日本鋼構造協会)、「鋼橋の腐食耐久性・維持管理性向上技術」(共同執筆、『テクニカルレポート』No.116、2018年、日本鋼構造協会)、「既設鋼構造物の性能評価・回復のための構造解析技術」(共同執筆、『鋼構造シリーズ32』、2019年、土木学会)など

主な受賞
土木学会構造工学シンポジウム論文賞(2015年)など

審査員
森下 博之
もりした ひろゆき

国土交通省　職員

1970年　奈良県出身
1992年　大阪府立大学工学部機械工学科卒業
1994年　大阪府立大学大学院工学研究科機械工学専攻修士課程修了
　　　　建設省(現・国土交通省)　入省
2001-03年　トヨタ自動車へ交流派遣
2003-05年　国土交通省大臣官房技術調査課技術開発官
2005-06年　同省関東地方整備局企画部施工企画課　課長
2006-07年　同省総合政策局建設施工企画課課長補佐
2007-09年　同省同局同課　企画専門官
2009-11年　同省中国地方整備局松江国道事務所　所長
2011-12年　同省同局道路部　道路調査官
2013-16年　一般財団法人先端建設技術センター技術調査部　部長
2016-18年　国土交通省道路局国道・防災課道路保全企画室　企画専門官
2018-20年　同省総合政策局公共事業企画調整課施工安全企画室　室長
2020-21年　同省道路局国道・技術課技術企画室　室長
2021年-同省九州地方整備局企画部　部長

主な活動
現在、九州地方整備局企画部長として、組織のマネジメントや建設業の担い手確保などを担当するとともに九州地方整備局のインフラDXの推進に従事。

創造デザイン部門

地方都市では、人口減少や少子高齢化に伴いさまざまな問題が生じている。「PLATEAU[*1](プラトー)」をはじめとするさまざまな新しいデジタル技術の開発により、これまで対応しづらかった地方都市の諸問題が解決され、持続可能なまちづくりや地域活性化に貢献することが期待されている。

そこで、昨今、社会の注目を集め、幅広い分野での可能性が指摘されている3D都市モデル整備、活用、オープンデータ化のリーディングプロジェクトである「PLATEAU」に注目。学生ならではの斬新なアイディアを活かして、このツールの積極的な使い方を考案し、それによって見えてくる持続可能な地方都市の近未来像の提案を求める。

註
*1　PLATEAU：2020年から国土交通省が進める3D都市モデル整備、活用、オープンデータ化のプロジェクト。都市活動のプラットフォームデータとして3D都市モデルを整備し、そのユースケースを創出。さらにこれをオープンデータとして公開することで、誰もが自由に都市のデータを引き出し、活用できることをめざす。2023年現在、全国で56都市が構築対象都市として参画している(https://www.mlit.go.jp/plateau/)。

新時代のデジタル技術へチャレンジ！
──3D都市モデル活用で見えてくる地方都市の未来

予選▶ **21** 作品	本選▶ **9** [*1] 作品	受賞▶ **9** 作品

2022.8.24-9.7
予選応募
2022.9.14
予選審査

2022.12.10
ポスターセッション
ワークショップ1
ワークショップ2
意見まとめ
ブラッシュアップ
2022.12.11
プレゼンテーション
審査(公開＋非公開)
審査結果発表

*1　9作品：仙台高専(名
取)『秋保電鉄時間旅行』
[010]が本選不参加。

■最優秀賞(文部科学大臣賞)：
高知高専『まちから創るよさこい──PLATEAU×よさこい』[020]
■優秀賞：
明石高専『空き家にきーや！』[002]
有明高専『みかん農家の働き方改革──PLATEAUで一歩先の農業』[008]
■審査員特別賞：
仙台高専(名取)『「星の絵を探しに」』[011]
石川高専＋福井高専『青空駐車場の育て方──周辺住民が耕す小さな広場』[021]
■クボタ賞：
有明高専『空き家にお引越し──ペットと歩き、花を育てる　新しい公営住宅のかたち』[018]
■吉村有司賞：
釧路高専『まちまれ　おさんぽ』[013]
■木藤亮太賞：
明石高専『リボーン・ジケマチ』[004]
■PLATEAU(内山裕弥)賞：
明石高専『ぷらっと寄れるアートの拠点　ニッケ社宅群』[005]

| 020 | 高知高専 | ◎武智 仁奈、谷口 雄基、堅田 望夢[ソーシャルデザイン工学科まちづくり・防災コース4年]
担当教員：北山 めぐみ[ソーシャルデザイン工学科まちづくり・防災コース] |

まちから創るよさこい──PLATEAU×よさこい

創造デザイン部門

提案主旨 PLATEAU内にある建物データを活用し、建物の凹凸を音楽のメロディに変換するという作品。過去の「よさこい」の音楽データをビッグデータとし、建物の凹凸に合う音楽をAI（artificial intelligence＝人工知能）が作成する。高知県を中央エリア、西部エリア、東部エリアに分割することで、各地域の特色が反映された多様性のある音楽を作ることができる。たとえば、都市部では、高い建物が多く密度も高いため、高音の多いアップテンポの曲になったり、郊外では、住宅街や田んぼが多いため、落ち着いた雰囲気の曲になったりする。

これまでの「よさこい」祭では、観光客は観覧することで祭を楽しんできたが、一緒になって踊ることができたら、彼らにもっと楽しんでもらえると考えた。このような一般参加者レーンを設けることは、「よさこい」祭の知名度上昇や経済効果を高めることにつながり、高知県全体の活性化が見込める。

審査講評 都市形態から音楽を生成するという提案。デジタル技術（PLATEAU）と音楽との組合せという独創的な発想に、まずは度肝を抜かれた。当日のプレゼンテーションでは、即興で生成した音楽を流すという、リアルタイム性に富みながらも実装力の高さを見せつけられた。また「その人が育った建造環境の違い（たとえば都市形態）は、その後の人間の感性の発達に影響を与えるのか？」など、魅力的な研究に発展する可能性も見えた。3D都市モデルであるPLATEAUを使用する意味、その活用によって各街路が持つ固有性を音楽で表現するという意志、さらにはそれを実装する技術力。文句なしの最優秀賞である。　　　　　　（吉村 有司）

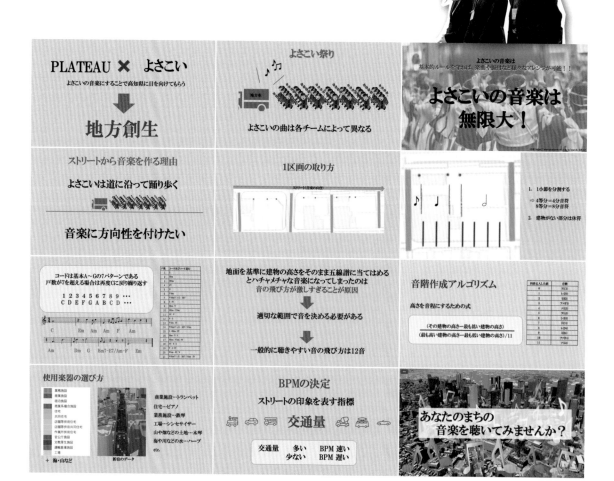

註（本書91〜98ページ）

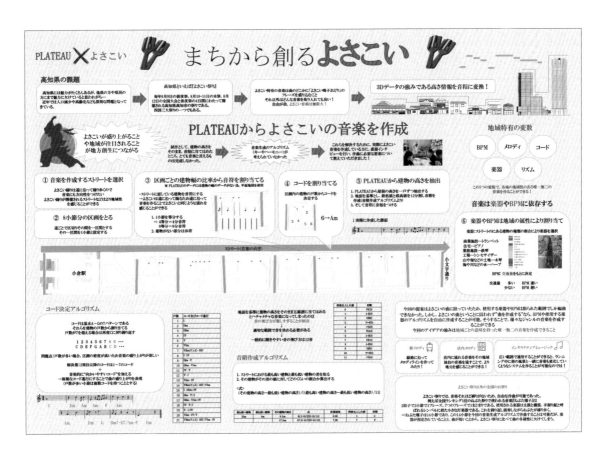

創造デザイン部門

002 明石高専 ◎大橋 すみれ、泉 智尋、江口 陽花、佐藤 初音[建築学科4年]
担当教員：東野 アドリアナ[建築学科]

空き家にきーや！

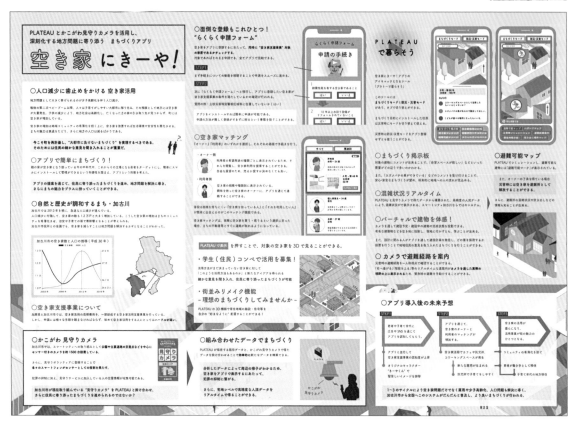

提案主旨　地方問題として大きく取り上げられるのが、少子高齢化を伴う人口減少。

大都市には学校や会社、店舗などが密集し、それに連動して豊富な仕事がある。そのため、就職や進学などを機に地方から移り住む人の多いことが、大都市に人口の集中する大きな原因である。

今こそ街を再計画し、「大都市に負けないまちづくり」を実現するべきである。そのためには、住民の意見を細やかに聞き入れることが重要だ。

そこで、高齢の親が亡くなって親の住んでいた家が空き家となり困っている現在の中年世代や、これからその立場となる私たち若者をターゲットにし、スマートフォン・アプリの「簡単にインストールして、管理できる」という利便性を踏まえた「コミュニティ・アプリ」という形態を考えた。

この提案を通じて、住民に寄り添ったまちづくりを進め、地方問題を解決に導き、街の魅力を広く伝えていくことを狙いたい。

審査講評　PLATEAUを用いて、空き家活用を促進する提案。都市計画法などの情報をPLATEAUに重ね合わせることによって、建築家や都市プランナーといった専門職以外の人たちにも空き家問題を身近に感じてもらおうという熱意が感じられる。「きーや君」という「ゆるキャラ」を作り出し、そのキャラを巧みに用いた作品の説明も秀逸だった。

自分の家の隣に公園を配置してみたり、遊園地を作ってみたりと「街並みを直感的、感覚的に変えていったらどうなるか？」という、都市景観に関する情報をファッション感覚で落とし込める「街並みリメイク機能」は新鮮であり、可能性を感じた。　　　　　　　　　　　　　　　　（吉村 有司）

008　有明高専

◎大村 龍平、黒田 萌香(専攻科2年)、栗屋 潤(専攻科1年)[建築学専攻]
担当教員：森田 健太郎[創造工学科建築コース]

みかん農家の働き方改革——PLATEAUで一歩先の農業

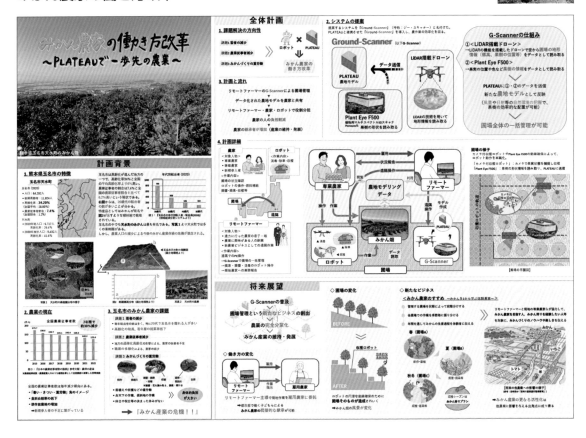

提案主旨　熊本県北部に位置する玉名市は、みかんの生産地で有名な地域の1つ。しかし、近年、若者や農業従事者の減少、みかんづくりの重労働などが原因で、玉名市のみかん産業は衰退の危機にある。そこで、農作業ロボットとPLATEAUを利用した「みかん農家の働き方改革」を考案した。

ドローン(遠隔操作無人飛行機)やセンサを使い、圃場(耕作地)を立体的に読み取ってデータ化し、PLATEAUで農地モデリングとして反映させる「G-Scanner」という新システムを導入することで、圃場全体を一括管理する。これをリモート・ファーマーが遠隔操作することで、圃場の状況を把握し、現地の専業農家に報告する仕組みができる。また、遠隔操作の可能なロボットを圃場に設置することで、消毒や除草、収穫など、これまで人の手で行なわれてきた作業の肩代わりが可能となる。この新しい働き方が浸透すれば、将来的に玉名市のみかん産業の維持、発展につながると考える。

審査講評　農業、その中でも「みかん農家」にデジタル技術を活用する提案。みかんを育てる地形にPLATEAUを活用するというところが斬新だった。提案者の実家がみかん農家を営んでいるということもあり、問題へのアプローチにリアリティが感じられ、説得力もある。また、模型を巧みに活かした作品の説明もわかりやすかった。

「G-Scanner」というシステムをパッケージ化したセンシング技術[*1]の導入によって、みかん農業をもっと効率的に、そして、おいしいみかんが食べられる環境をつくるという「みかん愛」に溢れた提案だ。　　　　(吉村 有司)

註
*1　センシング技術：センサと呼ばれる検知器や感知器、測定器などを用いて、さまざまな情報を計測し、数値化する技術。

● 審査員特別賞

011 仙台高専（名取）　◎飯藤 仁実[**1]、大友 歩、亀岡 菜花［総合工学科Ⅲ類建築デザインコース3年］／松森 英香［総合工学科Ⅲ類1年］
担当教員：宮崎 義久［総合工学科Ⅲ類建築デザインコース］

星の絵を探しに

審査
講評

技術の進化により、人類は光とそのコントロール方法を手に入れたが、その代償として、夜空に浮かび上がるアート（星空）を失った。しかし、日夜煌々と光り輝くメトロポリス（大都市）にあっても、そのすき間を縫って星空を楽しめるスポットがあるのではないか？そのような考えから、ビルや街灯の光が届きにくい空間（ブラックスポット）を、3D都市モデルで探し出す提案である。今年の創造デザイン部門では、一番ロマンティックな提案だったのではないかと思う。作品の説明における最後の言葉「昼とは異なる夜の魅力は眠りから目覚め、蔵王の街を明るく照らし出す」が素敵だった。　　　　　　（吉村 有司）

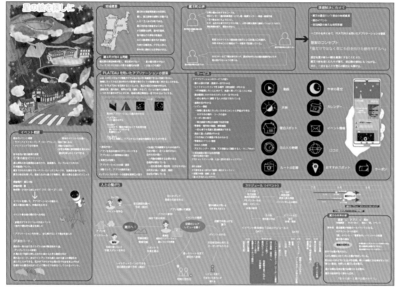

● 審査員特別賞

021 石川高専＋福井高専　◎竹 祐誠（5年）、岩田 英華、宮城 豪（4年）［石川高専建築学科］／窪田 多久見［福井高専環境都市工学科4年］
担当教員：内田 伸［石川高専建築学科］／大和 裕也［福井高専環境都市工学科］

青空駐車場の育て方──周辺住民が耕す小さな広場

審査
講評

街なかにおける駐車場問題を通して、「公共空間のあり方」に一石を投じる提案。作品の説明での「公共空間とは何か？」という審査員からの問掛けに対して、「人の集まる所。そこが公共の場になっていく」「施設が整った場所が公共空間なのではない。周辺住民が互いに協力し合って、より良い場所になっていく、それが公共空間である」と答えていたのが印象的だった。
デジタル技術を使いさえすればスマートシティ[*2]になる、といった安易な考え方ではなく、その真逆をいく、都市の本質を考えながら3D都市モデルを活用している提案は、すばらしいの一言に尽きる。
（吉村 有司）

註
＊2　スマートシティ：高度なデジタル技術を活用して、機能やサービスを効率化することにより、さまざまな問題を解決し、快適性や利便性などを含む新たな価値を創出する都市や地域のこと。

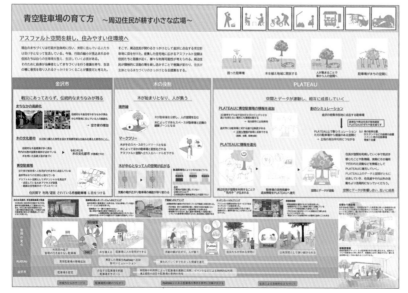

創造デザイン部門

018 有明高専 ◎西村 美歩(専攻科2年)、吉村 光弘、寺本 賢太郎(専攻科1年)[建築学専攻]
担当教員：森田 健太郎[創造工学科建築コース]

空き家にお引越し──ペットと歩き、花を育てる新しい公営住宅のかたち

審査講評
真正面から都市計画やまちづくりにアプローチしている本提案には好感が持てた。ペットの飼育や花を育てる花壇など、公営住宅では実現が難しい問題に対して、空き家の活用による解決策を模索している。

作品の説明で突然出てきた「アニマルパーク」というアイディアには驚かされた。動物と触れ合える公共空間をあえてつくり出すことによって、子供の教育にもポジティブな(良い)影響を与えられるのでは、と思考錯誤した結果だそうだ。質疑応答の中で「アニマルパークをもっと進化させて、動物園の中に住む住宅地などもおもしろいのでは？」という、さらに新しいアイディアが出たりなど、発展性のある提案だと思った。(吉村 有司)

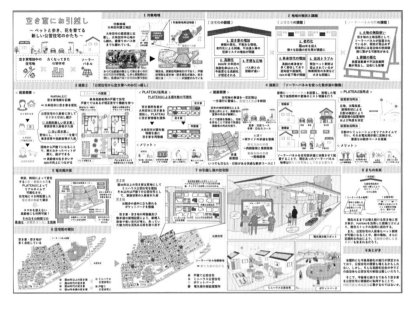

● 吉村有司賞

013 釧路高専 ◎庄司 樹里、アニスバヤル・ヤルゴーム[創造工学科建築デザインコース建築学分野4年]／高木 亨**1[創造工学科スマートメカニクスコース情報工学分野4年] 担当教員：西澤 岳夫[創造工学科建築デザインコース建築学分野]

まちまれ　おさんぽ

審査講評
散歩がテーマの提案。「まちびと」(街のことをよく知っている住民)と「まれびと」(街のことをよく知らない来街者)が、散歩に関する情報をシェア(共有)することによって価値を生み出すというストーリー。最短経路の探索アルゴリズムなどとは本質的に違った「散歩」という行為を扱うことにより、「小さな幸せ」を最適解ではないところで発見するというストーリーは魅力的に聞こえた。PLATEAUから得られる街の高低差などの立体的な情報を用いているが、もっと他のデータ(たとえば、「音」や「におい」など感性的なもの)も付加していくと、さらに豊かな提案になる可能性がある。

(吉村 有司)

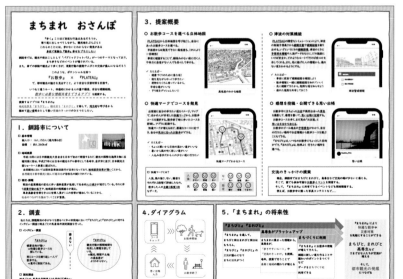

004 明石高専　◎村田 まりん、前田 愛侑、正岡 紗季、西島 誠人**2[建築学科4年]
担当教員：水島 あかね[建築学科]

リボーン・ジケマチ

審査講評　商店街の活性化に取り組む提案であるが、本質的には「街の記憶」を扱った作品だと理解した。この手の提案では、写真などのビジュアル・マテリアルを用いることが多い中、あえて写真ではなく言葉にフォーカスしているところがおもしろい。作品の説明でキーワードとして出ていた「おすそ分け」「思い出の欠片の保管庫」も鋭い切口だと思った。画像からわかることは多いが、画像からだけではわからない情報や、言葉を介してはじめてわかる街の記憶というものに注目したセンスもすばらしい。

（吉村 有司）

005 明石高専　◎宮本 真実、金澤 愛奈、泰中 里奈、内藤 廉哉[建築学科5年]
担当教員：本塚 智貴[建築学科]

ぷらっと寄れるアートの拠点　ニッケ社宅群

審査講評　兵庫県加古川市には、もともとアートギャラリーが数多く存在していたが、後継者問題などによって衰退してしまったという歴史的経緯がある。今回の提案は、それらを復活させることによって、市民にアートをもう一度身近に感じてもらえるようにしよう、それを街の活性化につなげていこう、という提案である。

実際に加古川市や関係各所にヒアリングを行ない、そこから聞こえてきた「加古川にも芸術の拠点があれば良いのでは？」という現場の声が、今回の提案につながった。さまざまなアーティストに社宅群（ニッケ社宅群）に住んでもらったり、アーティストを入れ替えたりと、環境の新陳代謝をすることによって街に活気をもたらすというアイディアも良いと思った。

（吉村 有司）

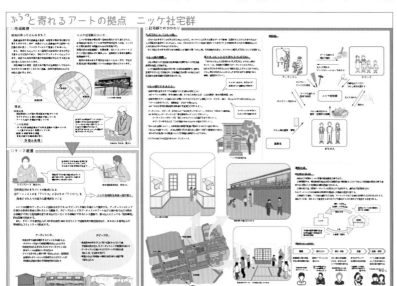

想像力と創造力を支えた共創の場

吉村 有司（審査員長）

特別な雰囲気と空気感

今年の創造デザイン部門の本選会場を包んでいた雰囲気は、デザコン史上を顧みても特筆すべきものだったと思う。あの場を包み込んでいた雰囲気と空気感こそ、僕がこの限られた紙面で後世に伝えるべきことであり、今年の総評のすべてである。

審査員もワークショップに参加

初日の午前中のポスターセッションでは、予選を勝ち抜いた9作品の学生が各作品展示ブースのプレゼンテーションポスターの前でプレゼンテーションを行ない、それに対する質疑応答を通して審査員がコメント（評価）を付けていった。

昼休憩を挟んだ午後からは、作品ごとに1人だけをテーブルに残し、その他の参加学生全員をシャッフルして、「同じ作品の学生は同じテーブルには着かない」というルールの下、4人1組で9グループをつくって、それぞれのテーブルに着いた（本書104ページ表1、107ページ図1参照）。各テーブルでは互いに自己紹介から始め、それぞれ席に着いたテーブルの作品をどう思ったか、何が良いと思い、どこを直すべきかなど、時には雑談を交えながら、参加学生と審査員全員の前ではなかなか口にできないことを議論し合った。このようなワークショップは多くの競技会で見掛けるが、今回のワークショップがそれらと異なるのは、我々審査員も学生に交じって参加した点である。

正直に言うと、我々審査員の参加は偶然の産物だった。人数の足りないグループは主催者（主管校）である有明高専の学生が穴埋めをするはずだったのだが、偶然にも、あと3人足りなかった。せっかくだから、ということで、急遽、審査員3人の参加が決まったのである。

我々審査員が参加するというのは、参加学生にしてみれば、かなりの驚きだったと想像する。これから自分たちの作品を審査する側の人間が同じテーブルに着き、自分たちの作品について意見しているのだから。また、同世代の他校の学生から意見をもらうという機会も新鮮だったのではないだろうか。

テクノロジーありきではない提案の数々

2日めはプレゼンテーション審査が行なわれた。前日のワークショップの内容を受けて、プレゼンテーションのストーリーを練り直してきた作品や、中には内容をガラリと変えてきた作品もあった。

どの作品もすばらしかった。本当にすばらしかった。

最終的に、今年の最優秀賞（文部科学大臣賞）には高知高専『まちから創るよさこい』[020]を選んだ。この作品は、3D都市モデルの特性を活かした画期的な提案だった。僕を含めた大人たちの凝り固まった頭の中からは決して出てこない柔軟な発想と、思い付いたアイディアを直ぐに実装できてしまうデジタル力には度肝を抜かれた。

他にも、夜間に街灯などの光が輝く都市の中で、星座がはっきりと見えるスポットを見つける作品[011]や、みかん農家の働き方改革の作品[008]、印象的な模型を作り込んできた作品[004]など、すばらしいアイディアが数多く見受けられた。それに加えて「テクノロジーを実装しさえすれば、良い空間ができ上がる」といった安直な作品が1つもなかったことはうれしかった。

何があの雰囲気をつくり出したのか？

今回の審査で一番特徴的だったのは、一貫して審査会場が楽しい雰囲気に包まれていたことだったと思う。もちろん「審査」という真剣勝負の場であり、競争の場であるので、ある程度の緊張感はあったほうがいいと思う。しかし、あまりにもピリピリし過ぎていたり、他作品の粗ばかり探してしまうような空気感は、参加者の想像力や創造力を抑圧してしまい、我々が本部門でテーマにしている「まちづくり」の本質（みんなで共に何かをつくっていく、という意味での「共創の場」）とは大きくズレてしまう。

そうではなく、今回の審査会場を包み込んでいたのは、他作品のプレゼンテーションに耳を傾け、時にはアドバイスを送り、送られる、そして笑顔が絶えない楽しい雰囲気であった。

思えば、まちづくりの本質とは、こうではなかったか？　自分が真だと思った意見を通すために、他人の意見に耳を傾ける。度重なる対話を通して、妥協を繰り返しながらも合意を形成していく。その結果でき上がるのが都市風景だ。そういうプロセスに思いを馳せると、今回の本選審査会場は正に都市を形作っていく民主主義のプロセスそのものだったと言える。

今回の本選審査の雰囲気を通して、1人でも多くの学生がそのことに触れ、まちづくりの楽しさを感じてくれたのなら、審査員長としてこれ以上の喜びはない。

＊文中の作品名は、サブタイトルを省略。高専名（キャンパス名）『作品名』[作品番号］で表示。
＊文中の[000]は作品番号。

勇気を持ってチャレンジしてくれたみんなに贈る言葉

木藤 亮太（審査員）

創造デザイン部門

創造デザインって本当に、本当に、楽しい

私が仕事の中で喜びを感じるのは「出会い」。今回、2日間の審査で50人近い人々と出会い、語り合い、街に対する想いを共有できた。関西から、北海道から、東北から、北陸から、四国から、そして九州から集まった人々とアイディアを通して、それぞれに暮らしている人や街とつながること、これこそがデザコンの醍醐味である。

競い合うことではなく、高め合うこと

初日にみんなでテーブルを囲んだワークショップ。参加学生同士はもちろん、審査員や運営事務局の間に生まれた一体感。そこで交わされた言葉、それぞれのプレゼンテーションに対する鋭くもあたたかい意見。2日めのプレゼンテーション審査では、驚くほど提案内容がブラッシュアップされ、前日に比べてハンパない伸び率。そのパワーの源は若さなのか、前向きなスピリットなのか、あるいは負けず嫌いなのか。ただ、ただ、感心。

プレゼンテーションと審査から得た「3つの気づき」

まず1つめ：

「街並みを音楽に変換する」なんてぶっ飛んだ発想[020]の隣で、緻密に計画された実現可能性が限りなく高い遠隔農業のシステム[008]。私たちも常に仕事の現場で、「尖ったアイディア」と「制約を乗り超える現実的な案」という相反する思考を、行ったり来たりしながらその解像度を少しずつ高め、具現化していく。どちらかに行き過ぎてはダメ。おそらくは、この振れ幅がどれだけ大きかったか、がアウトプット（最終成果物）の魅力になる。初日の夜、宿舎で遅くまで続いたであろう「ああでもない、こうでもない」。これが大事……。

次は2つめ：

「あれ、私たち何でこんな考えになったんだっけ？」なんてことを考えたりしたんじゃないかな。「そもそも」論って重要だけど、「そもそも」に切り込むのは勇気がいる。一旦、最初に立ち戻って考える、目線をずらして考えてみる。時には、現状を否定しなきゃいけなかったり。でも、そこにしっかりと勇気を持って切り込んでいっているかどうかってところ、が表現の深みになる。

さぁ、今からでももう一度考えてみよう「『そもそも』なんで高専なんかで学んでるんだろう……」。

最後に3つめ：

「そこに愛はあるんかっ!?」。やっぱり「愛」があるかどうかは大事。地元「愛」だったり、ただ「かわいい?♥」だったり。「楽しんでいるか」とか、「本当にやりたいことか」ってところ。

街が相手だったら、街を真剣に見つめて、考えて、頭の中がそのことだらけになってしまうくらい「愛」せるかどうか。彼女、彼氏が焼きもちを焼くくらいってレベルが相手（街）に熱を伝える。君の「愛」は私に敵うかな……ふふふ。

会いに来て、会いに行くから

とにかく行きたくなった、みんなの街に。高知の街並み[020]で音を感じてみたいし、釧路の匂い[013]を嗅ぎたい、社宅の跡[005]でアートを感じたい。空き家[002]も、みかん畑[008]も、夜空[011]も、ペットが飼える住宅地[018]も、街なかの駐車場[021]も……あ、じけまち商店街[004]はすでに行った(笑)。木藤は必ず遊びに行くから。そして福岡に遊びに来てね。しっかりもてなすよ、「愛」を込めて。

100

企画力こそがバリューとなる時代に

内山 裕弥 (審査員)

デジタル技術の活用という新しい視点

今回の課題テーマである3D都市モデル「PLATEAU」の活用は、創造デザイン部門としては異例のデジタル技術にフォーカスした課題設定であったように思う。もちろん、国土交通省でPLATEAUのプロジェクトを立ち上げてきた私にとっては大変にうれしいことなのだが、情報処理や地理空間情報が専門ではない高専の学生にとっては、ややハードルの高い課題だったかもしれない。

とは言え、デジタル技術の活用という観点は、これからの地域課題の解決や価値創出を議論していく上でほとんど不可避と言ってよい。通信やソフトウェアの技術が発展し、昨今はIoT[*1]やAI(artificial intelligence＝人工知能)なども実装が進む中、何か新たな仕組みをつくったり、人々の行動に影響を及ぼそうとするならば、デジタル技術を全く使わないという方法はもはや考えられない(良くも悪くも)。そういう意味では、地域の特性や歴史、文化などに深く入り込みつつも、一方でデジタル技術をリサーチ(調査)し、両者を組み合わせて実現可能なソリューション(解決策)を導き出すという今回の経験は、正にこれからの時代に求められる実践として、参加学生にとって良い経験になったのではないだろうか。

成長の感じられた2日間

デザコン2022では、初日のポスターセッションでの審査員講評とワークショップでの議論を受けて、最終審査である2日めのプレゼンテーション審査に向けブラッシュアップを行なうという、「コンペ」(競技会)としては珍しい合宿形式で行なわれる。この仕組みは実にうまくできており、高専の学生たちのさまざまなドラマを垣間見ることができた。私は審査員という立場ではあるものの、半ば参加学生の立場でハラハラと学生たちの作品説明を見守ったりしており、雑駁な表現をすれば、大変おもしろく参加することができた。

何か企画を考え、それを限られた時間内でプレゼンテーションし、評価をもらうという行為は、実は社会で日常的に行なわれている。評価する側は常に時間が足りないし、企画を説明する側は常に説明し足りない部分がある。初日のポスターセッションでこのことに気付いた学生たちはかなり多かったように思う。2日めのプレゼンテーション審査では、スライド、映像、音声、小芝居などを織り交ぜた説明が多く、初日と比べて作品の意図が断然わかりやすくなっていた。どのように伝えるか、という方法論の重要性に学生が気付き、作品説明のレベルが全体的に向上する様を間近で見ることができたのも、私にとってはうれしい経験であった。

実践につながる企画の経験

先にも述べたとおり、複雑極まりない社会構造の中から何か課題を発見し、利用可能な資源や技術をリサーチし、ソリューションとして企画し、プレゼンテーションするという行為は、地域課題の解決や新たな価値創出という局面で日常的に行なわれていることの実践である。とは言うものの、このこと自体は簡単ではなく、誰にでもうまくできるというものではない。そういったことが得意な人たちはその能力だけでビジネスを成り立たせたりしている。

そういった意味で、今回の応募作品は、いずれも大変考え抜かれた非凡な提案であり、学生たちの熱意と才能をとてもよく表していた。2日間の「お祭」としての経験はもちろん貴重なものであるが、それ以外にも、自分たちがどのような方法で調査し、考え、文字として考えをまとめていったのか、その過程でどのような議論や気付きがあったのか、などなど、今回の経験で自分がどのような局面で最も価値を発揮できたのか振り返ってほしい。きっと今後の人生に何か示唆を与えてくれると思う。地域の価値創造の実践は、そういった営みから生まれてくるはずである。

註
*1 IoT : Internet of Thingsの略称。自動車や家電、時計など、あらゆるものをインターネットでつなぐ技術のこと。

初日のオリエンテーション
学生たちは緊張の面持ち

今年は、3大会ぶりに参加者が一堂に会し、2日間の開催となった。創造デザイン部門の課題テーマは「新時代のデジタル技術へチャレンジ！——3D都市モデル活用で見えてくる地方都市の未来」。予選を通過した9作品*¹は、予選審査後に審査員が作成した「本選に向けたブラッシュアップの要望」（本書112ページ〜参照）をもとに修正され、本選に臨んだ。本選用にブラッシュアップされたプレゼンテーションポスターの電子データは、本選に先行して12月9日、インターネット回線を利用したクラウド・サービスを通じて大会事務局に提出された。

創造デザイン部門の会場となった大牟田文化会館2階の展示室は、幅8m×奥行30m×天井高3mの細長い空間である。初日の9:00から開始されたオリエンテーションでは、審査員とワークショップのファシリテータを参加学生に紹介した後、スケジュールと諸注意を伝えた。審査員3人は学生たちに投げかけるように挨拶したが、それに対する学生たちの反応は弱く、まだ緊張している様子が窺えた。

なお、来訪者が参照できるように、全予選作品のプレゼンテーションポスターをA3判サイズに出力して製本し、受付の脇に展示した。

ポスターセッション
質問に堂々と答える学生の頼もしい姿も

初日の午前中は、各作品の展示ブースを審査員が作品番号順に巡回し、質疑応答を通して審査するポスターセッションを行なった。会場の壁に沿って作品番号順に並んだ展示ブースには、1作品につき幅1,800mm×高さ2,000mmの展示用パネルと幅1,800mm×奥行600mm×高さ700mmのテーブルが1つずつ置かれている（本書107ページ図1参照）。展示用パネルにはプレゼンテーションポスターや写真、その他の資料が貼られ、テーブルには模型や小物が並べられた。学生たちは、展示物の横に立ち、審査員に向けて3分間で作品について説明した。

[002]へは具体的な質問が投げかけられた。「空き家のマッチングをアプリで促進する発想はすばらしい。所有者が自分の空き家を登録する時に書き込む内容の詳細を教えてほしい」（木藤）には、「年齢や顔写真（イメージ画像）、屋内の映像、面積、建物の種類などを考えている」と学生も具体的かつ的確に答えていた。

[004]への「『おすそ分け』はあげると減っちゃうけれど、情報は減らない。なぜ、『おすそ分け』という概念を使ったのか？」（内山）に、学生は「形のある物をあげるよりも、自分のいいと思う情報を他人と共有するほうが、人と人の間に絆ができて地域の活性化につながると考えた」と明確に回答。学生たちの緊張も徐々にほぐれてきた。

[005]への「この場所になぜアートなのか？」（吉村）には、「市内にある画廊にいた人から、『昔、加古川市には画廊がいくつかあったが、今はここ1つとなり、加古川市から芸術が消えつつある』と聞いた。そこで、アートの拠点をつくり、市民の芸術に触れる機会を増やして、加古川市をまた芸術の街にできたらいいと思ったから」と、学生はしっかりと答えた。

[008]は『『PLATEAUを使って云々』という提案はよくあるが、空間デザインや実際に風景がどう変わるかまでの提案はなかなかない」（吉村）、「G-ScannerやLiDAR*²搭載ドローンを使って地形データを取り込むなど、実装に近い技術的な要素を入れたことは非常に評価できる」（内山）など、アイディアが評価され、学生は「ありがとうございます」と、素直に喜びを表した。

[011]の「星の絵を探しに」という作品テーマに対し、「僕は星空をカメラで撮るのが趣味だけれど、通常の宿泊施設の営業時間と星を撮りたい人の活動時間が全く違うから、夜遅くにチェックインできないとかの理由で、結局、車中泊になることがよくある」（内山）、と共感する意見が出て、雰囲気の和む場面も見られた。

[013]へは『『おさんぽ』という日常の行動をみんなでシェアしたことは、目の付け所がいいと思った。『お散歩コース』を選べる、とあるが、何が選べる？」（吉村）に、学生は「このアプリをよく利用する人の散歩コースを記録してあり、誰もが、そこから、いいと思ったコースを選択できる」としっかり答えた。

[018]への「都市開発とかの要素を入れているのが新鮮で良い。課題も現代的だが、公営住宅の住民を空き家に移動させた後の公営住宅はどうなるのか？」（内山）には、「公営住宅に残りたい人もいると思う。この公営住宅は山奥にあり利便性が悪いため、住民にできるだけ住宅街に近い公営住宅に引越してもらい、住宅街に近い公営住宅は残しつつ、山奥の公営住宅を減らしていく」と学生は明確に返答した。

[020]への「目の付け所がいい。このように現実のストリートを使った具体的な提案は見たことがない」（吉村）、「デジタル・データを上手に活用した案。ストリートの音は音楽にするとこうだよねと、みんなに共感されるかが重要」（内山）に、「たとえば、人口をBPM（拍数）に変えたら、人口が少ない地域は遅い曲になったり、建物の種類から楽器を選択すれば、工業地帯の多い地域は鉄琴っぽい音になったりなど、印象を変えることができる」と学生が説明。審査員からも提案や意見が次々に

013

註（本書102〜106ページ）
＊000、[000]：作品番号。　＊文中の[000]は、作品番号。

出て、作品の持つ大きな可能性が窺えた。[021]への「駐車場の機能は損なわないというのが前提なのか?」(木藤)には、「まずは機能を損なわない。たとえば、利用率60%の駐車場なら、駐車スペースを現状の6割に減らして、残りの4割を人の空間として利用する。そして、人の活動が広がっていけば、駐車スペースに人の活動が侵食してきたり、人の空間を時間によっ

て広くしたり、と可能性は広がる」と学生が返答した。

ワークショップ1
急遽、審査員が参加

初日の午後に行なわれたワークショップでは、各作品の展示ブースに置かれた展示用パネルの前に4人掛けテーブルを1つずつ、計9つ用意した(本書107ページ図1参照)。最初のワークショップ1では、各

021

002

011

004

013

005

018

008

020

021

作品の説明者1人を残して他のメンバーは別のテーブルに散り、他作品のメンバーが混在した各テーブルで、説明者の作品について議論する(表1参照)。続くワークショップ2は、各作品のメンバーが最初の自作のテーブルに戻って、各々が持ち帰った意見をもとに、作品の修正の方向性を検討する「意見まとめ」と、それをもとに作品を改良する「ブラッシュアップ」から成る。

参加する学生はまず、作品ごとに自作の展示ブース前の席に着いた。しかし、各作品のメンバーは4人、3人、2人で構成されているので、いくつかのテーブルには空席ができてしまう。そこで、有明高専の学生4人が空席に入り、ワークショップ1に参加する形を取った。しかし、まだ3席の空きがあり、急遽、審査員3人がワークショップ1に参加することになった(表1参照)。

この偶然に起こったシチュエーションは、今回参加した学生にとって、本当に大きな出来事であったと思う。作品を審査する審査員とともにテーブルを囲んで、直に作品への意見をもらう内に、学生たちの緊張感が少しずつ和らいでいった。また、他の地域に住む学生たちからの生の意見も新鮮であったに違いない。終わってみれば、参加した学生たちの真剣な眼差しと笑顔を交互に見られた、良いワークショップ1であった(本書107ページ「創造デザイン部門に欠かせないワークショップの役割」参照)。

ワークショップ2
熱い議論が交わされた「意見まとめ」と「ブラッシュアップ」

初日の締め括りは、翌日のプレゼンテーション審査に向け、各作品のメンバー同士で議論を重ね、提案内容をブラッシュアップ(改良)する作業である。

「意見まとめ」では、ポスターセッションやワークショップ1で得た意見をもとに、各作品のメンバー内で議論を続け、自作の改良の方向性を探った。最後に、会場の中央で抽選を行ない、各作品の翌日のプレゼンテーションの審査順を決めた。

続く「ブラッシュアップ」では、各作品を具体的に修正していく。審査員を捕まえて貪欲にアドバイスをもらう作品も見られるなど、予定終了時刻を超えてからも、随所で熱い議論が交わされていった。

004

011

表1　本選──ワークショップ1のテーブル分け

		ワークショップ1-1		ワークショップ1-2		
テーブル	作品番号	高専名(キャンパス名)	氏名	作品番号	高専名(キャンパス名)	氏名
1	002	明石高専	◎大橋 すみれ*1	002	明石高専	◎大橋 すみれ*1
	021	石川高専	竹 祐誠	021	石川高専	宮城 豪
	013	釧路高専	アニスバヤル・ヤルゴーム	008	有明高専	黒田 萌香
	018	有明高専	寺本 賢太郎	011	仙台高専(名取)	亀岡 菜花
2	004	明石高専	前田 愛侑		有明高専	髙木 優介*2
	021	石川高専	岩田 英華*1	021	石川高専	岩田 英華*1
		有明高専	杉野 薫平*2		有明高専	和仁 あやね
	020	高知高専	堅田 望夢	018	有明高専	吉村 光弘
3	004	明石高専	◎村田 まりん*1	004	明石高専	◎村田 まりん*1
	021	石川高専	宮城 豪	021	石川高専	◎竹 祐誠
		有明高専	髙木 優介*2		有明高専	藤木 遥斗*2
	008	有明高専	栗屋 潤		有明高専	杉野 薫平*2
4	021	福井高専	窪田 多久見			吉村 有司(審査員長)
	002	明石高専	泉 智尋	005	明石高専	内藤 廉哉
	008	有明高専	黒田 萌香	008	有明高専	栗屋 潤
	020	高知高専	谷口 雄基*1	020	高知高専	谷口 雄基*1
5		有明高専	藤木 遥斗*2	020	高知高専	堅田 望夢
	018	有明高専	吉村 光弘	002	明石高専	佐藤 初音
	005	明石高専	泰中 里奈*1	005	明石高専	泰中 里奈*1
			内山 裕弥(審査員)	021	福井高専	窪田 多久見
6	002	明石高専	佐藤 初音	004	明石高専	前田 愛侑
	005	明石高専	内藤 廉哉			木藤 亮太(審査員)
	011	仙台高専(名取)	亀岡 菜花	005	明石高専	金澤 愛奈
	018	有明高専	◎西村 美歩*1	018	有明高専	◎西村 美歩*1
7		有明高専	和仁 あやね*2	013	釧路高専	アニスバヤル・ヤルゴーム
	002	明石高専	江口 陽花	004	明石高専	正岡 紗季
	008	有明高専	◎大村 龍平*1	008	有明高専	◎大村 龍平*1
	005	明石高専	金澤 愛奈	011	仙台高専(名取)	松森 英香
8	005	明石高専	宮本 真実	018	有明高専	寺本 賢太郎
			木藤 亮太(審査員)	002	明石高専	泉 智尋
	011	仙台高専(名取)	松森 英香	020	高知高専	◎武智 仁奈
	013	釧路高専	◎庄司 樹里*1	013	釧路高専	◎庄司 樹里*1
9	011	仙台高専(名取)	大友 歩*1	011	仙台高専(名取)	◎宮本 真実
			吉村 有司(審査員長)	005	明石高専	
	020	高知高専	◎武智 仁奈			内山 裕弥(審査員)
	004	明石高専	正岡 紗季	002	明石高専	江口 陽花

表註
*1：各作品の説明者。
*2：有明高専の学生。デザコンの主管校(主催校)となった貴重な機会を活かし、特別に参加。

*明石高専[004]西島誠人、仙台高専(名取)[011]◎飯藤仁実、釧路高専[013]髙木享の3人がワークショップ不参加のため、ワークショップに参加した本選作品の学生は29人。有明高専の学生4人に審査員3人を加えた36人で、4人×9テーブルとなった。
*[010]は本選不参加。　*ワークショップ1では、各作品の説明者は作品展示前のテーブルに残り、他のメンバーは他の作品の学生たちが混在するようにシャッフルした。シャッフルは2回行ない、2種類のメンバー構成(1-1、1-2)で実施した。
*氏名の前にある◎は各作品の学生代表。

008

地域への思いを込めた
プレゼンテーション

2日めの9:00よりプレゼンテーション審査を実施。会場には、200インチのスクリーンとプロジェクタを準備し、審査の様子を会場の端からでも見られるようにした。作品を説明する学生が立つ演台の前に模型などの展示物を並べ、審査員3人を前にして、前日の抽選で決まった順番で各作品のプレゼンテーションがスタートした。各作品の持ち時間は、プレゼンテーション(以下、プレゼン)6分間、質疑応答9分間。学生たちは、プレゼンテーション・アプリ「PowerPoint」を使用して、それぞれの地域への思いを込め、作品の説明とアピールを行ない、以下のような質疑応答が展開した。

[011]への「口コミの効果を狙う仕組みについて詳しく説明してほしい」(吉村)に、学生は「自分たちが通ってきたルートや、撮影した写真を随時、盛り込んで情報を蓄積していくことによって、5段階の評価だけでなく、よりわかりやすく具体的な口コミ情報を載せていきたい」としっかり答えた。

[021]への「細々した国有地を私有地との交換により大きな土地にして、そこに大きな建物を建てられるよう、国交省は土地を集約する仕組みを進めている。そういう動きも、この発想につながるのか?」(内山)に、学生は「この作品では、土地が細々としていることを逆にメリットととらえている。細々とした土地がいろいろなところにあることにより、いろいろなところに公共空間としての可能性が生じる」

と自信をもって答えた。

[005]への「社宅群を扱うプログラムは、プロデュースする人の感覚やセンスで大きく変わってくる。運用の仕組みを、もっと詳しく教えてほしい」(木藤)に、学生は「新進アーティストのファースト・ステップとしてニッケ社宅群に住んでもらい、彼らが次のステップに進んで外に移ったら、代わりに新しいアーティストが入居するような循環を考えている」と明確に返答していた。

[013]への「『匂いが強い、弱い』という点がよくわからない。何の匂い? 釧路にはどんな匂いがあるのか?」(内山)に、学生は「港町なので潮の匂いがする。これは住民には普通の匂いだけれど、『まれびと』は、強いと感じたり、弱いと感じたりする」としっかり答えた。

[002]への「『きーや君』をフル活用した、とても楽しいプレゼンだった。街並みを考える上で、家の隣に何かを配置する、という部分の詳細を聞きたい」(吉村)に、学生は「予選での問題点は、堅苦しすぎておもしろみがないところだった。その解決策の1つが『きーや君』で、もう1つが『街並みリメイク機能』」と答え、「街並みリメイク機能」でできることを説明した。

[020]への「建物の幅や高さなどの情報をもとに街の音楽を作っている。つまり、各地域のランドスケープを音楽にしているけれど、子供の時から成人までその地域に住んでいる人たちの、人間としての感覚に、こういう地域の属性は影響を与えるのか?」(吉村)に、学生は「影響すると考えている。地域の音楽を作って、たとえば、他の地域の人に聞かせた

ら、良い音楽には聞こえないけれど、作った地域の人には良い音楽に聞こえる、というようなアンケート結果を得られれば、答えが出てくる」と自信をもって返答していた。

[008]への「G-Scanner(本書95ページ「提案趣旨」参照)を用いたセンシング技術*3で地形や果樹の育ち具合などを監視することで、結果的にどのぐらい農家の作業が軽減されるのか?」(木藤)に、学生は「自宅からかなり離れた場所にある畑でも、遠隔で操作できる人がいれば、現地に行かずに必要なことを確認できる、という点でかなり効率化できる」と、しっかり応答。

[018]への「『お引越し』、街の再編、環境整備など、多様なものをパッケージ化した作品だが、行政にはどういう理屈で説明し、必要な費用を支出させるか?」(内山)に、学生は「現在、福岡県大牟田市では、公営住宅内での住民トラブルが問題になっている。ペットを飼育でき、庭を持てるなど、公営住宅の住民が、自分がやりたいように伸び伸びと住めるシステムを検討したら、今回の提案になった」と明確に返答した。

[004]への「『おすそ分け』と『思い出の欠片の保管庫』というキーワードがすばらしい。一般的には写真を用いてマッピングする手法が多いが、今回は言葉を用いている。写真ではなくて言葉にフォーカスした理由は?」(吉村)に、学生は「昔はこんな人々が来ていた、という情報は写真だけでは十分に伝わらないと思ったので、言葉による情報を保管庫に移して保存していこうと考えた」とはっきり答えていた。

公開審査

審査員から学生に対する多数のエール

プレゼンテーション審査が終わり、11:30から1時間弱の公開審査をスタートした。進行役は木藤審査員。はじめに「『『おかわり質問タイム』じゃないけれど、もう少し訊きたいことが残っている」(木藤)、「いずれの作品も昨日のブラッシュアップからガラリと変えてきた。プレゼンが洗練されたり、新しいアイディアを加えたり、各々に工夫が見られる」(吉村)、「プレゼンで伝えたい内容には順番がある。PowerPointのスライド形式で説明してくれたので、各作品が何をしたいのかは非常によくわかった」(内山)と審査員はそれぞれの感想を述べた。続いて、3作品ごとにまとめて、3回に分け、多岐にわたる質問や感想を投げかけ、学生はそれに返答していった。

吉村審査員長は「今後、街というものは単に『最適化』する方向だけではない方法でつくっていくべき。一見、無駄なものが実は大事なのではないか」「テクノロジーを使ったとしても、現在の風景をきちんと保全できる仕組みをつくり、歴史や風景をその地域の伝統として継承し、きちんと残していくという視点は非常に大事」など、今後のまちづくりについて言及した。木藤審査員は「他所から来た人とずっと地元にいる人との接点のようなものを一生懸命に描こうとしている視点はとても良い」「『アニマルパーク』や『街並みリメイク』というキーワードがあるだけで、我々はその場所を想像しやすくなる。プレゼンには、重要なことを伝えるためのキーワードがあってはじめて、他者にも提案

内容がくっきりと見えてくる」と視点やキーワードの大切さを述べた。

内山審査員は「今回は企画がメインのコンペ。しかし、こういった企画をすることは当たり前のことではない。いろいろな情報をもとにやりたいことを定義し、提案すること自体が社会に通用するスキル。世の中にはそのスキルを商売にして稼ぐ人がたくさんいるけれど、今回参加した学生にもその能力があるということ。たとえば、技術者を集めて仲間をつくり、何かを作るという経験をここまでできているのだから、どの提案もすぐに実現できそうだ」と参加した学生には、学生起業などのチャンスが待っているとエールを送った。

非公開審査

受賞作品に加え、各審査員の個人賞も選定

12:20から開始された非公開審査では、はじめに、審査する上での評価軸を審査員間で共有するため、それぞれの意見を交換した。「これは自由な提案で我々大人の固い頭で考えていては、なかなか出てこない提案ではないか」「これは実装まで持っていけている」などの議論を経て、各審査員が9作品を採点し、その得点を副部門長が1台のパソコンに入力。続いて得点集計結果をもとに審議を行ない、受賞作品を決定した

昼休憩後に、本部門内で審査結果を発表した。審査員3人より講評があり、今年は最優秀賞(文部科学大臣賞)、優秀賞、審査員特別賞、クボタ賞のほかに、創造デザイン部門独自の賞として、各審査員の推す吉村有司賞、木藤亮太賞、

PLATEAU賞(内山裕弥賞)を追加。本選参加作品すべてが受賞することとなった(表2参照)。

結びに代えて

出会いや経験、新しい関係性

今大会は、終始穏やかな空気感の中で進んだ。とは言え、ポスターセッションやプレゼンテーションの審査では、作品を説明する学生の息遣いがマイク越しに聞こえ、彼らの緊張感と意気込みをひしひしと感じ取ることができた。初日の審査員が飛び入り参加したワークショップ1、2日めの公開審査など、学生と審査員との間でのやり取りをたくさん持てたおかげで、大会前の吉村審査員長の言葉「プレゼンは、コーヒーを飲みながらディスカッションする感じで行ないたい」という雰囲気を会場につくり出すことができたのではないだろうか。

大会後も審査員と本選に参加した学生との交流がいくつか見られる。本大会での出会いや経験を糧に、参加した学生がそれぞれの道で活躍してくれること、また、彼らの提案した作品が具体的なかたちで実現されることを大いに期待したい。

(森田 健太郎　有明高専)

註
*1　9作品:予選を通過した10作品の内、仙台高専(名取)『秋保電鉄時間旅行』[010]が不参加となり、本選参加作品は9作品となった。
*2　LiDAR:Light Detection And Rangingの略称で、対象物にレーザーを照射し、その反射光から対象物の距離などを測定する技術。
*3　センシング技術:本書95ページ註1参照。

表2　本選──得点集計結果

作品番号	作品名	高専名(キャンパス名)	吉村 [4点満点]×6指標						木藤 [4点満点]×6指標						内山 [4点満点]×6指標						各評価指標の合計 [12点満点]×6指標						総合点 72点満点	受賞
			1	2	3	4	5	6	1	2	3	4	5	6	1	2	3	4	5	6	1	2	3	4	5	6		
020	まちから創るよさこい	高知高専	4	4	4	4	5	4	3	4	2	4	4	3	3	4	4	3	3	4	10	12	10	11	12	12	66	最優秀賞(文部科学大臣賞)
008	みかん農家の働き方改革	有明高専	4	4	4	3	4	4	3	3	3	4	4	3	3	3	3	4	3	4	10	10	10	11	11	12	65	優秀賞
002	空き家にきーや!	明石高専	3	3	4	4	4	4	3	3	3	3	3	3	4	4	4	3	4	4	10	10	11	10	11	12	64	優秀賞
011	星の絵を探しに	仙台高専(名取)	4	3	4	4	3	3	3	2	2	2	2	3	3	4	3	3	4	4	9	10	9	7	9	11	55	審査員特別賞
021	青空駐車場の育て方	石川高専＋福井高専	3	3	3	3	3	4	3	2	3	2	3	2	3	3	4	3	3	3	9	8	10	10	9	8	54	審査員特別賞
018	空き家にお引越し	有明高専	3	3	3	2	3	3	2	2	2	2	3	2	3	2	2	2	2	3	8	7	8	6	7	11	50	クボタ賞
013	まちまれ　おさんぽ	釧路高専	3	3	3	3	3	3	2	2	2	2	2	2	3	3	3	3	2	2	8	8	8	8	7	7	45	吉村有司賞
004	リボーン・ジケマチ	明石高専	2	2	2	3	3	3	2	2	2	2	2	2	2	2	3	3	2	3	6	6	7	8	7	9	43	木藤亮太賞
005	ぷらっと寄れるアートの拠点 ニッケ社宅群	明石高専	2	2	3	3	3	3	2	1	1	1	1	2	2	3	2	2	3	4	6	6	6	6	7	9	42	PLATEAU(内山裕弥)賞

凡例　審査基準　1:地域性　2:自立性　3:創造性　4:影響力　5:実現可能性　6:プレゼンテーション
表註　*作品番号[010]は本選不参加。　*作品名はサブタイトルを省略。　*各評価指標と評価点数の詳細は、本書108ページ「開催概要」参照。

違いの中に生まれる価値

図1 ワークショップの
会場配置

図註
＊図中の1～9はワークショップ
のテーブル番号。
＊000：作品番号。

山口 覚（ワークショップ・ファシリテータ）

切磋琢磨し、共に高みへと

コンペティションの定義は「競技として競争し優劣をつけること」である。しかし、デザコンは高専の教育の一環として行なっているので、優劣をつけることは手段であって目的は別のところにあると考えるのが自然である。

目的は参加者全員で切磋琢磨し、手を取り合って高みへと登っていくこと。

最終的に、優劣をつけることにはなる。しかし、ワークショップのプロセスにおいては、自分の作品のみ考えることを手放し、他の作品の内容に互いに踏み込んで意見を交換する、という時間を多く設けた。競争相手の作品に、互いのエッセンスを注入し混ぜ合わせるという大胆なチャレンジである

結果的に、「ここに持ち込まれた作品のすべてが、自分たちの共創によって作られた作品である」という一体感を参加学生、引率教員、そして審査員を含めて共有できた、得がたい場となったように思う。

ワークショップ1
互いのプロジェクトに相乗りする

ポスターセッションの後、参加学生は島状に、各作品の展示ブース前に配置した全9つのテーブルへ作品ごとに着席。次に、作品の内容を説明する役割の学生1人を残して、残りの学生は散り散りに別のテーブルに移動し、別々の高専の学生たちから成る混成チームを9つ組んだ（本書104ページ表1参照）。

最初のテーブルに残った説明係の学生は、自分たちの作品について、他の作品の学生たちから投げかけられるたくさんの質問に受け答えしていく。自信を持って答えられた内容は十分に練られていることがわかるが、受け答えのできなかった内容は検討が不十分であることが顕（あらわ）になってくる。そうやって作品の強みと弱みを客観

的に洗い出し、「では、どうすればより良い作品になるのか？」という改善案も混成チーム内で検討した。

当日、はじめて会った人同士によって実りある話合いを成立させるには「対話の技術」が鍵を握る。他作品の学生から指摘されたことに対して感情的に反論したり、遠慮して言いたいことを言えなかったりすれば、各作品が高みへと登るチャンスを失ってしまう。ワークショップ全体をコントロールするファシリテータには、参加者に対して対話の意味と価値、そしてルールを伝え、そのような事態を避ける役割もある。そこで、「他人の意見は耳を澄ませて真摯に受け止めること」「答えは1つと思い込まずにいくつもの選択肢を出してみること」「考え方の違いの中にブレイクスルー（障壁の突破）のチャンスがあること」など、テーブルごとに「私たち」という視点で一丸となって冷静に話をしていくことが重要であることを伝えていた。

ワークショップ2
自らのプロジェクトを深掘りする

他作品の学生たちが混在しての「アイディア出し」の時間を終えて、参加学生は作品ごとに元のテーブルに戻った。そして、テーブルに残っていた説明係の学生が、他作品の学生から自分たちの作品についてどんな指摘があり、どんなアイディアに展開していったのかを説明する。他作品のテーブルから戻ってきた学生たちは、自らの作品として数カ月もの間、考え続けたにも関わらず、新鮮な気持ちで自分たちの作品をとらえ直すことができ、他作品との類似点やユニークな点について、輪郭がはっきりと見えたのではないだろうか。そうやって今度は自分たちの作品に改めて向き合い直し、より良いものにするために、2日めのプレゼンテーション審査に向けて準備を進めていった。

創造デザイン部門

創造デザイン部門概要

■ 課題テーマ
新時代のデジタル技術へチャレンジ！──3D都市モデル活用で見えてくる地方都市の未来

■ 課題概要
地方都市では、人口減少や少子高齢化に伴いさまざまな問題が生じている。一方、国の動きを見ると、「PLATEAU」をはじめとしてさまざまな新しいデジタル技術が開発されており、これにより、これまで対応しづらかった地方都市の諸問題が解決され、持続可能なまちづくりや地域活性化に貢献していくことを期待されている。
そこで、本部門では、昨今社会の注目を集め、幅広い分野での可能性が指摘されている3D都市モデル整備、活用、オープンデータ化の先導的な役割を果たすリーディングプロジェクト「PLATEAU」に注目。課題として、高専の学生の斬新なアイディアを活かして、このツールの積極的な使い方を考え、それによって見えてくる持続可能な地方都市の近未来像の提案を求める。

■ 審査員
吉村 有司（審査員長）、木藤 亮太、内山 裕弥
ワークショップ・ファシリテータ：山口 覚

■ 応募条件
❶高等専門学校に在籍する学生
❷2〜4人のチームによるもの。1人1作品。複数の高専の連合可
❸空間デザイン部門、AMデザイン部門への応募不可。予選未通過の場合は、構造デザイン部門への応募可

■ 応募数
21作品（72人、10高専）

■ 応募期間
2022年8月24日（水）〜9月7日（水）

■ 提案条件
❶持続可能[*1]な社会や地域創成につながる「創造性[*2]のあるサービス（こと）」の「プロセスデザイン（どのようなストーリーで地域の人々を支援するか）」を提案すること。「創造性のある製品（もの）」を提案する場合には、その「製品（もの）」がどのような仕掛けで地域振興に関与していくのかという「プロセスデザイン（ストーリー）」も併せて提案すること。本部門では特に「こと」興しを重視していることから、「こと」興しの仕掛けのみに特化する「プロセスデザイン」も含まれる。「もの」のみの提案は不可
❷地域（人、企業、自治体、NPO、住民組織など）が抱えている課題を解決するための「こと」を興すプロセスを提案すること。地域課題をとらえるには「現場の情報に当たる」ことが必要。その方法として、まず仮説を立て、その仮説を検証できるフィールドワーク（観察）、インタビュー調査、データの分析などが考えられる。しかし、必ず当事者（問題を抱えている人）の声を直接聞き、そして共感（empathy）して問題の本質を探り当てること
❸プロセスデザインは、人（当事者）のニーズから出発し、目標とする地域像を実現するためのプロセスである。プロセスの中には、地域資源と既存技術、実現可能と思われる技術や知識をどう融合させるか、地域内外の人々がどうコミュニケート（意思疎通）するか、などを含む。本課題ではこうしたプロセスに高専がいかに関わるか、その役割を示すこと

④提案には、3D都市モデル[*3]のオープンデータであるPLATEAU[*4]（プラトー）を活用すること。活用とは、PLATEAUのデータの何を、どのように活用するかにとどまらず、PLATEAUのデータにこのようなものを追加すれば、このようなことができるようになる、という活用でも可

本選審査

■ 日時
2022年12月10日（土）〜11日（日）
■ 会場
大牟田文化会館　2階展示室
■ 本選提出物
❶プレゼンテーションポスター（以下、ポスター）：A1判サイズ（横向き）1枚
❷ポスターの画像データ（PDF形式）：インターネット回線を利用したクラウド・サービスを通じて提出（2022年12月9日〈金〉締切）
❸その他、作品説明に必要な展示物や資料など（任意）
■ 展示スペース
各作品ごとに展示ブースを用意し、1作品につき展示用パネル（幅1,800mm×高さ2,000mm）1枚、テーブル（幅1,800mm×奥行600mm×高さ700mm）1台を設置
■ 審査過程
参加数：9作品[*5]（32人〈内2人が本選不参加〉、7高専）
2022年12月10日（土）
❶ポスターセッション　10:20〜11:30
❷ワークショップ1　13:10〜14:20
❸ワークショップ2：「意見まとめ」　14:25-15:20
　　　　　　　　　　「ブラッシュアップ」　15:30〜17:00
2022年12月11日（日）
❶プレゼンテーション　9:10〜11:30
❷公開審査　11:30〜12:20
❸非公開審査　12:20〜13:00
❹審査結果発表　13:15〜13:45
■ 審査基準
下記の6つの評価指標で審査する。
|1|地域性（地域の実情等を踏まえた施策であること）
客観的なデータにより各地域の事情や将来性を十分に踏まえた持続可能な提案であること
|2|自立性（自立を支援する施策であること）
地域、企業、個人の自立に資するものであること。「ひと」「しごと」の移転や創造を含み、特に外部人材の活用も含め「ひと」づくりにつながる提案であること
|3|創造性（多様な人々により熟考されていること）
「創造性[*2]」を意識した提案であること。創生事業は、1つの分野だけで解決できるものではない。そこに関係するさまざまな人々を巻き込んで生まれた創造性のあるアイディアを提案すること
|4|影響力（課題解決に対する影響力）
応募する原動力となった、独自に発見した課題の解決に対して、パワフルで影響力のある提案であること。一過性ではないアイディアであること
|5|実現可能性（10年後までの実現可能性が1%でも見出せればよい）
万人が納得できる論理的根拠に基づく提案であること
|6|プレゼンテーション
ワークショップを実施した上で、プレゼンテーションでの説明と質疑応答を総合的に評価
■ 評価点数（各評価指標を4段階で評価）
4点：特にすぐれている／3点：すぐれている／2点：普通／1点：劣っている
各作品72点満点＝4点満点×6指標×審査員3人＝24点満点×審査員3人
合計得点をもとに、審査員3人による協議の上、各受賞作品を決定

註
*1　持続可能：一過性ではなく、その手法が将来にわたって継続できること。SDGs（Sustainable Development Goals）などの国際的な取組みを参考にしてほしい。
*2　創造性：多様な人々によるさまざまな視点からアイディアを何度も再構築することにより生まれる。
*3　3D都市モデル：都市空間の形状を単に再現した幾何形状（ジオメトリ）モデルではなく、都市空間に存在する建物や街路、橋梁といったオブジェクトを定義し、これに名称や用途、建設年、行政計画といった都市活動情報を付与することで、都市空間の意味を再現したセマンティクス・モデル。このセマンティクスにより、フィジカル空間とサイバー空間の高度な融合が可能となり、都市計画立案への活用や、都市活動のシミュレーション、分析が可能となる。
*4　PLATEAU：本書90ページ註1参照。
*5　9作品：本書106ページ註1参照。

新鮮な驚きの連続

吉村 有司 (審査員長)

今年のデザコン2022の予選審査は、東京大学先端科学技術研究センター4号館2階にある大講堂で行なわれた。当初の予定では審査員と関係者をインターネット回線でつないだオンライン方式によって審査する手筈だったのだが、僕が審査の数日前にすべての応募作品のプレゼンテーションポスターを印刷して大講堂に並べ、予選審査すると言い出したら、他の審査員や関係者も「作品を並べて見る機会があり、直接、審査員同士が対面して議論する可能性があるのなら」ということで急遽、東京に集って予選審査が行なわれることになった。

今回応募された21作品はどれも甲乙つけ難く、審査員の意見は割れることが多かった。講堂の前を通り掛かった人たちからは「講堂の中でなにか揉めている?」と見られていたのではないかと思う。そのくらい議論は白熱した。

それにしても、今回の予選審査は新鮮な驚きの連続だった。予選審査だからこその楽しみだったと言うべきかもしれない。今回のような予選と本選という2段階審査では、1回めの審査である予選ですべての作品を見て、その裏側にある思想や可能性を読み込み、予選を通過した作品には2回めの審査である本選に向けて作品の提案内容を洗練してもらう。だから、予選審査においては我々の見たこともない作品、想像もしていなかった提案に遭遇することができる上に、「それが数カ月後に行なわれる本選においてどのように化けるのか?」という予測をする楽しみもある。

思うに、デザイン・コンペ(競技会)の醍醐味とはこれではなかったか? お題を出した審査員が考えもしなかったこと、思いもしなかった提案が出てきた時、我々は感動する。それは、忙しい毎日の中で僕自身が忘れかけていた何かを思い出させてくれる、そんな出来事だったと思う。

今回、本選に進んだ10作品と、惜しくも本選には進めなかった他の作品とは僅差であったことを明記しておきたい。予選未通過作品の中にも、キラリと光るものが多くあったこともまた確かである。

さあ、次は本選だ。予選審査とはまた違った見方、評価の仕方、そしてプレゼンテーションの仕方があると思う。12月に行なわれる本選が今から楽しみだ。

▶ 募集に際しての審査員長からのメッセージ

吉村 有司 (審査員長)

「新時代のデジタル技術へチャレンジ！ ──3D都市モデル活用で見えてくる地方都市の未来」に寄せて

3D都市モデルやシミュレーションといった都市におけるデータ活用の王道は「最適化」である。大量のデータを集めてきて目的を設定する。それに向かって最も効率的な解を求めていくという方向性である。たとえば、街路ネットワークや属性情報の付いた建物の形状をデジタルツイン[*1]上で再現することによって、今後起こり得ることをある程度予測して回避することが可能になりつつある。

一方で、今後の我々の社会が直面する課題「人々の幸せやウェルビーイングを考慮した都市空間や都市生活、地域創生」といった問題はデータの最適化だけで解けるものではない。人間の想像力を働かせながら創造していく力と、「都市にデータを用いるセンス」とが重要になってくる。

学生たちは何気ない日常生活において、「あの子は服のセンスが良い」とか、「デザインのセンスが良い」「音楽のセンスが良い」と話し合っていることだろうと思う。同じ意味において、都市にデータを用いる時にも「センスの良さ」がキーとなってくるのである。

デザコン2022を通してそのようなセンスを磨いてほしい。そして最も重要なことは、今回のデザコン2022をぜひ楽しんでもらいたい、ということだ。ウェルビーイングとは「私」の幸せだけではなく、私のまわりにいる人々誰もが良好な状態でいるためには、どんな空間が必要なのかを考えていくことである。そのためにはまず、当事者のウェルビーイングを高める必要があると考える。ウェルビーイングを提唱している当事者がつまらなそうにしていたり、苦しんでいたりする中で、ウェルビーイングの必要性を訴えても説得力はないのだから。

僕も楽しみながら、応募された提案を審査したいと思っている。思ってもみないようなデータの使い方、全く予想もしていない、我々の想像力を掻き立てるような提案を待っている。

註
*1　デジタルツイン:現実世界の情報を用いて、仮想空間上に同じようなリアルな空間を再現する技術のこと。

創造デザイン部門

今年は21作品の応募があり、2022年9月14日に予選審査を実施した。事前に応募作品のプレゼンテーションポスター（電子データ）と審査票（高専名と氏名を伏せ、作品番号、作品名、作品概要のみを記載した採点用の応募作品一覧表を共有し、3人の審査員に全作品の提案内容を確認してもらった。

予選審査は当初、インターネット回線を利用したリモート方式で行なう予定だったが、吉村審査員長からの「全応募作品を並べて審査したい」との呼びかけにより、急遽、3人の審査員、部門の担当者が東京に集合して審査することとなった。審査会場は、東京大学先端科学技術研究センター4号館2階の大講堂。高専名と氏名を伏せてテーブルの上に作品番号順に並べられた応募作品のA1判サイズのプレゼンテーションポスターを見ながら、着眼点、作品の可能性、提案内容に類似する研究や地域の事例などを皮切りに、議論が始まった。

全作品についてのそれぞれの意見を3人の審査員で共有し、その後、採点しながらもう一度全作品を巡回して審査していった。2巡めも都度足を止めては議論していたことが、審査員の知識の広さと深さ、デザコンへの熱量の大きさを物語っていた。二度にわたる議論の内容は本当に興味深く、多くの学生に聞いてほしいと思いつつ記録をとっていた。紙面の都合上、一部しか紹介できないが、「RGB抽出は平均化すると必ずグレー（灰色）になる。人の受ける印象はグレーではないので、平均化するのではなく、何かポイントを抽出してアルゴリズム化するほうが建物のイメージに近くなりやすい」「岐阜市も健康面で『お散歩』を推奨していて、『PLATEAUを使ってこのルートを散歩したら、身体にこのぐらいの負荷がかかって、ちょうどいい』といったレコメンド（推奨）をするアプリを開発している」「問題意識や提案に、今までの枠組みを超える何かがあればおもしろい」「地域によって、住んでいる人の頭の中が違う」「歴史的なものなのか、都市が人間をそうさせているのか、地形的なものなのか。もう少しロジックを固めてほしい。これは伸びる案」など、さまざまな観点から意見が飛び交った。2巡めの審査が完了した後、一度テーブルに着き、それぞれの採点を各審査員の持参したノートパソコンに入力してもらい、それを運営スタッフが集計した。

ここからは、得点集計結果をもとに、吉村審査員長の主導により3人の審査員で審議を進めた。まず、得点集計結果の総合評価が40点以上の6作品[008][011][013][018][020][021]の予選通過が決まり、続いて30点以上の4作品[002][004][005][010]を追加し、合計10作品の予選通過が決定した（表3参照）。

最後に、予選を通過した10作品への「本選に向けたブラッシュアップの要望」（本書112ページ〜参照）を各審査員が述べ、すべての予選審査過程を終了した。

予選を通過した10作品には、各高専の指導教員を通じて、「本選に向けたブラッシュアップの要望」を添えて結果を通知するとともに、クラウド・サービスを利用して、他の予選通過作品のプレゼンテーションポスターを閲覧できるようにした。また、予選未通過作品のプレゼンテーションポスターは、本選会期中に来訪者が閲覧できるように、部門会場の受付にA3判サイズに縮小した出力紙をまとめた製本ファイルを置いて紹介した。

（森田 健太郎　有明高専）

*文中の[000]は、作品番号。

表3　予選——得点集計結果

作品番号	作品名	高専名（キャンパス名）	吉村 [4点満点×5指標]					木藤 [4点満点×5指標]					内山 [4点満点×5指標]					合計 [12点満点×5指標]					総合評価（60点満点）
			①地域性	②自立性	③創造性	④影響力	⑤実現可能性	①地域性	②自立性	③創造性	④影響力	⑤実現可能性	①地域性	②自立性	③創造性	④影響力	⑤実現可能性	①地域性	②自立性	③創造性	④影響力	⑤実現可能性	
008	みかん農家の働き方改革	有明高専	4	3	4	3	2	4	3	3	4	3	3	3	4	3	3	11	9	11	10	8	49
021	青空駐車場の育て方	石川高専+福井高専	4	3	4	4	3	2	4	4	3	3	3	2	3	3	3	9	9	11	10	9	48
020	まちから創るよさこい	高知高専	4	4	4	4	2	2	3	4	4	2	2	2	3	2	3	8	9	11	10	9	47
011	星の絵を探しに	仙台高専（名取）	4	4	4	4	2	2	3	4	3	3	2	3	3	3	2	8	10	11	10	7	46
013	まちまれ　おさんぽ	釧路高専	3	3	4	3	3	3	3	3	3	3	2	3	4	2	2	8	9	11	8	8	45
018	空き家にお引越し	有明高専	3	3	3	3	2	3	2	2	4	3	2	2	2	3	3	8	7	7	10	8	40
004	リボーン・ジゲマチ	明石高専	2	2	2	3	2	2	2	3	2	3	3	2	3	3	3	7	6	8	8	8	37
002	空き家にきーや！	明石高専	2	3	2	3	2	2	2	3	2	2	3	1	3	3	3	7	6	8	8	7	35
005	ぷらっと寄れるアートの拠点　ニッケ社宅群	明石高専	2	2	2	3	2	2	2	3	2	3	2	2	2	3	2	6	6	7	8	7	34
010	秋保電鉄時間旅行**1	仙台高専（名取）	2	2	4	2	2	3	2	2	3	1	2	2	2	1	3	7	6	8	6	6	33
017	PLATEAUを用いた防災に関する提案	米子高専	1	2	1	2	1	2	3	2	2	3	1	2	1	2	2	4	7	4	6	6	27
006	緑からつくる持続可能な都市デザイン	明石高専	1	1	2	2	1	2	2	1	2	2	2	2	1	3	1	5	5	4	7	4	25
012	茶の間をつくる	仙台高専（名取）	1	2	1	2	2	2	2	2	2	1	2	1	1	2	2	5	5	4	6	5	25
007	七ヶ浜	仙台高専（名取）	1	2	1	2	1	1	2	2	2	2	2	1	2	2	3	4	5	5	6	6	24
009	再生可能エネルギー戦略	岐阜高専	1	2	1	2	1	2	1	2	2	2	2	1	2	2	1	5	4	5	6	4	24
014	make鳥取	米子高専	2	2	2	1	1	1	2	1	2	2	2	1	1	2	2	5	5	4	5	5	24
016	新たな地域産業モデルを目指して	仙台高専（名取）	2	1	2	1	2	1	1	2	2	2	2	2	1	2	1	5	4	5	5	5	24
019	希望郷×帰忘郷	仙台高専（名取）	2	1	1	2	2	1	1	2	2	2	2	2	2	1	1	5	4	5	5	5	24
003	農（みのり）のす>め	明石高専	1	2	1	2	1	2	2	3	1	2	1	1	1	2	1	4	5	5	5	4	23
015	受け継ぐいろどり	仙台高専（名取）	1	1	2	2	2	2	2	1	1	2	2	1	1	2	1	5	4	4	5	5	23
023	僕らのまち	都城高専	2	1	1	2	1	2	1	1	2	2	1	3	1	1	1	5	5	3	5	4	22

表註　**1：本選不参加。　*■は予選通過10作品を示す。　*作品番号[001][022]はエントリー登録時の不備により欠番。　*作品名はサブタイトルを省略。
*各評価指標の詳細は、本書111ページ予選開催概要参照。

予選審査準備

2022年4月下旬〜8月上旬：PLATEAUについての説明動画を公開
2022年6月16日(木)16:30〜17:30：PLATEAUに関する内山裕弥審査員によるWebレクチャーを、ビデオ会議アプリ「Google Meet」を利用した双方向の対話方式で実施。創造デザイン部門の有明高専関係者、審査員、全国の高専の学生などが参加
2022年8月24日(水)〜9月7日(水)：応募期間
2022年9月10日(土)：応募全21作品のプレゼンテーションポスター(高専名と氏名の記載不可)の電子データ(PDF形式)と採点表(各審査員1作品につき20点満点=4点満点×5指標)、予選評価指標(予選作品の評価基準)をインターネット回線を利用したクラウド・サービスを通じて3人の審査員と共有
応募全21作品のプレゼンテーションポスターをA1判サイズに出力して、審査会場である東京大学先端科学技術研究センターに送付
2022年9月14日(水)：プレゼンテーションポスターは、予選会場となった東京大学先端科学技術研究センター4号館2階大講堂にあるテーブル上に並べられた。採点表には、高専名と氏名を伏せ、作品番号、作品名、エントリーシートの作品概要のみを記載

予選審査

■ 日時
2022年9月14日(水)14:00〜17:00
■ 会場
東京大学先端科学技術研究センター　4号館2階大講堂
■ 事務担当
森田 健太郎、佐土原 洋平(有明高専)
■ 予選提出物
プレゼンテーションポスター(高専名と氏名の記載不可)の電子データ：A1判サイズ(横向き)、PDF形式／「デザコン2022 in 有明」公式ホームページからインターネット回線を利用したクラウド・サービスにて提出(Googleアカウントが必要)
■ 予選通過数
10作品(34人、7高専)
■ 予選評価指標
①**地域性**(地域の事情などを踏まえた施策)
客観的なデータにより各地域の事情や将来性を十分に踏まえた持続可能な提案であること
②**自立性**(自立を支援する施策)
地域、企業、個人の自立に資するもの。「ひと」「しごと」の移転や創造を含み、特に外部人材の活用も含め「ひと」づくりにつながる提案で

あること
③**創造性**(多様な人々により熟考されていること)
「創造性」を意識した提案であること。創造性は、多様な人々によるさまざまな視点からアイディアを何度も再構築することにより生まれると言われる。創生事業は1つの分野だけで解決できるものではない。関係するさまざまな人々を巻き込んで生まれた創造性のあるアイディアを提案していること
④**影響力**(課題解決に対する影響力)
応募する原動力となった課題に対して、提案したアイディアがいかにパワフルで影響力がありそうかを評価。一過性のものではなく、深くまで練られた、インパクトの強いアイディアを期待
⑤**実現可能性**(10年後までの実現可能性が1%でも見出せればよい)
万人が納得できる論理的根拠に基づく提案であること
■ 評価点数
(各指標を4段階評価)
4点：特にすぐれている
3点：すぐれている
2点：普通
1点：劣っている
各作品60点満点=(4点満点×5指標)×審査員3人
　　　　　　　=20点満点×審査員3人

本選に向けた
ブラッシュアップの要望

審査員：吉村 有司（審査員長）、木藤 亮太、内山 裕弥

002

004

005

008

011

013

018

020

021

空き家にきーや！

002	明石高専

空き家のオーナーと利用希望者との仲介、いわゆる「空き家マッチング」の提案であるが、スズメバチの巣など生活の細かい情報を記録、保存する点がいい。また、人の移動を示す人流データから空き家を推定する方法も発想としておもしろい。

しかしながら、（スマートフォンのGPSから得るのだろうか）現状の人流データの精度は、宅地の単位で空き家かどうかを判定できるほどには高くない。そこで、たとえば、衛星画像による経年変化など、いくつかのデータを組み合わせることによって空き家を判定する方法が提案できれば、さらに良い提案になるだろう。

ぷらっと寄れるアートの拠点　ニッケ社宅群

005	明石高専

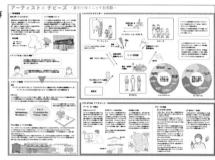

プレゼンテーションポスターのデザインに目を引かれた。

ただし、再考の余地は多い。まず、提案しているストーリーが論理性を欠く。たとえば、すでにこの街に住んでいる「ジモティー」とPLATEAU（プラトー）の関係をもう少し検討するなどして、提案の一貫性を高めてほしい。また、説明不足な感も否めない。「ニッケ社宅群」とは何なのか、初見でもわかるように表現するといい。併せて、作品名（主題と副題の両方）は提案を明確に表しているのか、についてももう一度考え直す必要があるだろう。

リボーン・ジケマチ

004	明石高専

「おすそ分けマップ」という親しみやすい言葉をつくった点は高評価。見せ方もうまい。現状の提案はどこでもできそうな提案なので、固有の文化を付加するなどして地域性を高めるとさらに良くなるだろう。また、若者向けバーチャル・ショップの検討ではなく、この街で暮らす人が「ジケマチ」に行き、ここで物やサービスを買う仕掛けを提案してほしい。ポイント制度の「かこっぴ」はどこから給付されるのかなど、もう少し検討が必要だろう。

みかん農家の働き方改革——PLATEAUで一歩先の農業

008	有明高専

地域の課題を的確にとらえており、それをデジタル技術に活用しようとするストーリーが明快である。また、圃場（ほじょう）がつくる景観や風景に言及している点は高く評価できる。

どういった景観や風景になるのか、さらに具体的なイメージと将来像を示してほしい。技術的な面から見ると、ドローンを使った上空からの測量や、レーザーを対象物に照射してデータを取得するレーザースキャンだけでは、おそらく本提案の実現は難しい。技術的要素の追加や組合せの検討など、フィジビリティ（実現可能性）のスタディ（検討）をしていくと、よりよい提案になるだろう。

註　＊＊1：本選不参加。　＊000：作品番号。　＊2022年9月14日予選審査で3人の審査員が述べたコメントを合体。

秋保電鉄時間旅行[*1]

010 仙台高専（名取）

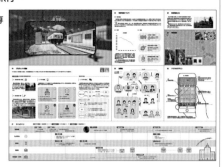

PLATEAU（プラトー）に時間軸を取り入れるという発想には将来的な可能性を感じる。しかしながら「時間旅行」というとても魅力的な言葉と、「以前の電鉄や駅舎の写真をAR（Augmented Reality＝拡張現実）で見られる」という提案との間にイメージの落差がある。「廃線路空間を巡る」ことに留まらず、時間軸を意識した、それこそタイムトラベル的なコンテンツ（要素）を付加していくことで、さらにすばらしい提案になるのではないだろうか。

星の絵を探しに

011 仙台高専（名取）

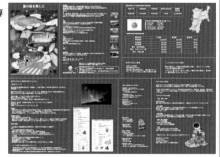

PLATEAU（プラトー）を昼間ではなく、夜に活用した点が秀逸。
良いアイディアだけに、プレゼンテーションポスターのデザインやストーリーにもっと工夫がほしい。どういうふうにこのアプリを提供していくと人々がこの地を訪れるのか、地域活性化政策との関連など、別の何かと組み合わせた提案をしてほしい。たとえば、夜空をウリにしたまちづくり事例などを参照し、星を見たい人はどういうニーズを持つ人たちなのかを考えてもいいかもしれない。写真を撮りたい人、カップルで観たい人にとっての風景やアクティビティ（活動）、その後の展開を考えてみるのはどうか。

まちまれ　おさんぽ

013 釧路高専

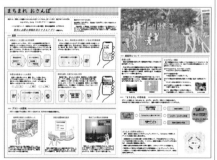

最適化ばかりが良いことではなく、ぶらぶらする「おさんぽ」も大事という点には共感する。
ただし、なぜ「おさんぽ」なのかについてのストーリーの説得力が弱い。もう少し提案の前提を説明してほしい。また、「おさんぽ」中に「まちびと」と交流するというのが、にわかには想像し難い。「まちびと」「まれびと」の位置づけと相互関係を再考するといいのではないか。また、散歩で見える街の色、ロマンティックな街路など、視点場（視点まわりの空間）と風景のバリエーションを増やすのもいい。そうすれば、提案にリアリティが出てくるだろう。

空き家にお引越し──ペットと歩き、花を育てる新しい公営住宅のかたち

018 有明高専

派手さのある提案ではないが、リサーチによる情報量、仕事量が豊富な点には好感を持った。一方、平面的な分析は市場規模から見ると非現実的なため、分析手法の見直しが必要。並行して、アイレベル（人の目の高さ）でのアウトプット（パースや模型など）を作成して、どんな街ができるのか、空間的なイメージを示すといいのではないか。また、ペットとの関連が弱いところも気になる。犬に特化するなど、もっと論点を整理して明解なプレゼンテーションポスターに仕上げたほうがいいだろう。

註　＊1　BIM：Building Information Modelingの略称で、コンピューター上に実際と同じ建物の3Dモデルを作成するシステム。

まちから創るよさこい──PLATEAU×よさこい

020 高知高専

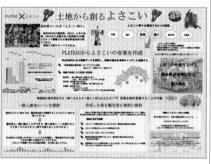

おもしろいアイディアで、今後、もっと伸びる可能性のある提案。
なぜ、この都市の形態が「よさこい」のカタチであるのか、というロジックの説得力が弱いため、スカイライン（空を背景に建物が描く輪郭線）を抽出する技術的検討を加えてもよいのではないか。さらに抽象的に言えば、音楽、都市の形態、人間性の3つの関係のロジックを構築してくれることを期待している。影響力の観点から言えば、現在は高知県内の提案に留まっているが、方法論として見れば、もっと広い範囲で適用可能だろう。たとえば、青森ねぶた祭との対比を示してみてもおもしろいかもしれない。

青空駐車場の育て方──周辺住民が耕す小さな広場

021 石川高専＋福井高専

駐車場に木陰をつくることで、自動車の室内温度が上がらない、という着眼点からの提案。素朴だがキラリと光るアイディアであり、ストーリーにも好感が持てる。ただし、MR[*2]も木も真新しい手段ではないため、日陰のシミュレーションだけでは技術的な提案としてアピール度が弱い。たとえば、「おさんぽ」中に「まちびと」と交流するなど、技術やデータの活用の面でさらに踏み込むと、よりユニークな提案になるだろう。また、公園に帰結してしまうだけではもったいない気がする。欲を言えば、他にも将来像のバリエーションを示してほしい。

註　＊2　MR：Mixed Reality（複合現実）の略称で、現実世界の形状と仮想世界の映像を重ね合わせ、現実世界に仮想世界を投影させることで、仮想現実よりさらにリアルな3D映像をつくり出す技術。

創造デザイン部門

農のすゝめ

003　明石高専

◎菅原 彩希／大田 悠人／
棚谷 天音／茶園 晴菜[建築学科4
年]

make　鳥取

014　米子高専

◎木下 小雪／戸川 杏璃／
平野 智吏子／山野井 海佳[建築学
科5年]

緑からつくる持続可能な都市デザイン

006　明石高専

◎橋本 和弥／亀田 佳吾／
山脇 映空／瀬尾 大地[都市システ
ム工学科4年]

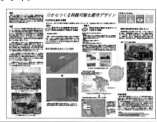

受け継ぐいろどり

015　仙台高専(名取)

◎柴山 小春／佐川 萌華／渡邉 凛
[総合工学科Ⅲ類建築デザインコース
5年]

七ヶ浜──自然が織りなす町

007　仙台高専(名取)

◎工藤 瑞己／佐藤 光翼／
鈴木 来和／松田 和樹[総合工学科Ⅲ
類建築デザインコース5年]

新たな地域産業モデルを目指して──大崎市を対象として

016　仙台高専(名取)

◎山根 康祈／土佐 海斗[総合工学
科Ⅲ類建築デザインコース5年]／
齊藤 一[総合工学科Ⅲ類1年]

再生可能エネルギー戦略──導入で地域の未来を支える

009　岐阜高専

◎馬渕 理子／今村 奈郁[環境都市
工学科5年]

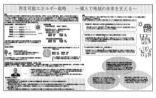

PLATEAUを用いた防災に関する提案

017　米子高専

◎勝部 真生／風早 稀仁／
森藤 壮真／安藤 悠人[建築学科5
年]

秋保電鉄時間旅行**1

010　仙台高専(名取)

◎髙階 崇友／千葉 圭吾[総合工学
科Ⅲ類建築デザインコース5年]

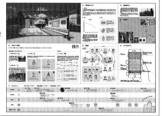

希望郷×帰忘郷──再生可能エネルギーで創る大熊町

019　仙台高専(名取)

◎石島 彩緑／赤松 梨子／
菊池 百花／國原 美空[総合工学科
Ⅲ類建築デザインコース5年]

茶の間をつくる

012　仙台高専(名取)

◎西條 桜／桃井 亜里紗[総合工学
科Ⅲ類建築デザインコース3年]

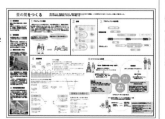

僕らのまち──つなぐ・集まる・創る

023　都城高専

◎兒島 悠羽／下村 すず／
宮元 沙貴／長友 彩和[建築学科5
年]

註　**1：本選不参加。「本選に向けたブラッシュアップの要望」は本書112ページ参照。　*000：作品番号。　*氏名の前にある◎は学生代表。
*作品番号[001][022]はエントリー登録時の不備により欠番。

114

創造デザイン部門

審査員／ワークショップ・ファシリテータ

審査員長
吉村 有司
よしむら ゆうじ

建築家、東京大学先端科学技術研究センター
特任准教授、ルーヴル美術館 アドバイザー、
バルセロナ市役所情報局 アドバイザー

愛知県生まれ
2001年 - スペインに渡る
2003年 - バルセロナ現代文化センター（CCCB／スペイン）
2005年 - バルセロナ都市生態学庁（スペイン）
2009年 - カタルーニャ先進交通センター（スペイン）
2016年 ポンペウ・ファブラ大学情報通信工学部博士課程修了（スペイン）
博士号（Ph.D. in Computer Science）
2017年 - マサチューセッツ工科大学（アメリカ合衆国）
2019年 - 東京大学先端科学技術研究センター 特任准教授
ルーヴル美術館アドバイザー（フランス）、バルセロナ市役所情報局アドバイザー（スペイン）、国土交通省「まちづくりのデジタル・トランスフォーメーション実現会議」委員、東京都「東京都における『都市のデジタルツイン』社会実装に向けた検討会」委員などを歴任

主な活動
情報ネットワークとその周辺技術を活用したアーバン・サイエンス（Urban Science）という新しい領域の可能性と限界を探りつつ、市民生活の質の向上をテーマに研究を進めている

主なプロジェクト
『バルセロナ市グラシア地区歩行者空間計画』（2005-07年）、『ICING（欧州プロジェクト〈FP7〉）』（2005-08年）、『バルセロナ市バス路線変更計画』（2007-11年）、『ルーヴル美術館来館者分析の技術開発』（2010年-）、『クレジットカード情報を用いた歩行者回遊分析手法の開発』（2011-16年）など

主な論文
「Bluetoothセンサーを用いたルーヴル美術館の来館者分析」（2014年）、「機械の眼から見た建築デザインの分類手法の提案」（2019年）、「街路の歩行者空間化は小売店・飲食店の売上を上げるのか、下げるのか？──ビッグデータを用いた経済効果の検証」（2021年）、「ビッグデータを用いた都市多様性の定量分析手法の提案──デジタルテクノロジーでジェイン・ジェイコブズを読み替える」（2021年）、「ビッグデータと機械学習を用いた『感性的なもの』の自動抽出手法の提案──デジタルテクノロジーで『街並みの美学』を読み替える」（2022年）など

審査員
木藤 亮太
きとう りょうた

まちづくりデザイナー、九州移住ドラフト会議
コミッショナー（北部九州担当）、問いを立てる学校
おおいた 校長、喫茶キャプテン 代表兼皿洗い

1975年 福岡県生まれ
1992年 福岡県立小倉西高等学校卒業
1997年 九州芸術工科大学（現・九州大学）芸術工学部環境設計学科卒業
1999年 同学大学院芸術工学研究院生活環境専攻修了（芸術工学修士）
2019年 エスティ環境設計研究所入社
2013年 - テナントミックスサポートマネージャー（油津商店街）着任
2014年 - 油津応援団設立 取締役
2018年 - ホーホゥ設立 代表取締役
2019年 - バトンタッチ設立 代表取締役
2021年 - 九州地域間連携推進機構設立 取締役
2022年 - 4WD設立 代表取締役

主な活動
九州を中心に、各地のまちなか再生、商店街活性化、まちづくり事業などに取り組む。2018年より自らのルーツがある福岡県那珂川市に拠点を構える。各地を飛び回る傍ら、39年の歴史の幕を閉じた老舗喫茶店「喫茶キャプテン」を継承し、地元の人気店として見事に復活させるなど、幅広い分野で活動している

主なプロジェクト
「油津商店街の再生事業（テナントミックスサポートマネージャー）」（2013年7月-、宮崎県日南市／商店街の再生マネージャーに全国公募で選ばれ「猫さえ歩かない」と言われた商店街に4年で25を超える新規出店、企業誘致などを実現。国からも評価を得る）、「博多南駅前ビル『NAKAICHI』の再生」（2018年1月-、福岡県那珂川市／新幹線車両基地に接続する駅前ビルを地域コミュニティを育む場として再生）、「JR古賀駅西口のエリアマネジメント」（2020年-、福岡県古賀市）、「JR宇島駅前のエリアマネジメント」（2021年-、福岡県豊前市）、「豊後大野市関係人口交流拠点施設『cocomio』指定管理事業」（2022年-、大分県豊後大野市）など

審査員
内山 裕弥
うちやま ゆうや

国土交通省 職員

1989年 東京都生まれ
2012年 首都大学東京（現・東京都立大学）都市教養学部都市教養学科卒業
2014年 東京大学公共政策大学院専門職学位課程（公共政策学専攻）法政策コース修了
2013年 国土交通省入省
2015-17年 同省水管理・国土保全局水政課法規係長
2017-19年 同省航空局総務課 法規課長
2019-20年 同省大臣官房 大臣秘書官補
2020年- 同省都市局都市政策課 課長補佐

主な活動
国家公務員として、防災、航空、都市など国土交通省の幅広い分野の政策に携わる。また、法律職事務官として、法案の企画立案に長く従事する一方、大臣秘書官補時代は政務も経験。2020年からは『Project PLATEAU』のディレクターとして、新規政策の立ち上げから実装まで深くコミット（関与）する

PLATEAU賞にはオリジナルステッカーを贈呈。

ワークショップ・ファシリテータ
山口 覚
やまぐち　さとる

まちづくりファシリテータ、建築家、LOCAL&DESIGN
株式会社　代表取締役、津屋崎ブランチLLP　代表

1969年　福岡県北九州市生まれ
1993年　九州芸術工科大学（現・九州大学）芸術
　　　　工学部環境設計学科卒業
1993-2002年　鹿島建設　勤務
1999-2002年　国土技術研究センター（国土交
　　　　通省所管）出向
1999年　一級建築士取得
2002-05年　NPO法人地域交流センター　勤務
2009年-津屋崎ブランチLLP設立　代表
2010年-LOCAL&DESIGN設立　代表取締役

主な活動

鹿島建設から財団法人国土技術研究センター
財団（国土交通省所管）に出向中、津々浦々の過
疎地域の現状に触れ、ハコモノの限界を感じ、
2002年に退社。NPO法人地域交流センターに
てソフト事業での地域づくりに携わる。東京に
出た若者の地方に戻らないことが地方衰退の根
本的な原因だと感じ、2005年、自ら出身地の九
州へUターンする。2009年から福岡県福津市津
屋崎に移住し、新しいカタチのまちづくりを実
践中

(Additive Manufacturing)
AMデザイン部門

近年のさまざまな出来事により、私たちは新しい生活様式への変更を求められている。そこで今回は、「アフター○○の新しい生活様式を豊かにするアイテム」のアイディアを募集する。3Dプリンタならではの造形技術を存分に生かしたデバイス(装置)の開発を求める。
今日すでに謳われている新しい生活様式に限らず、無限に広がる可能性を探りながら、新しい未来を提案してほしい。課題テーマへの取組みを通じ、参加した学生たちが、豊かな未来への「道しるべ」となってくれることを期待する。

新しい生活様式を豊かにしよう！

118

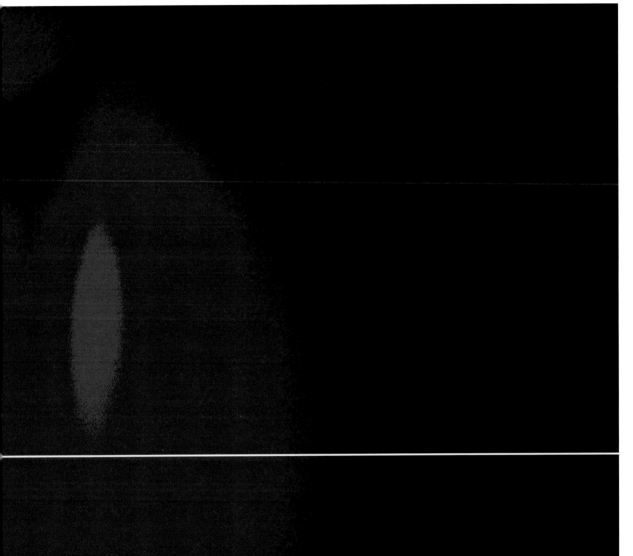

| 予選(オンライン方式)▶ | **24**
作品 | 本選▶ | **9**
作品 | 受賞▶ | **5**
作品 |

2022.8.24-9.7
予選応募
2022.10.4
予選審査

2022.12.10
ディスカッション
技術交流会
2022.12.11
プレゼンテーション
審査結果発表
表彰式

■最優秀賞(経済産業大臣賞)
旭川高専「廻滑車輪アクロレス」[015]
■優秀賞
仙台高専(名取)「No knock No stress──次世代の多機能ペン！」[017]
東京都立産業技術高専(品川)「ホジ保持ホジー」[024]
■審査員特別賞
岐阜高専「ショウドクリップ」[008]
神戸市立高専「COMFY CAST」[014]

015 旭川高専　◎月村 玲、遠藤 碧人、廣瀬 諒太、山口 大智［機械システム工学科4年］
担当教員：宇野 直嗣［機械システム工学科］

AMデザイン部門

全天候型移動機構　廻滑車輪アクロレス

審査講評　糸の巻取り機構や回転制御軸など、多様な機構を工夫している。有用性があり、降雪の多い旭川高専ならではのデバイス（装置）。張力の計算数値データだけでなく、試作を重ね、実際の走行実験で雪道より条件の厳しい砂を使用して有効性を実証した点に感心した。実物の完成度は高く、実用性も高い。
（浜野 慶一）
予選の時点では、実物の製作は難しいと感じたが、良い意味で裏切られた。テグス糸やコンベックスの板バネなど、身近にある材料を工夫して実用に耐える製品の可能性を示したことを評価。
（大渕 慶史）
日常の中から課題を見つけたこと、高齢者など弱者の視点に立っていること、キャンプ用途に限らずスーツケースなど一般向けの製品への展開を期待させたことを評価。（川和田 守）
形状が複雑で膨大な数の部品を組み立てて作品を製作し、実用に応用できる可能性を示したこと、北海道旭川の地元特有の課題を見事に解決し、多くの人の快適さや豊かさに寄与する作品として評価。
（総合評価）

廻滑車輪アクロレス

背景

昨今、新型コロナウイルスの蔓延に伴い、3密を回避できるレジャーとしてキャンプを行う人が増えてきた。キャンプでは重い荷物の移動にキャリーワゴンがよく用いられるが、キャリーワゴンの車輪では砂地や雪面でタイヤが埋まるため使用できない場合が多い。そこで，路面を選ばずに走行可能な車輪を考案した。

概要

タイヤ形態　・通常の車輪として使用
・舗装路や芝生などでの走行を想定

↓ 変形

スキー形態　・スキー板部品（図2）を展開することでスキー形態になる。
・砂地や雪面などの悪路での走行を想定

図1 タイヤ形態　　図2 スキー形態

（回転抑制軸／ホイール／スキー板部品）

スキー形態の保持

図3 スキー形態の保持のための機構（部分断面図）

（板バネ／糸）

スキー板部品の内部に通した糸を巻き取ることと、スキー板部品の上部に取り付けた板バネでスキー形態を保持する（図3）。

スキー板部品の溝

溝

図4 スキー板部品　　図5 タイヤ形態

スキー板部品に溝（図4の矢印の箇所）をつけることでタイヤ形態の隙間（図5）には、スムーズに走行でき、スキー形態では直進性が得られる。

回転抑制軸

図6 回転抑制軸　　図7 回転抑制軸のA-A断面

（緩衝材／金属の軸）

回転抑制軸（図6）は、充填率を調整して軟性を調整した緩衝材で金属の軸を覆うことで衝撃を緩和（図7）。

模型による砂地での滑走実験

スキー形態の保持方法の違いにより、走破性が異なるのではないかと考え、スキー形態の1/2スケールの模型、すなわち、
・スキー板部品を糸と板バネで連結した模型（図8）
・スキー板部品を一体化した模型（図9）
について、砂地で引く時の張力を比較した。

図8 スキー板部品を糸と板バネで連結した模型

図9 スキー板部品を一体化した模型

表1 張力の比較

	板バネと糸で固定［kg］	完全に板を固定［kg］
1	0.45	0.47
2	0.47	0.48
3	0.46	0.48
4	0.43	0.46
5	0.43	0.47
平均	0.448	0.472

※ スキー板部品を糸と板バネで連結した場合、張力が5%減少し、挙動が安定

※ 実スケールの走行動画から、スキー板部品を糸と板バネで連結した場合、地面の凹凸への追従性を確認

SolidWorksによる強度解析

・キャリーワゴンの重量とその耐荷重に基づいた荷重：F=394.9［N］
・ABSの降伏応力：18［MPa］

材質：ABS

地面の代わりの炭素鋼

最大変位16.8［μm］，最小安全率5.3 ← 強度が十分
図10 最大変位と最小安全率

製作者：　旭川高専　機械システム工学科　4年
　　　　　月村玲、遠藤碧人、廣瀬諒太、山口大智
指導教員：旭川高専　機械システム工学科　宇野直嗣

滑走実験①

（砂地／製品の1/2スケールの模型／デジタル手秤）

1.2m　0.5m

図 滑走実験の様子

スキー板部品の保持方法による走破性の違い
完全固定→路面の凹凸への追従性に問題あり
糸で連結→路面の凹凸への追従性が期待される

糸でスキー板部品を連結

荷重のかかる点が前傾
不安定な挙動

板バネを採用
・改善する上での条件
・直進が容易
・追従性がある
・弾性がある

糸と板バネでスキーを連結

スキー形態を保持したまま走行
安定した挙動

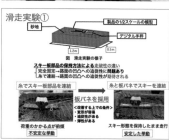

註（本書119～126ページ）
＊000：作品番号。　＊氏名の前にある◎印は学生代表。

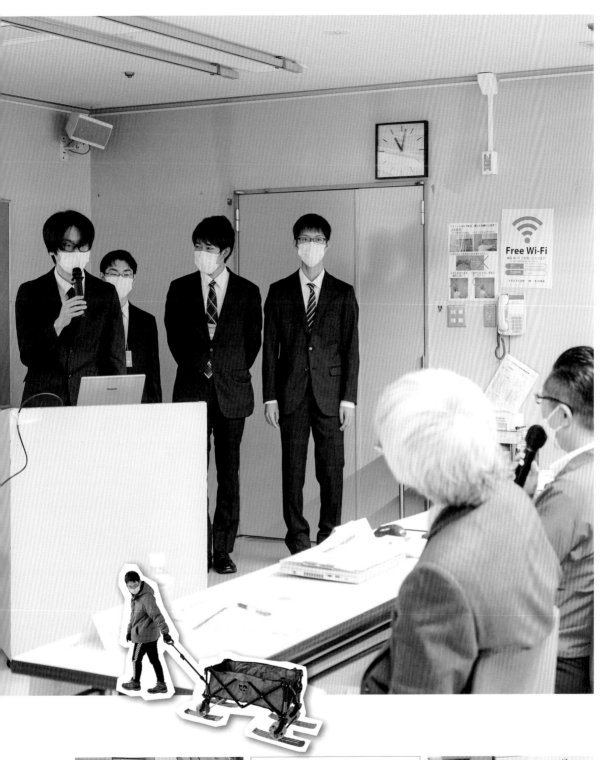

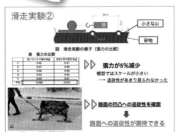

017	仙台高専(名取)	◎白田 陽彩人[生産システムデザイン工学専攻専攻科1年]／猪股 暖生[総合工学科Ⅱ類ロボティクスコース4年]／佐々 優華[総合工学科Ⅲ類建築デザインコース2年]　担当教員:野呂 秀太[総合工学科Ⅲ類建築デザインコース]

◎白田 陽彩人[生産システムデザイン工学専攻専攻科1年]／猪股 暖生[総合工学科Ⅱ類ロボティクスコース4年]／佐々 優華[総合工学科Ⅲ類建築デザインコース2年]　担当教員:野呂 秀太[総合工学科Ⅲ類建築デザインコース]

筆記具　**No knock No stress**──次世代の多機能ペン！

AMデザイン部門

審査講評　日常の身近な問題に取り組んでいる点は評価できる。
（浜野 慶一）
3Dプリンタを活用することでさまざまな試作を試みるというアイディアが、本部門と適合していた。実物(試作品)の製作に加えて、予選での指摘に対する改善策として新たな提案やスリム化などの試行が十分に行なわれていることを評価。
（大渕 慶史）
3Dプリンタを活用して、実用性の高い試作品を作成したことが評価できる。
（川和田 守）
3Dプリンタを活用して試作を繰り返し、身近なボールペンという筆記具の改善に挑戦した。「手で文字を書く文化」は「豊かさ」だと感じられる作者のセンスを評価。
（総合評価）

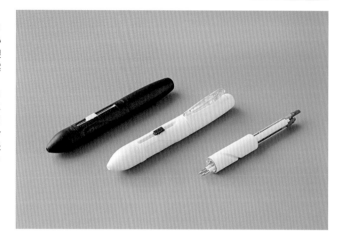

次世代の多機能ペン！
No knock No stress

仙台高等専門学校　名取キャンパス
白田 陽彩人・猪股 暖生・佐々 優華

多色ボールペンを使っているそこのあなた
持ち替える"手間"省きませんか？

生活の質向上

もっと使いやすいものを！

新規性
片手で操作
　　確認不要

感覚的な切換

Stress Free

スライドで色を変えられる！

黒の芯が出る　青の芯が出る　赤の芯が出る

独創性
① ② ③
ボールペンの仕組み

活用性
カスタム自由！

実用性
商品としてあったら買うか
買わない 11%　買いたい 10%
どちらでもない 11%
買ってもいい 68%

書き心地
悪い 0%　すごく悪い 0%
普通 16%
良い 26%
とても良い 58%

実際に使用してもらった感想

感覚的な操作で
今まで以上に楽にスピーディーに書くことができる！

024 東京都立産業技術高専（品川） ◎今井 経太、上田 晃大、上田 茉莉奈、岡田 爽汰［ものづくり工学科生産システム工学コース4年］
担当教員：伊藤 敦［ものづくり工学科生産システム工学コース］

卓上品固定器具　**ホジ保持ホジー**

審査講評　液面制御を検討した点は評価できるが、飲み物の量によって状況が変わるので、さらに検討してほしい。受け皿を付けることでこぼれた場合の対策をしているが、理想はこぼれない構造にすることなので、さらなる工夫を。
（浜野 慶一）

アイディアと具現化のバランスが良く、製品として十分に魅力がある。問題なく実用化できるレベルまでの機能を実現するために、構造の検討と工夫を重ねており、総合的に評価できる。（大渕 慶史）

ありそうでない作品で、新規性と活用性、さらに提案がまとまっていることを評価。（川和田 守）

3Dプリンタを活用して試作を繰り返し、目的とする機能の実現を追求した。机の前に座る時間を自分だけの豊かな時間にする、という提案もすばらしい。（総合評価）

| 008 | 岐阜高専 | ◎瀬 仁一郎、長尾 優汰［機械工学科3年］
担当教員：山田 実［機械工学科］ |

AMデザイン部門

携帯用消毒液ケース　**ショウドクリップ**

審査講評　生産個数によって生産コストは変わってくるので、アピールポイントとしてコストを挙げる場合は、もっと製作方法の検討が必要。　　（浜野 慶一）

着眼点はすばらしく、類似製品との比較による実用面での優位点も十分に検討されており、便利で魅力的だ。私自身のアウトドア活動でも使用したいほど。
　　　　　　　　　　　　　　　　　　　　　　　　　　　　　　（大渕 慶史）

3Dプリンタで製作する部品については、もっと手段の必然性を検討してから取り組めば良かった。　　　　　　　　　　　　　　　　　　　　　（川和田 守）

3Dプリンタを利用することにこだわったことが苦難の道となったが、試作を重ね、既存の類似品と比較して、実用性の高い作品を実現したことを評価。
　　　　　　　　　　　　　　　　　　　　　　　　　　　　　　（総合評価）

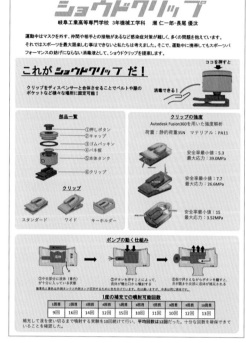

| 014 | 神戸市立高専 | ◎橋立 里玖、坂本 晴臣、内海 裕稀［機械工学科2年］／奥村 翔太［応用化学科1年］
担当教員：宮本 猛［機械工学科］ |

ギプス　**COMFY CAST**

審査講評　医療関係者に確認して医療的な妥当性を検証している点は評価できるが、市場には同様の製品が数多く出回っている。　　　　　　　　（浜野 慶一）

既存製品の存在により、それらより優位な製品としての差別化を求められ難しかったと思うが、メタマテリアル*1などの新技術を応用する提案があったのは良かった。　　　　　　　　　　　　　　　　　　　　　　　　　（大渕 慶史）

作品の展開や運用などで既存製品との差別化をもっとアピールできたら、さらに良かった。　　　　　　　　　　　　　　　　　　　　　　　（川和田 守）

唯一無二の人間の身体の形状をスキャンして、装具を製作することで、医療現場と患者の双方の豊かさに寄与する点を評価。　　　　　　　　（総合評価）

註
*1　メタマテリアル：幾何学形状によって自然界の物質にはない特性を持つ人工物質の総称。

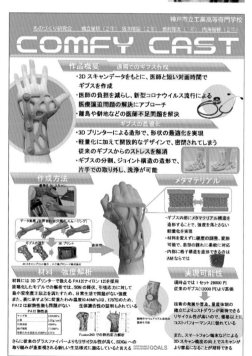

002	弓削商船高専	◎細矢 寧々、瀬野 舞子、野上 竜希(4年)、菅野 琴路(3年)[電子機械工学科] 担当教員：福田 英次[電子機械工学科]

養魚＋農作物水耕栽培器 **ポンツーン・ポニックス**──アフター食料問題の新しい生活様式

審査講評 食料問題という大きなテーマに正面から立ち向かった提案であることは評価できる。規模の大きなテーマなので、製品の規模を大きくできる可能性を示すことができたら、さらに良かった。実物の開発ができていないことは残念。
（浜野 慶一）
各家庭での利用が目的ということだが、技術的課題が活用する上での制約条件となってしまったのはもったいない。海洋風力発電や浮桟橋*2などのように、規模が大きくなっても水上構造物は成立するので、検討してほしい。 （大渕 慶史）
この作品を使って、実際に植物を育てる試みなどをしていると、さらに良かった。
（川和田 守）

註
*2 浮桟橋：水上に浮き箱をつないで並べ、桟橋としたもの。

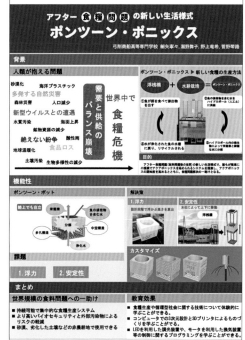

009	鳥羽商船高専	井村 菜乃花[制御情報工学科5年]／◎髙田 史哉、中川 匡(4年)、濱口 祐志(3年)[情報機械システム工学科] 担当教員：亀谷 知宏[情報機械システム工学科]

集音発光監視システム **おシエル君**──沿岸の光る諜報員

審査講評 たとえば、貝殻の形状は侵入禁止エリアに侵入してきた密漁者の足音を集音するために適にすぐれている、というように、形状の必然性をアピールできればもっと良かった。
（浜野 慶一）
侵入者を検知する集音と観光客を集客するための発光という、設定した2つの目的に矛盾があった。どちらかに目的を絞ったほうが機能は向上すると思う。
（大渕 慶史）
貝殻の複雑な形状は3Dプリンタによる造形に向いている。独創性は高いが、機能を増やすとコストがかさみ、盗難などのリスクも増えると思う。 （川和田 守）

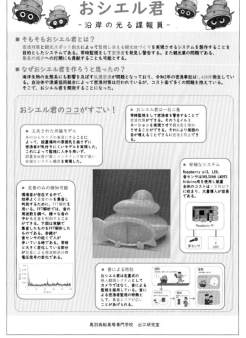

| 011 | 福井高専 | 大澤 介成(5年)、駒野 真琴(3年)[電気電子工学科]／◎谷本 大空[環境都市工学科4年]／駒野 琴音[機械工学科3年] |
| | | 担当教員：樋口 直也[環境都市工学科] |

鍵　タッチでエンジョイ！　PinScreen

審査講評　実用性よりもエンターテインメント性にすぐれた作品。品質、コスト、納期をしっかりと考察している点は評価できるが、やはり実用性の部分には疑問が残る。　　　　　　　　　　　　　　　　　　　　　（浜野 慶一）
立体造形に機能を付加するアイディアはユニーク。シーズ*3とニーズをマッチさせるために、ターゲットユーザと活用シーンについてもう少し深い考察を加えたコンセプトにすれば、さらに作品の魅力をアピールできたと思う。　（大渕 慶史）
セキュリティを守るために使用する鍵としては実用的ではないので、もっとワクワク感を演出する特別な状況をコンセプトにしたほうが良かった。　（川和田 守）

註
*3　シーズ：生産者側の技術やノウハウをベースにプロダクト(製品)を開発すること。消費者側の欲求をベースとするニーズとは対照的。

| 016 | 鶴岡高専 | 髙橋 彬(4年)、◎細谷 希、國井 蘭(3年)[創造工学科化学・生物コース]／小野寺 泰河[創造工学科情報コース3年] |
| | | 担当教員：和田 真人[創造工学科機械コースデザイン工学分野] |

フェイスシールド　目守くん（めもり）——オーダーメイド保護メガネ

審査講評　医療従事者から同様の課題の相談を受けたことがあり、非常に身近な提案だと感じた。衛生上使い捨てにする製品は個人に合わせられないため、着用した場合に快適性の損なわれることが問題だった。　　　　（浜野 慶一）
オーダーメイドのメリットを十分に活かせるよう、各部品の製品全体に対する位置づけを明確にして、製法と使用法をさらに検討すれば、もっと着用性にすぐれた作品になる。　　　　　　　　　　　　　　　　　　　（大渕 慶史）
オーダーメイドの部品と、共用する部品とを分けることで、実用性を増している点はすばらしい。　　　　　　　　　　　　　　　　　　（川和田 守）

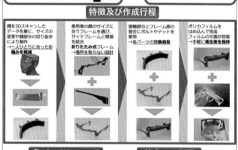

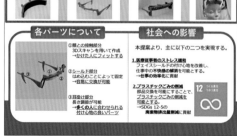

チャレンジ精神とアイディアの展開で、より良い社会を！

浜野 慶一（審査員長）

本選は12月10日と11日の2日間だった。応募してからここに至るまで、本選に参加した学生たちは本当に長い時間をデザコン2022に費やしてくれたことと思う。学生たちが、情熱と努力、創意工夫を持って取り組んでくれたことは、作品、ディスカッション、プレゼンテーションの内容から感じることができた。

コンペ（競技会）なのでどうしても採点する形になり、結果として点数や順位が付くことになったが、それは努力への評価ではない。デザコン2022に参加するにあたっての課題の設定、課題解決のための技術的なアプローチや議論など、ここに至るまでにさまざまなことがあったと思う。その過程こそが作品の価値であり評価であるので、参加した学生たちは胸を張ってほしい。

経済界で活躍しているユニクロの柳井社長でも、「自身の人生は1勝9敗である」と言っている。10回挑戦してもうまくいくことは1回しかない。つまり、1つの成功は多くの失敗で構成されているということだ。失敗を恐れるのではなく、多くの挑戦と過程を踏みながら、仲間とともに協力して1つの課題に取り組み、議論を重ね、行動していく過程の延長線上に成功があることを、改めて心に刻んでほしい。社会課題を解決し、世の中をより良くするためには、高専の学生の情熱、行動力、知見が不可欠である。

今年、3年ぶりの最優秀賞（経済産業大臣賞）が出たことは、学生たちにとっても、デザコンにとっても今後の励みになるに違いない。参加した学生たちには、今回のチャレンジ精神やアイディアを自分の専門分野の垣根を超えて水平方向に広く展開することで、より良い社会をつくっていってほしい。そして、彼らの今後の人生と心が豊かであることを祈念し、その情熱と努力に改めて敬意を表する。

＊000：作品番号。

作品の展示設営、オリエンテーション

緊張感の中、
一堂に集う喜びを共有

本選は、福岡県大牟田市の大牟田文化会館の3階第1研修室を会場として開催された。本選初日は、8:30からAMデザイン部門の運営スタッフが集合し、カメラ配置や役割分担を確認。9:00になると参加する学生たちが会場に到着し、受付を経て製作した「作品」(試作品＝3Dプリンタを活用した製作物)やポスターの展示をしながら審査へ向けての準備を進めた。

9:55には参加する学生とその引率教員に対してオリエンテーションを開始。部門長からの挨拶に続いて、2日間の大会の流れが説明された。その後、各作品の代表学生1人による抽選で、作品展示ブースと審査順を決定した。作品ごとに、抽選で決まった展示ブースに「作品」などの展示を開始。背面のパネルにポスターを貼ったり、学校のミニチュアののぼりを立てたり、自作を大いにアピールする展示設営に余念がなかった。午前中、参加学生主導で展示準備を進める会場では、参加学

生たちが展示と一緒に記念撮影をする姿なども見られ、明るくリラックスした雰囲気が漂っていた。

008

016
008

ディスカッション

学生は自信作をアピール、
審査員はさらなる
ブラッシュアップを要求

初日の午後は、作品展示ブースごとに「作品」を囲んで、参加学生と審査員の間で活発なディスカッションが展開した。ディスカッションに先立ち、13:20の部門長によるAMデザイン部門審査の開会宣言に続いて、浜野慶一(審査員長)、大渕慶史、川和田守の審査員3人の紹介があった。その後、ディスカッションでは、部門長と審査員3人が一緒に各作品の展示ブースを巡回し、学生による作品の説明と質疑応答を通して、1作品当たり15分で審査することを確認した。また、ディスカッションの後、学生相互投票(本書132ページ表1、133ページ「開催概要」参照)を実施することが伝えられた。ディスカッションは13:30から開始した。東京都立産業技術高専(品川)『ホジ保持ホジー』[024]は、机にドリンクホルダを固

定するための着脱式の受け皿に横方向の応力[*1]に強い爪機構を備えることで、ドリンクホルダがしっかり保持され、飲み物の入った容器を収めたドリンクホルダに肘があたっても転倒しないという作品。ドリンクホルダ以外にもブックスタンドや電源タップホルダなどのアタッチメント[*2]を用意していた。学生は「作品」を持ち上げながら、アタッチメントを保持するメカニズムを審査員に説明。「3Dプリンタを使うメリットは?」(川和田)に、学生は「設計を形にしやすく、ドリンクホルダを固定するために最適な爪の数を試行錯誤する際に早く対応できた」と回答。「アタッチメントを固定するための爪が開く機構はどんな仕組み?」(大渕)には、「バネの力を使用している」と学生は実物を示して説明した。
弓削商船高専『ポンツーン・ポニックス』[002]は、養殖用の水槽に浮桟橋[*3]型の鉢を浮かべて水耕栽培をすることで、水槽の水をリサイクルしながら魚の養殖と

野菜の栽培を同時に行なうことができる作品。世界的に深刻な食料問題の解消をテーマに開発した。餌を食べた魚の排泄物を含む水が、水耕栽培に用いるハイドロボール[*4]内に含まれる微生物によって、野菜の成長に必要な栄養素と、魚の生育に必要となる清浄な水とに分解されるという。「大きな社会課題に取り組んだ提案だが、実証したのか?」(浜野)に、「実証段階には至っていないが、将来的には、植物を栽培できる池などで大規模に実証する見込み」と学生は自信を持って回答。福井高専『タッチでエンジョイ! PinScreen』[011]は、非接触、キャッシュレス、スマートフォンなどの利便性や効率化を否定した鍵の開け方である。ピンアート[*5]に3Dプリンタで造形した鍵の形を転写することで解錠するという原理。「試作の鍵は2Dだが、3Dの造形物も鍵として登録できるか?」(大渕)に、学生は「高さも読み取れる仕組み(プログラム)にすれば可能」と回答。「ホテルの鍵にワクワク感は必要

註(本書128～132ページ)

*000：作品番号。 *文中の作品名は、サブタイトルを省略。高専名(キャンパス名)『作品名』[作品番号]で表示。 *文中の[000]は作品番号。

か?」(浜野)には、「テーマパークやリゾートに隣接するホテルではワクワク感があるといい」との見解を学生が示した。

仙台高専(名取)『No knock No stress』[017]は、従来の多色ボールペンの使い勝手を向上させた作品。ペンを持ち替えることなく親指をスライドさせるだけで、芯の色を切り替えることができる。実際に同校の学生に試用してもらい「書き心地が良い」「買ってもいい」という意見が多かったというデータを示した。「機構で工夫した点は?」(浜野)に、学生は「ボール

ペンの芯の色を切り替える際に、並行運動を回転運動に変換すること」と回答。「第一印象として軸が太い」(大渕)に、学生は「家族や友人からも指摘されたので、細いタイプも製作したい」と応じた。「3Dプリンタを使って良かった点は?」(川和田)には、学生は「ボールペンの筒の中の機構を試行錯誤して作る際、効率が良かった」と回答した。

鳥羽商船高専『おシエル君』[009]は、3Dプリンタで造形した貝殻型のセンサを海岸に設置し、集音によって密漁者を常時

監視するという作品。イルミネーション機能を付加することで観光客を呼び込む効果もあるという。「イルミネーションを点灯することで観光客が増加するのか?」(浜野)に、学生は「SNSに公開することで、それを見て興味を持った人が各地から訪れて観光地化できる」という見解を示した。

半数の作品の審査が終わったところで休憩を挟み、旭川高専『廻滑車輪アクロレス』[015]のディスカッションを実施した。これは、キャンプなどで用いるキャリー

009

011

014

002

ワゴン[*6]の車輪に、必要に応じて、スキー板の形状に展開できる機能を付加した作品。車輪がスキー板の形状になることで、砂地や雪道などの悪路でも走行可能となる。スキー板の形状に展開した車輪を保持するために板バネを利用した構造としている。縮尺1/2の模型を作って砂地で行なった滑走実験や、実物大の試作品を実際の雪道で引っ張る実験を行なう模様が動画で紹介された。「車輪を開く際の板バネは何を使っているのか?」(浜野)への、「コンベックス(スチール製の巻尺)を利用している」という学生の回答に、会場内から「なるほど!」という声が上がった。「北海道に住んだ経験から、あったら便利だと感じた。3Dプリンタはどこに使ったのか?」(川和田)に、学生は「金属の棒など固定の部品以外は、ほぼすべて3Dプリンタで製作した。軸径などの変更にも比較的簡単に対応できた」と回答した。

神戸市立高専『COMFY CAST』[014]は、3Dスキャナによるスキャン・データをも

とに3Dプリンタを用いて作成するギプス。医師の対面診療を減らすことで医療逼迫を軽減し、また、離島など医師不在の環境であっても、ギプスが必要な人の身体部位を3Dスキャンし、そのデータをやり取りすることで、遠隔地でギプスを作成して離島へ送ることも可能。「3Dプリンタによるギプスはすでにあるが、類似品の調査はしたか?」(浜野)に、学生は「メタマテリアル[*7]の採用やウェアラブル端末[*8]で独自性が出せる」と回答。「海外では実用化されているようだが?」(大渕)には、学生が「海外ではとても高価だが、これは、同じ構造や材質で安価に製作できる」と差別化を示した。「ケガした人は痛いので早く治療したいのでは?」(川和田)には、「現地に3Dプリンタがあればすぐに対応できる」と説明した。

鶴岡高専『目守くん』[016]は、コロナ禍(COVID-19)で「フェイスシールドの形が頭の形に合わず痛みが出る」という医療従事者からの声をもとに開発した、長時

間でも快適に使用可能なオーダーメイドのフェイスシールド。3Dスキャナで個々の顔のデータを読み取り、1人1人に最適化した「額の接触部」を作成する。フレームはSML(小、中、大)の3サイズを用意するが、耳掛け部を可動式にすることでフィット感を向上させた。「この製品を使うことで、長時間の着用による痛みや不快感を解消すれば、医療従事者のストレスの緩和につながる」と学生たちは説明した。「現場の人に試着してもらったか?」(浜野)に、学生は「看護師に半日試用してもらい、『フィット感と折り畳んで収納できる点は良いが、重心が前方にあるため少し疲れる』との指摘があった。重心の問題はすぐには改善できず、今後の課題」と説明。

岐阜高専『ショウドクリップ』[008]は、スポーツ時に手や指を簡単に消毒することができれば、スポーツをもっと安心して楽しめるのではないか、との思いから開発した押しボタン式の携帯用消毒液ケース。本体は小型軽量で、3種類のク

リップと組み合わせることで、ベルトやポケットなどさまざまな場所に固定できる。学生はデモンストレーションを交えて使い方を説明し、図を用いてポンプの構造などを紹介した。「積層ピッチ（間隔）は？」（浜野）に、「最適な数値はわからないが、充填率65%とした。消毒液の漏れはなかった」と学生は実体験をもとに回答。「3Dプリンタを使用する理由は？ 既製品を組み合わせても良いのでは？」（大渕）に、「既製品との組合せでは実現できない使い勝手の良さを追求した。クリップの取り付けやすさを工夫した点もポイント」と学生は自信をもって回答した。

全9作品のディスカッションは予定通り16:00に終了。部門長からコメントと、続く「技術交流会」に関する説明があり、10分間の休憩をはさんで「技術交流会」へと進んだ。

技術交流会
競い合う学生同士が、技術や工夫の情報を交換

ディスカッションの審査過程が終わったことで、参加学生たちには少しリラックスした表情が見られた。16:10より部門長から「技術交流会」の内容や翌日の審査の流れについて説明。その後、参加学生や各作品の指導教員は互いの技術をテーマに交流を図った。

使っている3Dプリンタやスキャナ、使用材料である樹脂の種類など、AMデザイン部門らしいやり取りが聞かれた。参加学生同士で楽しそうに製品を手に取って情報交換し、学校の枠を超えて一緒に記念写真を撮る光景も見られた。さらには、運営に携わる有明高専の学生たちも加わり、参加学生、運営スタッフ、指導教員という枠を超えた技術交流が展開した。

プレゼンテーション（口頭発表）
ディスカッションでの指摘に応え、柔軟に修正。高専の学生の実力発揮！

2日めは、前日のディスカッションの内容を受けて、最終の審査過程となるプレゼンテーションを実施した。参加学生たちは8:20頃から順次到着して受付で出欠を確認し、パソコンの調整、製作物の確認などを行なっていた。9:00からのオリエンテーションでは、1作品ごとに説明（口頭発表）9分間、質疑応答6分間であることを確認した。

002

017

024

9:12から東京都立産業技術高専（品川）『ホジ保持ホジー』[024]のプレゼンテーションが始まった。前日のディスカッションを踏まえて、学生が3Dプリンタ利用の有用性は、製品を改善しやすいこと、設計から製作までの時間を短縮できたことであると説明した。各作品には前日のディスカッションで審査員からすでに多くの質問が出され、回答待ちになっていたため、ほとんどの審査員は質問とコメントを交互に行なっていた。「液面制御の対策をどう考えているか？」（浜野）に、学生

は「100%こぼさない対策は難しい。液面制御ができたらいいな、という段階」と回答。「課題に『小型化・軽量化』とあるが、常に持ち運ぶ必要はないし、役割自体からある程度寸法も決まってしまうのでは?」(大渕)に、「軽量化、小型化することで本体の製作に使う3Dプリンタ用フィラメント*9の量を少なくできるので製作費を抑えられる」と学生は明確に回答した。

仙台高専(名取)『No knock No stress』[017]のプレゼンテーションでは、前日の「ペン軸が太い」という指摘に対して、前日展示した製品より直径を4mm小さくした直径15mmの試作品を紹介。また、「色を見て切り替えたい」という要望に応じて、本体表面3カ所に作った凹みに芯の3色を表示する部品をそれぞれ取り付け、使用している芯の色が手元でわかる新たな提案も披露した。「昨日の議論を加味した説明は評価できる。個別のデザインの製品を作ることにした際、構造や機構を変更する必要性はあるか?」(浜野)に、「ペンの太さを変えることは難しい。一定の太さで本体の形状を変えることは可能」と学生が回答。また、「特許を調べてみたか?」(川和田)に、「スライド式の機構は登録されているが、この機構の登録はなかった」と明確に学生は答えた。

旭川高専『廻滑車輪アクロレス』[015]のプレゼンテーションでは、どんな地面形状にも対応でき、市販のキャリーワゴン*6にも装着できるなど、実用性の高さがメリットだと紹介。「雪国育ちではないが、有用性については、なるほどな、と感じた。走行実験での実証値もすばらしい」(浜野)、「板バネの利用はすばらしい。予選段階では、実現できないのではないか、と思っていたが、実物を会場で見ることができて良かった」(大渕)などの高評価が寄せられる場面もあった。「若者ならではの視点だ。悪路では車輪に泥水が入ったりして悪影響があるのではないか?」(川和田)には、「問題なく対応できる」と学生は堂々と回答した。

神戸市立高専『COMFY CAST』[014]のプレゼンテーションでは、最近の技術の応用を考慮し、「今後はスマートフォンで正確にスキャンできるようになり、実現しやすくなっていくだろう」と将来性にも言及し、「前日のディスカッションの内容や指摘がしっかり取り込まれている」(浜野)と高評価。また、「類似製品の調査はしたか? 独自性をもっと明確に示してほしい」(川和田)に、「調査した結果、同じような構造のギプスはあったが、メタマテリアル*7を用いた製品はなかった。医師の意見を取り入れた製品は少なかった」と学生は回答した。

最後に、岐阜高専『ショウドクリップ』[008]のプレゼンテーションでは、市販の既製品は3,000円ぐらいで販売されているが、この作品のコストは1,000円ぐらいだと説明。「姓名などの情報を入れるレーザー刻印は高価だとしていたが、いくらか?」(浜野)に、学生は「調べていないが1工程で製作できるので、3Dプリンタのほうが製品のコストを下げることができる」と回答した。一方では「あったら便利で、欲しいと思うが、こんなに多くの部品を3Dプリンタで作る必要はない。既存の技術との棲み分けを検討しては?」(大渕)、「製品としては魅力的だが、3Dプリンタを使うメリットが理解できなかった」(川和田)という指摘もあった。

全9作品のプレゼンテーションは予定通りの時間で完了し、休憩をはさんで審査の結果待ちとなった。

審査員講評

実証実験を重ねた努力を評価
3年ぶりに
最優秀賞(経済産業大臣賞)が!

プレゼンテーションの後、審査員が別室で評価した点数を集計し、そこに参加作品間で学生同士が相互に評価する「学生相互投票」(本書132ページ表1、133ページ「開催概要」参照)の点数を合算して、審査結果はまとめられた。各審査員は、[1]「新規性・独創性・活用性」を15点満点、[2]「技術的課題の解決・実用性」を

15点満点、③『プレゼンテーション力』を10点満点で評価した。また、「学生相互投票」は自作以外で優秀だと思う1作品（1票1点）に投票する。それらの総合点に基づき、受賞候補を審議することとなった。

総合点は、旭川高専『廻滑車輪アクロレス』[015]が103点でトップとなり、続いて東京都立産業技術高専（品川）『ホジ保持ホジー』[024]が94点の高得点をあげた。さらに、仙台高専（名取）『No knock No stress』[017]が83点、岐阜高専『ショウドクリップ』[008]が81点、神戸市立高専『COMFY CAST』[014]が80点で接戦となった（表1参照）。審査員間での審議を経て、最終的には得点順に受賞とすることが決定。まず、審査員特別賞は岐阜高専『ショウドクリップ』[008]、神戸市立高専『COMFY CAST』[014]が受賞した。続いて、優秀賞は東京都立産業技術高専（品川）『ホジ保持ホジー』[024]、仙台

高専（名取）『No knock No stress』[017]となった。最も得点の高かった旭川高専『廻滑車輪アクロレス』[015]には3年ぶりとなる最優秀賞（経済産業大臣賞）が授与された。

結果発表の際、AMデザイン部門会場では、うなだれる学生は見られず、参加学生全員がすがすがしい顔で、やり遂げた充実感をかみしめているように見えた。審査を担当した3人の審査員からも同じような感想があり、特に浜野審査員長からは、「参加した学生たちの情熱が審査員には届いた。コンペなので点数と順位が付いたが、それは参加者の努力の評価ではない。大会に至るまでの各作品ごとの学生たちの取組み、課題解決のための議論を大事にしてほしい」と労いを込めた言葉が贈られた。いずれの参加者も互いの健闘を讃え合いながら、拍手でAMデザイン部門の幕が閉じられた。

最優秀賞の作品が生まれたのは、AMデザイン部門の応募作品のレベルが年々上がり、作品が正当に評価された結果である。参加した学生たちには、高専の学生らしく、手を動かして物を作り、仲間たちと協力し合い、ディスカッションしながら1つの作品を作り上げる取組みを今後も続けてもらいたい。

（坂本 武司　有明高専）

註
*1　応力：外からの力を受けた部材内部に発生する単位面積あたりの力。
*2　アタッチメント：器具や機械類の付属装置。
*3　浮桟橋：本書125ページ註2参照。
*4　ハイドロボール：粘土を高温で焼いて発泡させたボール状の石。土を使わない植物の栽培方法であるハイドロカルチャーで用いる。
*5　ピンアート：個別に動くピンを密集して配列し、ピンの凹凸により3次元の造形を自由に作成できる玩具。
*6　キャリーワゴン：主に屋外でキャンプ用品などの荷物を運ぶために用いる4輪の台車。
*7　メタマテリアル：本書124ページ註1参照。
*8　ウェアラブル端末：手首や腕、頭などに装着するコンピュータ・デバイス（装置）。
*9　フィラメント：3Dプリンタでデータを出力するために用いる細長い糸状の材料。

表1　本選──得点集計結果

作品番号	作品名	高専名（キャンパス名）	浜野 [40点満点]			大淵 [40点満点]			佐々木 [40点満点]			合計 [120点満点]			学生相互投票 [8点満点]	総合点 [128点満点]	順位	受賞
			①	②	③	①	②	③	①	②	③	①[45点満点]	②[45点満点]	③[30点満点]				
015	廻滑車輪アクロレス	旭川高専	12	12	8	13	15	10	12	10	8	37	37	26	3	103	1	最優秀賞*1
024	ホジ保持ホジー	東京都立産業技術高専（品川）	12	11	7	13	14	9	10	10	7	35	35	23	1	94	2	優秀賞
017	No knock No stress	仙台高専（名取）	7	8	8	10	14	9	5	12	9	22	34	26	1	83	3	優秀賞
008	ショウドクリップ	岐阜高専	10	8	7	13	10	8	5	10	8	28	28	23	2	81	4	審査員特別賞
014	COMFY CAST	神戸市立高専	11	13	8	8	12	7	5	10	5	24	35	20	1	80	5	審査員特別賞
009	おシエル君	鳥羽商船高専	9	6	7	13	10	6	12	7	5	34	23	18	0	75	6	
016	目守（めもり）くん	鶴岡高専	10	11	7	8	6	5	9	9	22	23	28	22	0	73	7	
002	ポンツーン・ポニックス	弓削商船高専	7	6	6	9	8	7	12	7	6	28	21	19	1	69	8	
011	タッチでエンジョイ！ PinScreen	福井高専	7	7	7	8	8	8	10	2	6	25	17	21	0	63	9	

凡例
審査基準
①　新規性・独創性・活用性[15点満点]×審査員3人＝合計[45点満点]
②　技術的課題の解決・実用性[15点満点]×審査員3人＝合計[45点満点]
③　プレゼンテーション力[10点満点]×審査員3人＝合計[30点満点]

表註
*1　最優秀賞：最優秀賞（経済産業大臣賞）。
*作品名はサブタイトルを省略。
*学生相互投票は、本選参加学生（各作品1票）が、自作以外で最もすぐれていると感じた1作品に投票したもの。12月11日のプレゼンテーション終了後にAMデザイン部門長が投票用紙を回収。1票＝1点（8点満点）として、各作品の得点に加算された。
*各審査基準と評価点数、学生相互投票の得点の詳細は、本書133ページ「開催概要」を参照。

AMデザイン部門概要

■ 課題テーマ
新しい生活様式を豊かにしよう!

■ 課題概要
「アフター○○の新しい生活様式を豊かにするアイテム」の開発をテーマとする。近年のさまざまな出来事により、私たちは新しい生活様式を送ることを求められている。

しかし、新しい生活様式とは本来、誰かに押しつけられるものではなく、それ自体のスマートさにひかれて人々の中に定着していくものだ。そんな、新しい生活様式を豊かにするスマートなアイテムのアイディアを募集する。新しい生活様式は、現在すでに謳われているものだけに限らない。現状をどう見るか、その見方によって、新しい生活様式は無限に広がるものだと考える。3Dプリンタの特性である「設計から実物への短期化」、「一体成形」、「切削ではなし得ない造形」、そして「一品生産」を活用しながら、新しい未来を提案してほしい。課題テーマへの取組みを通じ、参加した学生全員が豊かな未来への「道しるべ」となってくれることを期待している

■ 審査員
浜野 慶一(審査員長)、大渕 慶史、川和田 守

■ 応募条件
❶高等専門学校に在籍する学生
❷4人までのチームによるもの。1人1作品
❸空間デザイン部門、創造デザイン部門には応募不可。ただし、予選未通過の場合には、構造デザイン部門への応募は可
❹他のコンテスト、コンペティションに応募していない作品

■ 応募数
24作品(81人、14高専)

■ 応募期間
2022年8月24日(水)〜9月7日(水)

■ 提案条件
❶提案は「アフター○○の新しい生活様式を豊かにするアイテム」とする
❷「作品」(試作品=3Dプリンタを活用した製作物)の主要部品を3Dプリンタにより作成すること。実物の機器または模型を製作し、実際に稼働するもの、あるいは稼働状態を模擬できるものを示すこと。実物のスケール(実寸)である必要はない
❸可能な限り、本選会場にて実演を行なうこと。会場で実演できない場合は、ビデオ撮影での対応や、動作の代替物(たとえば、水の動作をビーズの動作に置き換えるなど)を用いた実演でも可
❹3Dプリンタで用いる原材料の種類は不問。また、提案で想定される装具や器具の原材料と、作品(説明用の造形物)に用いる原材料を一致させる必要はない
❺強度を計算し、製品として実現する可能性を示すこと。実際に市販する製品を想定する際には、一般的な金属(鉄、アルミ、ステンレスなど)の使用の想定も可
❻例外として、作品の部品の内、ボルトなどのネジ類、バネ類、ゴム類は作品の主要部品に含めず、市販品の使用可。また、電池ボックスを含めた電装品類も市販品の使用可だが、主アイディアの補助的な使用に限る
❼提案内容が特許などの知的財産権に関係する場合は、本選までに必ず特許の申請を開始しておくこと。また、提案内容に既存特許への抵触がある場合は、提案者と指導教員が事前に特許検索などで責任をもって確認し、提案書(エントリーシート)に提示すること
❽現状の法令などとの適合度は不問

本選審査

■ 日時
2022年12月10日(土)〜11日(日)

■ 会場
大牟田文化会館　3階第1・第2研修室
全審査過程の動画をインターネットによりYouTubeでライブ配信

■ 本選提出物
❶「作品」:実際に稼働または稼働状態を模擬できる3Dプリンタを活用した造形物
❷ポスター:A1判サイズ(縦向き)1枚
❸補助ポスター:A1判サイズ(縦向き)1枚[任意]
❹CD/DVD-ROM:プレゼンテーション資料(PowerPoint形式)、ポスターの電子データ(PDF形式)を格納したもの

■ 展示スペース
作品ごとに展示ブースを用意し、1作品につき展示用テーブル(幅900mm×奥行600mm)1台を設置
展示用パネルは展示用テーブルの背面に設置
ディスカッションで説明に使用するノートパソコンやDVDプレイヤなどの機材は各自で準備

■ プレゼンテーション用スペース
演台、プロジェクタ1台、プロジェクタ用スクリーン1面を用意(作品ごとにHDMIコネクタでプロジェクタに接続可能なノートパソコンは各自で準備)

■ 審査過程
参加数:9作品(33人、9高専)
2022年12月10日(土)
❶ディスカッション　13:30〜16:00
❷技術交流会　16:10〜17:00
2022年12月11日(日)
❸プレゼンテーション　9:12〜11:50
❹審査結果発表、審査員講評　13:20〜13:30

■ 審査基準
①新規性・独創性・活用性
現状の社会問題を解決する、または生活の利便性が向上するアイディアであるか、さらに新規性や独創性があるかを審査し、評価する。新しさ、驚き、ときめき、感動、楽しさを感じさせるアイディアを提示すること。また、3Dプリンタの新しい使い方や意外な使い方を含め、3Dプリンタの価値を向上させる活用性を評価

②技術的課題の解決・実用性
技術的な課題の解決と「作品」の作動状況について審査し、評価する。技術的な課題の解決については、可能な限り定量的に評価した結果を提示すること。また、「作品」の動作状況を確認しつつ、アイディアを実現できているかを審査し、評価

③プレゼンテーション力
プレゼンテーション(口頭による作品説明)とディスカッション(ポスターを使った説明)について、その内容と構成がすぐれているか、スライドやポスターの見やすさ、説明者の声、態度などが適切かを審査し、評価

■ 評価指標
以下の4つの視点で評価
①3Dプリンタの特性および必然性
3Dプリンタは従来の切削加工や射出成形と異なる、切削工具や金型が不要な成型、加工技術であり、ホビー(一品生産)から宇宙開発(軽量化、複雑な一体成形)まで使用用途は幅広く、さまざまな成形機がある。単に造形できるだけでなく、切削加工や射出成形と差別化されていること
②実現可能性(10年後までの実現可能性が1%でも見出せれば良い)
今すぐ実現、実行できなくてよいが、このアイディアが必要であることを、論理的に説明すること
③独自性
アイディアは応募者のオリジナルであること。既存製品の改善案や改良案でも可だが、オリジナル性は低いと評価する場合もある。どの点に独自性があるかをアピールすること
④社会への影響力
このアイディアを採用することで、現在の何が、どのように変わるのかを、論理的に説明すること。多数派を対象とせず、少数派の視点での説明も可

■ 評価点数
各審査員の持ち点は、審査基準ごとに①「新規性・独創性・活用性」15点満点、②「技術的課題の解決・実用性」15点満点、③「プレゼンテーション力」10点満点、合計40点満点
各作品120点満点={(15点満点×2審査基準)+(10点満点×1審査基準)}×審査員3人

■ 学生相互投票と得点
ディスカッションやプレゼンテーションの内容をもとに、本選参加学生(各作品の持ち票:1票)が、自作以外で最もすぐれていると感じた1作品に投票。12月11日のプレゼンテーションの審査終了後にAMデザイン部門長が投票用紙を回収し、1票=1点(8点満点)として、各作品の得点に加算

■ 審査方法
審査員による評価点数と学生相互投票の得点を合計した総合点をもとに、審査員3人による協議の上、各賞を決定
各作品の総合点128点満点=審査員による評価点数(120点満点)+学生相互投票による得点(8点満点)

実際のデバイス（装置）を見たい

浜野 慶一（審査員長）

2022年のAMデザイン部門の課題テーマ「新しい生活様式を豊かにしよう！」をもとに、社会的に大きな課題から身の回りの身近な課題まで、さまざまな課題に取り組んだ作品が集まった。

予選審査では、

①新規性・独創性　②活用性　③技術的課題の解決　④実用性

の4つの評価項目に、⑤本選への期待度、を加え、審査員は協議と検討を重ねた。

各作品ともに、扱うテーマの選定はすばらしい考察から生まれたものだったので、4つの評価項目との関連性や紐づき方、各作品のテーマの深掘り度合いなどを考慮した上で、合わせて、「実際のデバイス（装置）の開発が本当に可能であるのか？」を⑤本選への期待度、として評価項目に加えて審査し、本選に参加する予選通過作品を決定した。

本選では主に、デバイス（装置＝試作品）の完成度や、書面だけの予選審査では伝え切れなかった情報をどれだけわかりやすく伝えることができているのか、課題テーマである「新しい生活様式を豊かにすること」が実現できるのか、などを中心に審査していきたい。本選に進出する9作品には、新しい生活様式を豊かにするために、さらなる創意工夫、切磋琢磨、試行錯誤を重ねて実際のデバイスを製作し、本選に参加してくれることを大いに期待したい。

ターゲットとコンセプトを明解に

大渕 慶史（審査員）

「新しい生活様式を豊かにしよう！」の課題テーマの下、予選に応募されたエントリーシートにはさまざまなアイディアが提案されていた。新しい生活様式というキーワードから、コロナ（COVID-19）禍における生活を題材にした提案が多かったが、身近な日常生活そのものを見直した提案もあり、バラエティに富んだ内容であった。一方、対象者や目的が明確でないため、提案する機能を絞り込めていない作品、余分な機能を付加してコンセプトが曖昧になってしまった作品も見られた。エントリーシートという限られたスペースで、アイディアやデザインを十分に表現することの難しさもあり、創作意図や目的、構造や機能、効果が伝わらない作品も散見されたが、表現力はデザイン・コンペ（競技会）のみならず多くの場面で求められるため、今回応募した学生たちには、ぜひとも研鑽を重ねられたい。

AM（Additive Manufacturing＝付加製造＝3Dプリンタ）デザイン部門であるため、3Dプリンタをどこまで有効に活用したかが審査の焦点になる。予選審査においては、3Dプリンタを単なる試作品の製作にのみ使用した作品が多かった一方、提案する新しい造形装置と方法について利点やポテンシャル（潜在的能力）を十分に引き出していると感じられる作品は、審査員たちの注目を集めた。

本選に進出する作品には、予選審査で作成した各作品への「本選に向けたブラッシュアップの要望」（本書136ページ〜参照）を参考にして、どこまで明確で明解に生活様式の改善を実現する作品に仕上げられるかを期待したい。AM技術のパフォーマンスを十分に活用した創造物が「豊かにする新しい生活様式」というものを、本選で目の当たりにできることを楽しみにしている。

*川和田審査員は予選審査不参加のため予選審査総評なし

表2　予選——得点集計表（選出結果）

作品番号	作品名	高専名（キャンパス名）	浜野 [5点満点×4項目]*3					大渕 [5点満点×4項目]*3					佐々木*1 [5点満点×4項目]*3					合計 [15点満点×4項目]*4					60点総合満点
			①	②	③	④	⑤*2	①	②	③	④	⑤*2	①	②	③	④	⑤*2	①	②	③	④	⑤*2	
002	ポンツーン・ポニックス	弓削商船高専	4	3	4	3	A	5	3	5	4	A	4	4	4	4	A	13	10	13	11	AAA	47
014	COMFY CAST	神戸市立高専	3	3	3	4	B	3	4	3	4	B	4	4	3	5	A	10	11	9	13	BBA	43
015	廻滑車輪アクロレス	旭川高専	4	5	4	4	A	4	3	3	3	C	4	3	3	2	B	12	11	10	9	ACB	42
016	目守（めもり）くん	鶴岡高専	4	5	4	4	A	3	3	3	4	A	2	3	3	4	B	9	11	10	12	ACB	42
024	ホジ保持ホジー	東京都立産業技術高専（品川）	4	5	3	5	B	3	5	4	5	A	2	2	1	3	C	9	12	8	13	BAC	42
008	ショウドクリップ	岐阜高専	4	4	4	4	A	4	5	4	4	A	2	1	2	2	C	10	10	10	10	AAC	40
017	No knock No stress	仙台高専（名取）	2	2	3	3	B	3	4	5	2	B	3	4	4	5	A	8	10	12	10	BBA	40
022	Easy Air Blocker	苫小牧高専	3	4	4	4	A	3	3	2	3	C	2	2	2	2	B	8	9	8	11	ACB	39
001	一枚でも安心くん	奈良高専	4	4	4	4	A	2	4	3	4	C	2	2	2	3	C	8	10	9	11	ACC	38
005	まつら	鶴岡高専	3	3	3	3	B	4	3	4	4	B	2	2	2	3	C	9	8	9	10	BBC	36
009	おシエル君	鳥羽商船高専	3	3	3	3	B	5	5	3	4	A	2	1	2	2	C	10	8	8	9	BAC	36
011	タッチでエンジョイ！ PinScreen	福井高専	2	3	3	2	C	4	4	3	3	B	3	4	3	2	B	9	11	9	7	CBB	36

表註　＊1　佐々木：予選は佐々木亮審査員（経済産業省）が川和田守審査員の代理を務めた。
　　　＊2　本選への期待度：期待度の高い順にABCの3段階で評価。　A：ぜひ参加させたい／B：参加させたい／C：来年再チャレンジ。
　　　＊3　[5点満点×4項目]：各審査員は、①から④までは各5点満点、⑤は参考で、合計20点満点で評価。
　　　＊4　[15点満点×4項目]：①から④までは各15点満点、⑤は参考。

AMデザイン部門

2022年10月4日(火)18:00よりAMデザイン部門の予選審査が行なわれた。今年も2020年、2021年に引き続き、新型コロナウイルス(COVID-19)感染拡大防止のため、インターネット回線を利用したオンライン審査となった。予選審査には審査員3人とAMデザイン部門長が参加した。川和田守審査員(経済産業省)は事情により参加できなかったため、佐々木亮審査員(経済産業省)が代理で参加した。
各審査員には、予選審査前に応募全24作品のエントリーシートを配布し、応募作品の提案内容を把握してもらうとともに、各作品の採点とコメントを記入してもらった。今年の課題テーマである「新しい生活様式を豊かにしよう!──アフター○○の新しい生活様式を豊かにするアイテムの開発」に対して、参加学生が作成し応募した各作品のエントリーシートをもとに、各作品を審査基準である①新規

性・独創性・活用性、②技術的課題の解決・実用性に照らして4つの評価項目(下記「開催概要(予選)」参照)について採点するとともに、もう1つの評価項目「⑤本選への期待度」について3段階で評価した。
予選審査では、審査員全員の事前評価点を集計し、総合点の高い作品から順に審査が進められた。審査員たちは、エントリーシートの内容と各審査員の評価点を確認しながら、本選に出場した場合の期待度、提案の実現性や発展性について議論を進め、審議を重ねた。
まず、総合点で上位7作品を予選通過作品として選出。残りの作品については本選に参加する作品の総数も含めて議論し、次の2作品を選んだ。
鳥羽商船高専『おシエル君』[009]は、商船高専ならではの独特なテーマ設定が評価されて予選通過、福井高専『タッチでエンジョイ!　PinScreen』[011]は、ピンアー

ト[*1]は工作が難しいため、実物(試作品)が人の目を引く作品になるという期待の高さから、予選通過となった。
本選における各審査過程での1作品に充てる時間などを考慮し、最終的に9作品を予選通過作品として選出した(表2参照)。
予選通過作品には、審査員からの「本選に向けたブラッシュアップの要望」(本書136ページ～参照)を予選通過の通知に添えた。予選を通過した作品の多くは、提案しているアイテムと課題意図とのつながりがわかりやすく表現されていた。また、本選で実物(試作品)が見てみたいと思わせる魅力的な作品であった。なお今年も本選会場で予選未通過作品の展示は行なわなかった。　　　　(坂本 武司　有明高専)

註
*1　ピンアート:本書132ページ註5参照。

予選審査準備
2022年8月24日(水)～9月7日(水):応募期間(エントリーシート提出)
2022年9月10日(土):応募全24作品のエントリーシートの電子データ(PDF形式)を審査員へ配信

予選審査
■**日時**　2022年10月4日(火)18:00～19:30
■**審査方式**　運営本部と各審査員とをインターネット回線でつなぎ、ビデオ会議アプリ「ZOOM」を利用したオンライン方式で実施
■**会場**　運営本部のスタッフ、審査員は各所在地
■**事務担当**　坂本 武司、松野 良信(有明高専)
■**予選提出物**　エントリーシートの電子データ(PDF形式):「デザコン2022 in 有明」公式ホームページからインターネット回線を利用したクラウド・サービスにて提出(Googleアカウントが必要)
❶学校名、作品名、メンバー氏名など
❷概要:何を提案しているかがわかるように、図や表、写真、図面などを用いてA4判サイズ1ページにまとめる

❸詳細:提案の詳細がわかるように、図や表、写真、図面などを用いて、①新規性・独創性・活用性、②技術的課題の解決・実用性を、それぞれA4判サイズ1ページ(合計2ページ)以内にまとめる。(審査基準①の内、「活用性」についてはエントリーシート全体を審査して採点)
■**予選通過数**　9作品(33人、9高専)
■**予選審査基準**
①**新規性・独創性・活用性**
②**技術的課題の解決・実用性**
■**評価項目と点数**
評価項目は、「①新規性・独創性」、「②活用性」、「③技術的課題の解決」、「④実用性」、「⑤本選への期待度」
各審査員の持ち点は、①から④までは各5点満点、合計20点満点(各作品60点満点＝20点満点×審査員3人)
⑤については、評価の高い順にA(ぜひ参加させたい)、B(参加させたい)、C(来年再チャレンジ)の3段階で評価
予選通過作品は、①～④を合計した総合点をもとに⑤の評価を加味して審議の上、選出

作品番号	作品名	高専名 (キャンパス名)	浜野 [5点満点×4項目][*3]					大淵 [5点満点×4項目][*3]					佐々木[*1] [5点満点×4項目][*3]					合計 [15点満点×4項目][*4]					総合点 [60点満点]
			①	②	③	④	⑤	①	②	③	④	⑤	①	②	③	④	⑤	①	②	③	④	⑤	
023	体のピース　カラビス	鶴岡高専	3	3	3	2	B	5	4	3	4	B	3	2	2	2	C	11	9	8	8	BBC	36
004	Spacer	石川高専	2	3	2	3	C	3	2	4	4	C	3	2	3	4	B	8	7	9	11	CCB	35
006	シャンクス「このゴミ捨てを終わらせに来た。」	岐阜高専	3	4	3	4	C	2	3	4	4	C	3	1	2	2	C	8	8	9	10	BCC	35
018	アフター　火山噴火	弓削商船高専	2	3	3	3	B	4	3	3	3	C	5	1	3	2	C	11	7	9	8	BCC	35
010	HEART.ZIP	奈良高専	3	3	3	3	B	3	3	3	3	C	2	2	2	2	C	8	8	8	8	BCC	34
019	ポータブルスマートフォン除菌ケース	福井高専	3	4	2	4	A	4	4	4	3	C	2	2	3	3	C	9	10	9	10	ACC	34
021	授業でも本当に使いたくなる携帯型飛沫防止パーティション	茨城高専	2	3	2	3	B	3	5	5	4	A	1	1	2	2	C	6	9	9	9	BAC	34
007	Honnect(ホネクト)	神戸市立高専	4	4	4	3	A	4	3	4	2	C	2	1	2	2	C	10	8	10	7	ACC	33
012	半自動ジグリングマシン	福井高専	3	3	3	4	A	2	2	4	4	C	2	1	2	2	C	7	6	9	10	ACC	31
020	カラフレーム	鶴岡高専	2	3	2	3	B	4	2	3	4	C	2	2	1	2	C	8	7	6	9	BCC	30
013	ながぐっづ	津山高専	3	2	2	2	C	2	3	4	3	C	3	3	2	3	C	8	8	8	8	CCC	29
003	STEP ON!	福井高専	2	2	2	2	C	2	2	2	2	C	4	1	3	3	C	8	5	7	7	CCC	27

*評価項目は、①:新規性・独創性、②:活用性、③:技術的課題の解決、④:実用性、⑤:本選への期待度。　*作品名はサブタイトルを省略。　*■は予選通過9作品を示す。
*予選通過作品は、総合点に「⑤本選への期待度」の評価を加味して審議の上、選出された。
*各審査基準、評価項目、評価点数の詳細は、上記「予選開催概要」、本書133ページ「開催概要」参照。

本選に向けたブラッシュアップの要望

審査員：浜野 慶一（審査委員長）、大渕 慶史、佐々木 亮**1

0:27:04　1:15:50

ボンツーン・ポニックス
――アフター食料問題の新しい生活様式

002　弓削商船高専

〈アフター食料問題〔食料問題後の世界〕の新しい生活様式〉

従来の代表的なアクアポニックスは、全面の図1に示すように農場用の水槽と植物を育てるプランターが分かれている構造になっているため、気軽に始めるにはハードルが高い。一方、図2に示す本提案システムは、3Dプリンタで作製した浮桟橋（ポンツーン）型のみを水槽に浮かべるだけなので、誰でも気軽に始めることができる。また、縦を3Dプリンタで作製することで、浮桟橋を連結したり、配置や個数を高めたりでき、さらに、栽培・飼育に必要な機能をもつ浮桟橋（ポンツーン）を用意することで拡張性が高まる。

食料問題という過不足に加えて、アニマルウェルフェア*1の視点からも世界的に重要なテーマに着目した、商船高専らしい意義のある提案。多くの課題を残しているように思えたので、その辺りを聞きたい。（浜）／既存の分離したシステムを一体化し、浮桟橋の形にデザインした点が独創的。設計と試作の段階はもちろん、実際に製品を製作する段階でも3Dプリンタが必要な構造で、3Dプリンタの特性を十分に活かしている。浮桟橋の各ユニットは連結すれば安定すると思うが、上部アイテムの重量や形状によっては不安定になることが懸念される。（大）／社会課題に適合した提案。3Dプリンタの特徴を活かした多孔構造、中空構造、用地に適した造形を盛り込んでいる。電源の確保など、システム全体の将来像まで提案するとなお良い。（佐）

図2　本提案システム「ポンツーン・ポニックス」の仕組み

註
*1　アニマルウェルフェア：生まれてから死ぬまでの動物の身体的、心的状態のこと。家畜（動物）を快適な環境下で飼育して、ストレスをできる限り減らし、健康的な暮らしをさせようという考え方につながる。

ショウドクリップ

008　岐阜高専

【背景】
・コロナ禍で、健康面を気にする人が増加し運動する人が増えた。
・マラソン大会などのスポーツイベントが再開されるので、運動中はマスクを外さざるを得ない状況のみ、感染症対策が必要。
・しかし、消毒容器を持ったまま運動することは困難になってしまう。

そこで、携帯型消毒容器「ショウドクリップ」を提案

全体図　　　クリップ

・消毒容器のディスペンサーをクリップに取り付けられることで、リストバンド、ズボンのポケット、ベルト、カバンなど様々な場所に取り付けることができる。
・ディスペンサーは360°回転し、噴出口の向きを自由に変更可能。
・ディスペンサーとクリップは分離でき、取り付ける場所によってクリップの形状を変えられる。
・マラソン、ジョギングなどスポーツを本提案に替える必要性はマリマなど、生まれなを利用可能（全体詳細は4ページ参照）

スポーツ以外の場面でも活用できそうで興味深い。ぜひ実機（試作品）を見たい。（浜）／スポーツ時を想定し、衣服やベルトなどに取り付け可能で、屋外で手軽に使える点を高く評価。提案の内部構造ではプッシュ方式で液を噴出できるか不明だが、既存品と比較して優位性は十分感じられる。液の容量と使用可能な回数、運動による漏れ防止対策などは検討が必要。応力計算*2で補強の必要となった部分については、曲げ応力*3を利用すれば、厚さのわずかな増加で効果が期待できそう。（大）／運動中の消毒行為にどれだけのニーズがあるのかが不明で、既存製品との差別化、設計上の工夫が具体的に示されていると良かった。（佐）

註
*2　応力計算：外から加わる力によって部材内部に発生する単位面積あたりの力を応力と呼び、構造物を設計する際に必要となる各部の応力を求めるための計算。
*3　曲げ応力：外から加わる力によって部材内部に生じる、部材を曲げようとする力。引張る力と圧縮する力の両方が働き、部材を湾曲させようとする力が生じる。

おシエル君
――沿岸の光る諜報員

009　鳥羽商船高専

【本システムの新規性】

これまでの救急救助は救助サイド・地元消防本会による単独の出動が一般的であり「監視しあえる存在」で、地元消防本会という消防システムは定置式の人系をかにずけ付けが立見であった。ものでもなくるシステムは定置式の消防本会の人系システムとしてカメラでなく音による監視を採用している理由や...（本文省略）

図3　光による救急救助システム概要

図4　センサ部のモデル

【本システムの独自性】

本システムでは、音と光による救急救助監視だけではなく、光を用いたイルミネーション効果があり「監視しあえる存在」で「監視しあえる存在」で...

図5　ライトアップの様子

商船高専ならではの生々しい課題設定で興味深い。定置式の無人観測システムは有用と思うが、カメラ（映像）でなく音による監視方式を採用した理由や、密猟者と監視者、観光客とをどう区別するのか知りたい。イルミネーション機能で観光客が増え、地域が活気づくことが密猟の抑止になるという筋立ては成立するか疑問。（浜）／密漁抑止の警告装置として海岸に置く巻貝形状のセンサという発想には独自性があり、3Dプリンタの活用方法としても興味深い。一方、イルミネーションの効果については、密漁対象となる場所と観光対象となる場所が一致しているかどうかの検証が必要。1万円以下のデバイス（装置）だが、必要個数とコスト、電源の寿命とその交換の手間なども要検討。（大）／密猟者とそれ以外の者を集音でどう区別するのか？　監視カメラを超える機能面と実用面での工夫や説明、AM技術（3Dプリンタ）ならではの特性があると良かった。（佐）

タッチでエンジョイ！
PinScreen

011　福井高専

現代社会はコロナウイルスによって人々は感染対策を余儀なくされ、常時消毒を心がけている。当提案はピンアートを用いて問題を解決する。
この提案においてもプランターを制作し、プランターの加工を少ない費用で量産することが可能であるため、3Dプリンターと3Dプリンターのコラボによってこれまでの経験に依存しているのごみ処理やキャラコラボ、お土産にしてできる新しいマーケティング手法となる。また防菌性と防疫性...

図2　ドから見た消毒できるピンアートの仕組み

「鍵を開ける行為は無機質なものなので、画一的でなく視覚的にもおもしろい鍵の開け方があれば、日常を少しは豊かにできる」という考察が理解できない。現状のカードキーに替える必要性と有効性について考察が不十分。（浜）／ピンアート*4で形状を記録し、鍵として使用する発想は興味深いが、鍵が立体物となり、携帯性は非常に悪い。個々に異なる造形物のアイディア、デザインのコストについて検討が必要。「インスタ映え」などの記載があるが、鍵形状の公開はセキュリティ面からは言語道断。消毒液噴出は各製品の工夫の寄せ集めに見える。噴出量や液の補充などを考慮すると別設備にしたほうが利便性は高い。（大）／利用者ごとに鍵を造形することは非効率に思える。地域ぐるみで地域周遊イベントに活用するなど、用途について工夫の余地がある。（佐）

註
*4　ピンアート：本書132ページ註5参照。

**1　佐々木 亮：予選は佐々木亮審査員が川和田守審査員の代理を務めた。　*2022年10月4日予選審査で執筆。文中の（浜）=浜野 慶一（審査委員長）、（大）=大渕 慶史、（佐）=佐々木 亮。　*000：作品番号。

COMFY CAST

014 | 神戸市立高専

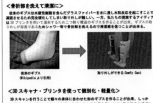

「病院に行かずに治療できる」とあるが、医療機関の見解を確認したのか？　軽量化や個人個人に最適な形状を作れる点は評価できる。「取外し可能で、清潔」とあるが、患者が勝手に取り外していいのか？　3Dプリンタで義足を製作する事例はすでにある。「医者」は「医師」と表現したい。（浜）／3Dスキャナと3Dプリンタによるギプスはすでに提案されている。実用例や、2つ割り構造の他にメッシュ構造の報告もある。ACS樹脂[*5]を素材に用いて問題を解決するとしているが、耐衝撃性と耐熱性は高くなるものの、強度は落ちるため検証が必要。一方、未だ普及していない製品でもあるので、提案内容の適用の可能性とクオリティに期待。（大）／「病院に行かずによくなる」という筋立てはともかく、着脱可能なギプスのニーズはある。ブレース[*6]に近いものという認識か？　個別形状を作れる3Dプリンタの強みも活かしている。（佐）

註
*5　ACS樹脂：アクリロニトリル-塩素化ポリエチレン-スチレン樹脂。汎用性の高いプラスチックであるABS樹脂よりも耐衝撃性、耐熱性がすぐれている。
*6　ブレース：四角形に組まれた骨組みに対角線上に入れる補強材のこと。筋交い（すじかい）。

廻滑車輪アクロレス

015 | 旭川高専

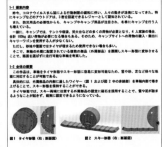

キャリーワゴン[*7]以外にも活用できそうな興味深い提案。静解析[*8]による解析結果の報告に「隣り合う外周部品同士の接合部に応力が特に集中していることが判った」とあるが、許容範囲の詳細を確認したい。（浜）／想定したシーンやキャンプ以外での活用など、作品コンセプトは興味深い。一方、独自アイデアによる車輪形態変形機構については、ワイヤ張力によるスキー板形態で、板に十分な剛性[*9]が得られるのか、2つの軸での回転を適切に抑制できるのか、直線溝でグリップと滑りのよさの両立が可能なのかなど、実現可能性への検討が不十分。（大）／発想は独創的でおもしろい。4輪がそれぞれスキー板形状になってうまく動作するイメージが湧かなかったため、実用性の評価は下げた。（佐）

註
*7　キャリーワゴン：本書132ページ註6参照。
*8　静解析：構造物に作用する力が時間の経過によって変動せず、一定を保つと想定して行なう理論上の力学。
*9　剛性：物体にかかる曲げやねじりの力に対して、寸法変化のしにくさの度合い。

目守くん（めもりくん）
──オーダーメイド保護メガネ

016 | 鶴岡高専

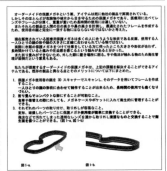

知人の医師から同様の話を聞いたことがあり、現場の生の声を反映していることは理解できる。折り畳む際の不便さを解消した細部への配慮、破損、変形、劣化した際に全パーツが交換可能で、廃棄プラスチック削減に貢献する点を評価。（浜）／医療現場の負担増を背景とした点は課題テーマに沿っているが、3Dスキャナと3Dプリンタによるオーダーメイドという提案は一般的。蝶番構造による折畳み機構は既存の眼鏡製品でも目にする。3Dプリンタのフィラメント[*10]に金属やカーボンファイバー[*11]、TPU[*12]を使用するという応用（工夫？）は、本作品とは無関係に見える。（大）／実用性が高く、3Dプリンタを活用する必要性もあるが、すでに負担の少ない保護メガネの市販品があるため、需要がどこまであるかは疑問。（佐）

註
*10　フィラメント：本書132ページ註9参照。
*11　カーボンファイバー：炭素繊維。軽量で、高剛性や高強度など多数の特徴を備える。
*12　TPU：熱可塑性ポリウレタン。ゴムのような弾力性と硬質プラスチックのような強度を併せ持つ。

No knock No stress
──次世代の多機能ペン！

017 | 仙台高専（名取）

社会の課題と直結した提案とは思いにくい。技術的な考察はそれなりにできているが、3Dプリンタを活用するという大前提に沿うために、無理に3Dプリンタを活用した提案では？（浜）／独自に機構を考案し、試作まで到達していることは評価に値する。また、ペンの直径やストローク[*13]の寸法を試行錯誤した上で決定し、その根拠を示している点もいい。3本指で保持したまま、親指でスライドさせると40mmのストロークが不安定になり保持できなくなるのではないか、その力で回転させるトルクが十分にあるか（特に芯の繰出し時）など、さらに検討されたい。（大）／従来の多色ボールペンと比較したメリットや3Dプリンタの活用部分がわかりやすく示され、実用性も高い。（佐）

註
*13　ストローク：往復運動をする機械類のピストンが、一端から他端まで動くこと。

ホジ保持ホジー

024 | 東京都立産業技術高専（品川）

実際に弊社内でも議論したことのある内容で、本デバイス（装置）の必要性は理解する。机への固定方法や設置の際のキズの防止策などを確認したい。実物（試作品）の実用性、利便性によっては購入を検討するかも。（浜）／さまざまな形状のカップに対応したドリンクホルダをアタッチメント[*14]として造形して付け替えること、さらには多様な用途のアタッチメントに拡張するという発想は3Dプリンタ使用の有効性が高い。また、試作品をすでに作成して問題点を抽出し、検討している点も評価できる。しかし、課題テーマとの関連は十分に読み取れなかった。（大）／一定の大きさであれば、ほとんどの容器サイズに対応できるため、アタッチメントを付け替える必要性は感じられなかった。（佐）

註
*14　アタッチメント：本書132ページ註2参照。

AMデザイン部門

一枚でも安心くん

| 001 | 奈良高専 | 丹羽 瞭太、石村 涼介(4年)、◎漆原 快、則永 悠仁(3年)[情報工学科] |

審査講評　身近な課題に着目したアイテムで興味深いが、「内閣府の掲げる未来社会のコンセプト『Society 5.0*1』に向けたIoT*2技術を用いたアイテム」という考察は少し大袈裟。「1人1人が快適に生活できる」という納得。(浜)／コードレスで熱風を長時間排出するには大容量のバッテリが必要。ウリにしている、センサによる自動電源オンも必要。既存製品のタイマーによる電源オンで十分に思えるので、コストと利便性を比較し、検討するべき。(大)／学生の課題を踏まえたIoTデバイス(装置)だが、そのためにかかるコストの検討も必要。既存製品との差別化、個別最適な設計のポイント、AM技術(3Dプリンタ)ならではの構造(風量、風向制御)などの提案内容が明示されていると良かった。(佐)

図1　提案するハンガーの概念

STEP ON!

| 003 | 福井高専 | ◎宮越 葵、廣部 陸[生産システム工学専攻専攻科1年]／山田 恵梨香[環境システム工学専攻専攻科1年] |

審査講評　コロナ禍(COVID-19)に関連する課題内容のように、身体の一部を動かすことでパソコン作業を効率化できるとは評価したい。しかし、提案内容のように、身体の一部を動かすことでパソコン作業を効率化できるとは評価したい。通常の手入力以外の選択肢が不明の上、置き換える必要性も伝わらない。3Dプリンタの活用方法への考察が大いに残念。(浜)／エントリーシートの文章と図からは、この作品の構造が十分に理解できず、説明不足。身体全体を用いてショートカットキー*3を操作することで、どの程度の運動効果が期待できるかも不明。作業効率の低下が予測されるので、本デバイス(装置)はいずれ使用されなくなるだろう。(大)／ショートカットキーを身体全体で操作する発想はおもしろいが、AM技術(3Dプリンタ)活用の要素を説明していないため、評価が難しい。(佐)

Spacer

| 004 | 石川高専 | ◎寺内 望未、関 桜空、立浪 紘佑、谷村 葵斗[建築学科4年] |

審査講評　同様品や同類品の存在が懸念される。デバイス(装置)自体は良いものだと思うが、全体的な筋立て、考察の構成、つながり、流れ、展開が雑に感じられた。(浜)／スマートフォン(以下、スマホ)を手元から遠ざけることで「生活のゆとり」を確保するコンセプトは認めるが、スマホのスタンドにスピーカの音道*4を付加し、切面*5(きりめん)のデザインを導入する必然性が希薄で、単に寄せ集めただけに見える。3Dプリンタで切面を付加すると伝統技法のクオリティは低下する懸念があり、切面の魅力が伝わるか疑問。(大)／伝統技法とデジタル技術の融合という視点はとても良い。音の広がりが効果の乏しかった点については、AM技術(3Dプリンタによる造形のための設計)や構造体の工夫による改善点を示せるとなお良かった。(佐)

まつら

| 005 | 鶴岡高専 | ◎阿部 拓夢[創造工学科電気・電子コース5年]／福定 隼也[創造工学科機械コース4年]／佐藤 愛斗[創造工学科化学・生物コース4年]／秋浜 正太朗[創造工学科情報コース3年] |

審査講評　社会課題や背景をしっかり考察したアイディアはすばらしい。特許を調査したとのことだが、同様品や類似品、代替品などがありそう。また、アイテムとしての必要性があまり感じられない。(浜)／2層構造、柔軟なTPU*6のハニカム構造*7など、3Dプリンタを意識した設計だが、ハニカム構造の剛性*8でのクッション効果については検証が必要。また、ハニカム構造の柔軟部に設けた穴で、足となるペットボトルを固定できるか疑問がある。避難所では有用な機能だが、避難時に持って動くには大き過ぎる。レジャー利用の可能性への言及もあり、避難所用に特別する設定ではない。(大)／利便性の高い防災グッズへのニーズは全国的にある。ハニカム構造のクッションというキーワードはあるものの、AM技術(3Dプリンタ)活用のポイント、キモとなる部分の説明がほしかった。(佐)

図2.1　クッションモード　図2.2　テーブルモード　図2.3　差し込み穴

図2.4　ライトアップ機能　図2.5　ペットボトル　図2.6　全体イメージ

シャンクス「このゴミ捨てを終わらせに来た。」

| 006 | 岐阜高専 | ◎河合 剛毅、西村 夢翔、樋口 海斗、大前 奏太[機械工学科5年] |

審査講評　ゴミの不法投棄、ポイ捨てという社会課題に対し、「ゴミへの人々の意識を向上する必要あり」→「歯車を回すだけでゴミ袋の口を閉めることができれば楽」→「日々のゴミ捨てがしやすくなり、ゴミのポイ捨てが減る」というロジック(論理)が理解できない。実物(試作品)を見たい。(浜)／不法投棄を減らすにはゴミに対する人々の意識向上が必要で、「そのためにゴミ袋の口を自動で閉める」という展開は飛躍し過ぎ。エントリーシートの写真では機械の詳細は不明だが、歯車の使用のほうが逆に手間はかかるのではないか。手に障害のある人も使用可能という説明は少し強引。(大)／ゴミ袋を自動で縛る機能はおもしろい。写真を見る限り、機構によって逆にゴミを捨てにくくなりそうなので、設計上の改善の余地は多そう。AM技術(3Dプリンタ)活用ならではの説明がほしい。(佐)

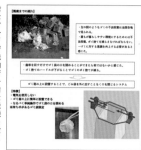

Honnect（ホネクト）

| 007 | 神戸市立高専 | ◎一色 潤、小林 歩乃果、森口 輝一[機械工学科3年] |

審査講評　社会課題の考察や教育をテーマにした点は非常に評価できる。コロナ禍(COVID-19)やアフターコロナでの社会的背景と課題について考察しているが、具体的事例に乏しい。DFM*9は誰が担当するのか、3Dプリンタはどこに置くのか(各家庭?)などが不明。この提案を活用した実物(試作品)を見たい。(浜)／提案する作品は製品(プロダクト)なのかシステムなのか読み取れない。教材を不要物から作るということか? 課題解決の部分はメタマテリアル*10の説明に終始しているが、なぜSTEAM*11や教育格差の解消に貢献できるのかも説明不足。(大)／DFMをどのように教育現場に活用するのか、具体的内容、イメージがわからなかった。(佐)

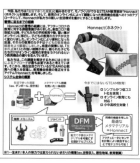

図1　一生まれに「本人の努力では変えられないまわりの環境(ex.家庭環境、居住地域、教育環境)

HEART.ZIP

| 010 | 奈良高専 | ◎檜垣 澪、井原 実咲、西 彦樹、山口 璃桜[情報工学科4年] |

審査講評　新社会人、生活環境の変わった若い世代で昔から「ぬいぐるみ」を持つ人はどの程度いるのか?　実験はしたのか?　ストレスはどう変化したのか?　ストレス軽減を客観的にどう検証したのか?(浜)／大人が対象で、愛着のある「ぬいぐるみ」に装着、という発想に矛盾を感じる。ターゲット・ユーザは少数では?　製品形状を出来合いのデザインから選択するだけなら、3Dプリンタを使う必然性は希薄。提案する製品から低コストとは言い難く、コストの試算が必要。この内部構造と構成要素では、想定したボディ内に収まらなさそう。(大)／Raspberry Pi*12をスマートフォン(以下、スマホ)と接続して、どの程度のレベルの会話が成立するのか?　スマホ側に使うアプリの詳細は不明だが、マス・カスタマイゼーション*13的な発想の計画なので実現性に乏しい(?)。(佐)

図3-1　全体の様子　　図3-x　従来

半自動ジグリングマシン

| 012 | 福井高専 | ◎千京 律斗、齊藤 千尋[環境システム工学専攻専攻科1年]／小田 和輝[生産システム工学専攻専攻科1年] |

審査講評　現在の社会課題をよく考察しており、興味深いテーマだ。実物(試作品)を作成し、実際に使用した際の効能や成果を検証した客観的なデータは興味深い。(浜)／在宅中のデスクワーク中にも可能な運動を対象としているが、年配者や要介護者向けの説明もあり、いずれも同じアイテムで対応できる範囲なのかが疑問。図示された構造と形状でジグリング*14する際の運動量とその効果の評価、作品名の「半自動」の必要性を示すために付加した印象を受ける。(大)／多様な健康器具がある中で、既存製品との差別化要因、AM技術(3Dプリンタ)活用の工夫についての説明があると良かった。(佐)

図1　モデル図

＊審査講評は2022年10月4日予選審査で審査員が執筆。文中の(浜)=浜野 慶一(審査員長)、(大)=大渕 慶史、(佐)=佐々木 亮(川和田守審査員の代理)。

　＊000:作品番号。　＊氏名の前にある◎印は学生代表。

ながぐっづ

013 津山高専 ◎渡邊 雪菜、高石 若葉[総合理工学科機械システム系4年]

審査講評 既存の長靴の調査、検証をどの程度しているのか？「長靴=疲れる、脱げる」に対する調査の精度を確認したい。3Dプリンタで出力する素材が不明なのは残念。(浜)/身体形状に合わせたオーダーメイドは3Dプリンタ活用法としては一般的。簡単な実験をしたようだが、構造の具体的な検討はこれからであり、準備不足の印象。長靴以外の活用の提案は蛇足。特に革新性についてはその本来の価値を理解されたい。(大)/内部機構に、3Dプリンタをどう活用するのかが不明。クッション材ですき間を埋めるより、個々の足の形状に合わせて、すき間のない長靴を造形するほうが良いのではないか？(佐)

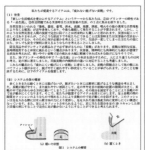

アフター　火山噴火

018 弓削商船高専 ◎奥田 晟二、柏原 悠希、秋山 康輔、福本 航右[電子機械工学科5年]

審査講評 降灰量を定常的にモニタすることで、火山灰によって生じる農業、漁業、工業、生活でのマイナス面を減少させることが可能なのか？(浜)/特許取得により新規性、独創性を保証していることはわかるが、説明不足のため、装置の果たす有益性が理解し難い。半球状ドームの各パラメータを最適化する設計は、3Dプリンタ以外の方法でも比較的容易だと思われる。(大)/造形物自体は非常によくできている。火山灰を検出するメリットについて一切触れていないため、明示してほしい。(浜)

ポータブルスマートフォン除菌ケース

019 福井高専 ◎山本 佳来、山野 宗馬[生産システム工学専攻専攻科1年]／吉森 洋子[環境システム工学専攻専攻科1年]

審査講評 私自身も気になっていた問題で、興味深い提案。コロナ禍(COVID-19)やスマートフォン(以下、スマホ)など、現代人の多くが関わる環境やアイテムを取り上げた点も評価できる。技術的考察が不足しているが、実物(試作品)を見たい。(浜)/常にスマホを介した細菌汚染を防ぐため、スマホ本体を常時殺菌しておくというコンセプトは評価できるが、構造についての説明が十分か、CAD図面も理解できない。設計と試作の段階で3Dプリンタの活用は有効だが、製品としてスマホケースの必然性が感じられない。(大)/実用的な製品だが、スマホケースの機構についての説明が少なく、3Dプリンタを活用する必要性がわかりにくい。(佐)

カラフレーム

020 鶴岡高専 岩渕 康平(4年)、◎保科 来海(3年)[創造工学科化学・生物コース]／大場 一世(4年)、古城 駈(3年)[創造工学科情報コース]

審査講評 思い切りアナログ的な提案でおもしろいが、もう少し広い視野から提案してもよかった。(浜)/提案されたフレーム(枠)は造形物としておもしろい。しかし、多少の立体感はあるものの2D形状に近く、造形物による造形の必然性を強調するには無理を感じる。家庭に3Dプリンタを普及させるのか、子供に向けデジタル技術を学ばせるのか、目的が明確に見えない。スマートフォンのレンズによるとも思うが、試したところ、至近距離では穴のボケた輪郭しか見えなかった。(大)/このフレームを使うことで実現できる画像は、カメラのアプリに付属するフィルタ効果[*15]を使っても可能なので、差別化が難しい。(佐)

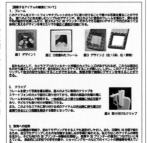

授業でも本当に使いたくなる携帯型飛沫防止パーティション

021 茨城高専 ◎小川 大翔[国際創造工学科機械・制御系機械コース5年]

審査講評 非常に現実的な提案で、考察は理解できるが、3Dプリンタ活用の詳細な説明がないのが残念。本当に学校の教室で需要があるのか疑問。(浜)/現在、学校で使用されているパーティションに関する課題の抽出は十分で、解決策として提案された構造には独自性があり評価できる。フィルムを巻き取りコンパクトにして、携帯できることも、学校で使用する上で利便性が高い。フィルムのたわみやたるみによる視界のひずみ、かなりの面積のフィルムが、生徒は人数分使い捨てになる、という点については要検討。(大)/「持ち運びが容易になること」で現状の「使いにくさは解決される」という筋立てがよくわからなかった。3Dプリンタの必要性が低い。(佐)

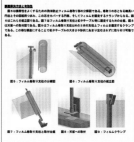

Easy Air Blocker

022 苫小牧高専 ◎松本 昇磨[創造工学科機械系4年]

審査講評 現代社会の課題に適合した非常に興味深いテーマ。エアーの量や風量をどのぐらいにすればエアーカーテンの機能を果たすのか、そのためにどんな技術を用いるのか、など技術的な考察が不足しているが、実物(試作品)を見てみたい。(浜)/近年、エアーカーテンをウイルス対策に応用する研究で、その有効性(?)が示されているが、適切に設置しないと逆効果になることも指摘されている。提案された単純構造では低い剛性[*8]しか得られず、設置の安定性に不安が残る。送風機のモータとベルトを含む構造が示されていないため、このサイズで十分な風量を得られるかが疑問。(大)/製品自体の意義は大きく、実用性が高い。他方、パイプの調整のみであれば、3Dプリンタの必要性は低い。(佐)

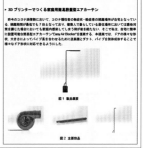

体のピース　カラピス

023 鶴岡高専 ◎渋谷 優貴[創造工学科化学・生物コース4年]／奥山 流唯、阿部 嵐、工藤 瑛奈[創造工学科情報コース3年]

審査講評 視覚、聴覚、触覚など人間の五感と身体的な特徴のみでパズル化できるものなのか不明。デバイス(装置)による具体的な解説がないので評価しにくい。実物(試作品)と実作業を確認したい。(浜)/「ステイホーム時間」を楽しむパズルに人間の身体的特徴を導入することで、個人の成長や思い出などの記録としての要素、メッセージやコミュニケーションとしての要素を付加している点が独創的。提案された3つのパズルには改善の余地があるものの、このコンセプトには幅広い可能性がある。他にも多くのアイディアを創出するなど、さらなる展開に期待したい。(大)/アイディアはおもしろい。一般的なパズルよりも認知症の予防効果が高いと言うが、根拠は乏しい。(佐)

Fig.3 声の波形図(2種類)　Fig.4 足跡型　Fig.5 QRコード型(上)　掌紋型(下)

註
*1 Society 5.0：サイバー空間(仮想空間)とフィジカル空間(現実空間)を高度に融合させたシステムにより、経済発展と社会的課題の解決を両立する、人間中心の社会(Society)。狩猟社会(Society 1.0)、農耕社会(Society 2.0)、工業社会(Society 3.0)、情報社会(Society 4.0)に続く新たな社会を指す。
*2 IoT：Internet Of Thingsの略。電化製品や生活雑貨などモノがインターネットにつながる技術。「モノのインターネット」とも呼ばれる。
*3 ショートカットキー：コンピュータで、キーボードの複数のキーを組み合わせて入力することにより、ディスプレイ上のメニューから選択することなしに、特定の機能を実行させるキーの総称。
*4 音道：音の通り道。形状により音の響きが変化する。
*5 切面：面の一種。材木の直角の角を45度の角度に切り落としたもの。
*6 TPU：本書137ページ註12参照。
*7 ハニカム構造：正六角形や正六角柱がすき間なく並んだ構造。
*8 剛性：本書137ページ註9参照。
*9 DFM：Direct Functional Modelingの略。モノをパーツごとではなく、一体のデザインとして造形する設計技術。
*10 メタマテリアル：本書124ページ註1参照。
*11 STEAM：Science(科学)、Technology(技術)、Engineering(工学)、Art(芸術)、Mathematics(数学)の5つの分野の学習を通して、IT社会に順応した競争力のある人材を育てようという教育の概念。
*12 Raspberry Pi：2012年にラズベリーパイ財団(イギリス)が発表した、教育利用を目的に制作された小型コンピュータ。最低限のCPUや入出力インターフェイス、コネクタだけで構成される。
*13 マス・カスタマイゼーション：顧客の要望に個別に対応(カスタム化)しながらも大量生産を実現する製造方法。
*14 ジグリング：股関節や膝関節を自分で小刻みに動かす運動。ふくらはぎの筋肉を動かすことによる血液循環を促し、エコノミー症候群の予防効果も期待できる。
*15 フィルタ効果：撮影画像を加工する機能。色調変化やボケ、モザイクなど多種多様なフィルタがある。

審査員長
浜野 慶一
はまの けいいち

株式会社浜野製作所　代表取締役／CEO

1962年	東京都墨田区生まれ
1985年	東海大学政治経済学部経営学科卒業
1993年-	浜野製作所　代表取締役
2000年	近隣の火災によるもらい火で本社兼工場が全焼。倒産の危機に追い込まれる
2006年	顧客数100倍、売上高10倍を実現するまでに復活
2018年	天皇陛下（現・上皇陛下）が会社を視察
2019年	「Micro-, Small and Medium-sized Enterprises Day」で活動内容を発表（国連本部、アメリカ合衆国） 西村康稔経済再生担当大臣が会社を視察
2020年	小池百合子東京都知事が会社を視察

主な活動
就任創業者である浜野嘉彦の死去に伴い、浜野製作所代表取締役に就任。「おもてなしの心」を大切に、「お客様、スタッフ、地域」への感謝、還元を経営理念とし、ロボット、装置、機器の設計と開発から多品種少量の精密板金加工、金型の設計と製作、量産プレス加工、装置や機器の組立まで、幅広い業界業種の課題をサポートし、解決に導く。
産学官金が連携したプロジェクトである電気自動車「HOKUSAI」（2009年）、深海探索艇「江戸っ子1号」（2013年／第7回海洋立国推進功労者表彰　内閣総理大臣賞、2014年）などに参画。また、スタートアップや大企業の新規事業部など「新しい価値の創造」をミッションとする人々と、ものづくりを軸に共創する事業「Garage Sumida」（第7回ものづくり日本大賞「ものづくり＋（プラス）企業」部門経済産業大臣賞、2017年）に携わる。
ユニークな経営スタイルは「新たな先端都市型のものづくり」として、国内外から関心が寄せられている。既存の町工場の概念にとらわれない活動はメディアにも注目され、強大なロボットが1対1の大戦を繰り広げるテレビ番組「リアルロボットバトル日本一決定戦！」（2014年、日本テレビ）で準優勝、エンジニアたちがアイディアとテクニックを競う技術開発エンターテインメントのテレビ番組「魔改造の夜」（2020年、NHK）で、大手自動車メーカーや国内最高学府のチームと競い合い、1位の記録を打ち立てた

その他の主な受賞
平成20年度東京都中小企業ものづくり人材育成大賞（奨励賞、2008年）、経済産業大臣表彰（東日本大震災復興・復旧、2011年）、第43回日本産業技術大賞（審査委員会特別賞、2014年）など

審査員
大渕 慶史
おおぶち よしふみ

熊本大学大学院／熊本大学　准教授

1960年	熊本県鹿本郡生まれ
1983年	熊本大学工学部生産機械工学科卒業
1985年	熊本大学大学院工学研究科生産機械工学専攻修士課程修了
1985-2003年	同学工学部生産機械工学科　助手
2002年	東京工業大学より博士（工学）学位授与
2003-05年	福岡工業大学工学部知能機械工学科　助教授
2005-11年	熊本大学工学部附属ものづくり創造融合工学教育センター　助教授
2011-16年	同　准教授 熊本大学大学院先端科学研究部　准教授
2016年-	同学工学部附属グローバル人材基礎教育センター　担当准教授

主な活動
熊本大学工学部附属ものづくり創造融合工学教育センター（現・グローバル人材基礎教育センター）専任助教授に着任後、センターの運営と実習施設「ものクリ工房」の運用に携わる。施設利用促進のための体験プログラムの開発、創造性教育の授業やカリキュラム開発とその実践にあたり、工学部全学科対象のコンテスト連携の演習科目を開講（2008年）して継続する傍ら、全国規模のデザイン展示会への出品（2008-09年）、ソーラーカー製作とレース出場（2009-17年）など、ものづくり教育や創造性教育の開発と実践を行なう。対外的な活動として、2010年より韓国の東亜大学校と開始した国際連携デザインキャンプの企画と運営に主導的かつ継続的に携わり、台湾の国立高雄科技大学を加えた日台韓の3カ国共同の活動となっている。一方、工学系を対象としたデザイン教育授業を開発（2015年）し、そのカリキュラムは熊本大学工学部の副教育プログラム「クリエイティブデザイン」コースに発展した

主な論文
「伝統技能の保存と継承のためのマルチメディア活用技術の開発」（2010年）、「実習教材としての楽器製作のCAE教材への展開」（2013年）、「産学官・地域連携によるものづくり技術者教育」（2013年）[以上、共同執筆／日本工学教育協会『工学教育』誌]、「熊本大学における国際連携デザインキャンプ」（共同執筆／『砥粒加工学会』誌、2019年）など

主な受賞
論文・論説賞（日本工学教育協会、2012年）、工学教育賞（所属団体受賞／日本工学教育協会、2016年）、九州工学教育協会賞（九州工学教育協会、2021年）など

審査員
川和田 守
かわわだ まもる

経済産業省　職員

1972年	茨城県土浦市生まれ
1995年	静岡大学理学部地球科学科卒業
1997年	茨城大学大学院理工学研究科地球生命環境科学専攻博士課程前期修了 通商産業省（現・経済産業省）入省
2015-17年	経済産業省商務流通保安グループ鉱山火薬類管理官付　鉱害防止専門職
2017-19年	同省資源エネルギー庁鉱物資源課　課長補佐（採石、希少金属備蓄担当）
2019-22年	独立行政法人石油天然ガス・金属鉱物資源機構　担当調査役
2022年-	経済産業省製造産業局素形材産業室　室長補佐

主な活動
次世代型産業用3Dプリンタ技術の開発を進める国家プロジェクトをはじめ、粉末冶金や工業炉の業界、カーボンニュートラル施策の担当を務める

プレデザコン部門

応募は高専の本科3年生までを対象として、既成概念にとらわれない自由な発想によるデザインを幅広く求める。デザコンの従来の4部門の内の3部門に連動して、3つのフィールドに分け、それぞれに以下の課題テーマを設定する。

①空間デザイン・フィールド
現存するか、または過去に実在した空間の透視図。ただし、異なる時間や視点が混在するなど、唯一無二の時空を表現すること

②創造デザイン・フィールド
次年、デザコン2023舞鶴大会で使用するトートバッグのデザイン

③AMデザイン・フィールド
3Dプリンタで作成した「落下時の衝撃を吸収するシェルター」(競技)

この先へ!!

本選	❶16作品／❷24作品／❸14作品▶	**54** 作品	受賞▶	**9** 作品

❶空間デザイン・フィールド
■最優秀賞(科学技術振興機構〈JST〉理事長賞)
呉高専『回遊――migration』[空間016]
■優秀賞(全国高等専門学校連合会会長賞)
秋田高専『恒久平和』[空間008]
■特別賞(全国高等専門学校デザインコンペティション実行委員会会長賞)
仙台高専〈名取〉『銀山温泉』[空間005]

❷創造デザイン・フィールド
■最優秀賞(科学技術振興機構〈JST〉理事長賞)
サレジオ高専『鶴汀晃渚(かくていふしょ)』[創造010]
■優秀賞(全国高等専門学校連合会会長賞)
明石高専『舞って影鶴』[創造019]
■特別賞(全国高等専門学校デザインコンペティション実行委員会会長賞)
サレジオ高専『FROM NOW ON』[創造001]

❸AMデザイン・フィールド
■最優秀賞(科学技術振興機構〈JST〉理事長賞)
鶴岡高専『海月』[AM014]
■優秀賞(全国高等専門学校連合会会長賞)
鶴岡高専『跳ねろべぇ』[AM004]
■特別賞(全国高等専門学校デザインコンペティション実行委員会会長賞)
鶴岡高専『パラクッション』[AM002]

プレデザコン部門

● 最優秀賞　科学技術振興機構（JST）理事長賞

| 空間 016 | 呉高専 | ◎工藤 周悟[建築学科2年]
担当教員：間瀬 実郎[建築学科] |

得点 **96**

回遊——migration

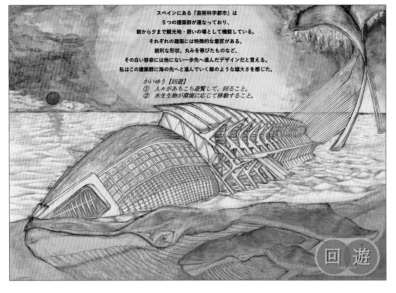

提案主旨 スペイン、バレンシアにある「芸術科学都市」は5つの建築群から構成され、観光地＋市民の憩いの場として機能。丸みを帯びたもの、シャープな形状のものなど、各建築には特徴的な意匠があり、それらの白いフォルム（形態）は他にはない一歩進んだデザインだと言える。私はこの建築群の中に海を進むクジラのような雄大さを感じた。作品名「回遊」には、「人々がこの場所を遊覧する」と「水生生物が環境に応じて移動する」の2つの意味を持たせた。

投稿者コメント（抜粋） 建築の持つ骨格の生物的な形態理論をとらえ、それをクジラというメタファ（隠喩）として表現したアイディアと、海上と海中の対比で明確に表現した力量に感心。／オリジナリティがある。／未来的な建物を日本でも建ててほしいと思い選んだ。　　　　　（審査員）
人工物と自然物の重なりをうまく描いている。／パッと見た時に夕日とクジラの骨組みが印象的で美しい。　　　（企業）
未来的なデザインの中にすばらしい意匠性を感じた。／この作品のみ海外の建築物を描いた点にひかれた。　（来場者）

● 優秀賞　全国高等専門学校連合会会長賞

| 空間 008 | 秋田高専 | ◎田口 真治[創造システム工学科土木・建築系3年]
担当教員：寺本 尚史[創造システム工学科土木・建築系空間デザインコース] |

恒久平和

得点 **45**

投稿者コメント（抜粋） タッチが柔らかく、歴史を感じさせる。恒久平和への願いが伝わる。／作品から作者の平和への強い思いが感じられた。／パース（透視図）が魅力的で非常にひきつけられた。　　（来場者）

● 特別賞　全国高等専門学校デザインコンペティション実行委員会会長賞

| 空間 005 | 仙台高専（名取） | ◎佐藤 瑞姫[総合工学科Ⅲ類1年]
担当教員：相模 誓雄[総合工学科Ⅲ類建築デザインコース] |

得点 **33**

銀山温泉

投稿者コメント（抜粋） 明と暗の対比がよい。　（審査員）
昼と夜で全く雰囲気の変わる風景がおもしろい。／迫力があって美しい。／中央に川を配置したわかりやすい構図と温泉街のレトロな雰囲気が良い。／日本の良い雰囲気が伝わる。　（来場者）

註（本書143～146ページ）
＊フィールド名000：作品番号。 ＊作品番号の「空間」は空間デザイン・フィールド、「創造」は創造デザイン・フィールド、「AM」はAMデザイン・フィールドを示す。
＊氏名の前にある◎印は学生代表。 ＊AMデザイン・フィールドは、衝撃力の小さいものほど上位。衝撃力が同じ場合は、質量の大きいほうが上位。質量も同じ場合は同順位。

● 最優秀賞　　科学技術振興機構（JST）理事長賞

| 創造 010 | サレジオ高専 | ◎坂東 礼実(2年)、髙口 菜乃(1年)[デザイン学科]
担当教員：谷上 欣也[デザイン学科] |

得点 **60**

鶴汀鳧渚
（かくてい ふしょ）

提案主旨　舞鶴湾から見える夕日をイメージして作った。作品名「鶴汀鳧渚」とは鶴のいる水際とカモの遊ぶ波打ち際という意味で、美しい水辺の風景を表す言葉。「汀」は水際、「渚」は波打ち際、「鳧」はカモを表す。円の左上にある文字は舞鶴市の「舞」の文字を単純化したもの。右にある円は舞鶴市の名前の由来である舞鶴湾の鶴の頭部を表現。円の下にある模様は、舞鶴湾の海の波と鶴の腹をイメージした。鶴のくちばしは京都府における舞鶴市の位置を示している。

投稿者コメント(抜粋)　舞鶴湾の夕日がポップに表現されていてかわいい。／シンプルに伝わる。 （審査員）
シンプルな形の中にコンセプトをうまく落とし込んでいて美しい。グリッド状にデザインされた「舞」の文字はロゴとしてクオリティが高い。 （企業）
コンセプトとイメージが合致している。／シンプルで洗練されたデザイン。／昨年と比べてレベルが高い。／複雑過ぎず、単純過ぎないところがよい。 （来場者）

● 優秀賞　　全国高等専門学校連合会会長賞

| 創造 019 | 明石高専 | ◎長手 美澪、首浦 胡桃、島 知伽[建築学科3年]
担当教員：東野 アドリアナ[建築学科] |

舞って影鶴

得点 **44**

投稿者コメント(抜粋)　同じ形で異なったものが舞鶴を表現している点に驚く。すばらしい！(審査員)
背景にモチーフを、手前の画で種明かしをして都市のイメージを表現しているのがおもしろい。／ただただ美しい。シンプルだが一番印象に残った。／インパクトが強い。／白と青の色合いがすてき。 （来場者）

● 特別賞　　全国高等専門学校デザインコンペティション実行委員会会長賞

| 創造 001 | サレジオ高専 | ◎水津 梢英、松本 昊士、大類 咲希[デザイン学科1年]
担当教員：谷上 欣也[デザイン学科] |

FROM NOW ON

得点 **41**

投稿者コメント(抜粋)　モチーフをうまくデザインに使っている。もらえるなら、このデザインのバッグが欲しい。／開催年の入っている点、デジタル的なデザインである点がよかった。 （審査員）
一目で舞鶴がモチーフとわかるシンプルさと、取り込んだテーマの数の多さの両立が上手に工夫されている。 （来場者）

● **最優秀賞**　科学技術振興機構（JST）理事長賞

AM 014	鶴岡高専	◎保科 来海［創造工学科化学・生物コース3年］ 担当教員：和田 真人［創造工学科機械コースデザイン工学分野］

海月

提案主旨　デザコン2021で応募した『兎姫』の進化版。分銅の真下に設置した、TPU[*1]で丸みを帯びたバネ部分が衝撃吸収する構造である。球状ではなく、6本の足にしてすき間を作ることで、衝撃が加わった時に力が分散し、つぶれることで衝撃を和らげる。球が上と下から押しつぶされたシルエットはクラゲをイメージし、何度も試作して一番衝撃が小さかったものを採用。バネ部分は上部のC字形をした断面のレールに合わせて、分銅を入れる本体に突起を作り、スライドさせて合体できるようにした。本体はPLA[*2]で、横向きに分銅を入れる部分と、スライド金物に接続する部分とが合わさったもの。分銅が飛び出ない程度の余裕を残し空洞を開けて軽量化を図った。また、入れた後で分銅が外に出ないように止める部分は、ネジ式から薄い四角のプレートを差し込む方式に変えたことで、さらに軽くなった。

作品名：海月

作品の特徴：TPUでクラゲをイメージした丸い形のバネ部分で衝撃吸収する。分銅を入れる部分はプレートを差し込む式にして軽量化を図った。

作品の取り扱い

手順1.下図のように、横から見て分銅を入れる部分（水色）とバネ部分（黒）が真ん中になるように調整する

手順2.分銅を赤い矢印（★）の向きで入れる

手順3.プレートを丸みを帯びている部分が横になるように青い矢印（↓）の向きで入れる

※バネ部分がつぶれやすいため、落とす前まで横向きにしてください。

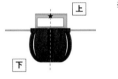

プレート　分銅　上　下

質量：43.91g　衝撃力：261N

註　*1　TPU：thermoplastic polyurethaneの略。熱可塑性ポリウレタン。ゴムのような弾力性と硬質プラスチックのような強度を合わせ持つ素材。
　　*2　PLA：Poly-Lactic Acidの略。生分解性プラスチック。トウモロコシやジャガイモに含まれるデンプンなどの植物由来のプラスチック素材。

● **優秀賞**　全国高等専門学校連合会会長賞

AM 004	鶴岡高専	◎秋浜 正太朗［創造工学科情報コース3年］ 担当教員：和田 真人［創造工学科機械コースデザイン工学分野］

跳ねろべえ

作品名：跳ねろべえ

作品の特徴：TPUの持つしなりやすさを活かした衝撃吸収機構と分銅固定機構を搭載しました。見た目はやじろべえを意識しています。

作品の取り扱い

図1のように
本体、バネ、蓋の3パーツから構成されている

手順①：本体へ分銅を差し込む

手順②：バネから伸びている4本の細長い部分を本体下部の穴へ差し込む

手順③：蓋をしならせながら本体へ挟み固定する（図2参照）

分銅を外す際は③→②→①の順に分解する

図1　蓋　本体　バネ　上　下

図2

質量：53.47g　衝撃力：301N

● **特別賞**　全国高等専門学校デザインコンペティション実行委員会会長賞

AM 002	鶴岡高専	◎佐藤 心吾［創造工学科1年］ 担当教員：和田 真人［創造工学科機械コースデザイン工学分野］

パラクッション

作品名：パラクッション

作品の特徴：光造形3Dプリンタで作成した、ゴムライクレジンのクッション部分が衝撃を吸収する。また、パラシュートを構造により空気抵抗で落下速度を低下させる。なお分銅はねじ構造で外れないようにしている。

作品の取り扱い　重要：ネジは通常のものと異なり、逆向きに回してください。そのように扱わないと破損する場合があります。

1, 分銅をこの向きで入れる

2, ネジを通常の向きと逆に回してネジを閉める

上　下

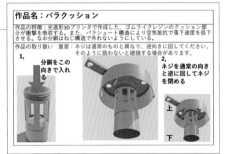

質量：35.43g　衝撃力：407N

よりよい未来へとつながる新しいアイディアを

応募資格が1〜3年生の学生に限定されているプレデザコン部門は、低学年の内から努力の成果を発表する機会を与えることで、学生たちのデザインへの関心を高め、主体性を育むことを目的として創設された。誰もが本選へ作品を応募できる本部門は、デザコンの中心的役割を担う高学年の学生やデザコン自体と関わる入口となり、将来、メインの4部門に参加することへの前哨戦の役割も果たしている。今年のプレデザコン部門の課題テーマは「この先へ!!」である。グローバル化、ICT（Information and Communication Technologyの略。情報通信技術）化、コロナ（COVID-19）禍によりもたらされた「新しい」生活様式、習慣など、好むと好まざるとに関わらず、常に時代は変化し新しい何かが生まれている。コロナ禍や世界情勢など必ずしも変化が好ましいものとは限らないが、プレデザコン部門では、その変化を今よりもよりよい未来へとつながるものとして積極的にとらえる機会となるように、との思いを込めた。参加した学生にとっても、読者にとっても、現状を打開し、この先へと続く新しいアイディアを考えるきっかけになれば幸いである。本部門への参加を通して、参加した学生たちが、この先へとステップアップしてくれることを願っている。

創造デザイン・フィールドへの応募数が大増加

今年で7回めの開催となるプレデザコン部門は、昨年と同様に「空間デザイン・フィールド（以下、[空間]）」「創造デザイン・フィールド（以下、[創造]）」「AMデザイン・フィールド（以下、[AM]）」の3フィールドで実施した。今年は[空間]16作品、[創造]24作品、[AM]14作品と、過去3年と比較して[創造]の応募数が多い年となった。3フィールドを合わせた総応募作品数は54作品（19高専）で、昨年の47作品を上回っており、プレデザコン部門の今後の発展が期待できる結果となった。
昨年同様、[空間][創造]は大会当日に作品を会場に展示し、展示作品への来場者による投票で順位を決定した。[AM]は各作品の「取扱説明書」に則り、事前に実施した「作品」（シェルター＝3Dプリンタによる製作物）を落下させて衝撃力を測定する競技（衝撃吸収シェルター試験）により順位を決定。会場では、競技動画を上映するとともに競技後の「作品」と「取扱説明書」を展示した。

[空間]では評価が集中、激戦の[創造]、1校が3賞独占の[AM]

昨年に引き続き、今年も用紙での投票に加えて、会場に掲示したQRコードを利用した投票を実施した。審査員と企業（協賛企業関係者）からの投票は投票用紙にて実施し、来場者（高専の教職員、学生、一般来場者）には基本的にQRコード利用による投票を依頼した。その結果、QRコードからは153人の投票を得た。投票は、「来場者（高専の教職員、学生、一般来場者）」を各1点票、「企業」（協賛企業関係者）を5点票、「審査員」（他の4部門の審査員）を10点票として、投票者は、各々の持ち点の範囲内で[空間][創造]のフィールドごとに、複数の作品へ自由に割り振れる形式とした。
[空間]では、呉高専『回遊』[空間016]が、最優秀賞（科学技術振興機構〈JST〉理事長賞）を獲得した。「審査員」「企業」「来場者」すべてでトップの得票数を獲得し、圧勝であった。優秀賞（全校高等専門学校連合会会長賞）は、秋田高専『恒久平和』[空間008]が獲得。特別賞（全国高等専門学校デザインコンペティション実行委員会会長賞）は、仙台高専（名取）『銀山温泉』[空間005]という結果となった。
[創造]では、サレジオ高専『鶴汀鳧渚（かくていふしょ）』[創造010]が、「企業」「来場者」でいずれもトップの得票数を獲得し最優秀賞（科学技術振興機構〈JST〉理事長賞）となった。優秀賞（全校高等専門学校連合会会長賞）は、明石高専『舞って影鶴』[創造019]が獲得。特別賞（全国高等専門学校デザインコンペティション実行委員会会長賞）は、「審査員」の票を多く集めた、サレジオ高専「FROM NOW ON」[創造001]が獲得。今年は特に[創造]においてデザイン・レベルの高い作品が多く、票の割れる結果となった。特に審査員票は得票数の上位5作品間で得票差が6票しかなく僅差での決着となった。会場でのQRコードを利用した一般来場者投票では、どれに投票するか迷いながら熱心に展示作品を鑑賞している場面が多く見られた。

[AM]では、最優秀賞（科学技術振興機構〈JST〉理事長賞）は鶴岡高専『海月』[AM014]となった。次いで、優秀賞（全校高等専門学校連合会会長賞）に鶴岡高専『跳ねろべえ』[AM004]、特別賞（全国高等専門学校デザインコンペティション実行委員会会長賞）に鶴岡高専『パラクッション』[AM002]が選ばれ、鶴岡高専が独占した。全14作品中6作品が失格事由に該当。ロードセル[*1]の突起部上に設置した球面座[*2]に接触した段階で分銅が装置から脱落したものが4作品、球面座への接触部分が曲面であり製作条件に違反したものが2作品、球面座接触前に装置に「作品」が触れてしまったものが1作品あった（失格事由が重複した作品を含む）。上位の作品はどれも衝撃をうまく吸収する構造となっており、中には、衝撃吸収シェルター試験ではほとんど破壊されることなく、再度の試験が可能と思われるものもあった。また、構造体と併せて材質も衝撃吸収に大きく影響する結果となり、「作品」製作にあたり材料選定も勝敗を分ける重要な要素になっていた。毎年参加を重ねている高専には、その辺りのノウハウが蓄積され、上級生から下級生へと伝えられているのかもしれない。

デザコン本部門への登竜門でスキルや能力を進化

デザコン本部門への登竜門と言えるプレデザコン部門は、デザイン初学者のための部門であり、デザコン本部門と比べて、参加するためのハードルが低い。一方、デザインに携わる者にとって、自分のスキルや能力を「その先へ」と進化させるためには、他者からの評価を受ける経験も必要となる。そうした点から、学生たちには、プレデザコン部門を「気軽に作品を発表し、評価を受けられる場」として大いに活用してもらいたい。来年も多くの学生の参加を期待している。

（藤原ひとみ　有明高専）

註
*1　ロードセル：荷重を電気信号に変換し、その力の大きさを測定する装置。
*2　球面座：生じた衝撃荷重を確実にロードセルに伝えるために、ロードセルの突起部上に設置する部品。

*文中の作品名は、サブタイトルを省略。高専名（キャンパス名）『作品名』[フィールド名000]で表示。
*[フィールド名000]は作品番号。[空間]は空間デザイン・フィールド、[創造]は創造デザイン・フィールド、[AM]はAMデザイン・フィールドを示す

表1　空間デザイン・フィールド／創造デザイン・フィールド投票集計結果

作品番号	作品名	高専名（キャンパス名）	投票者			合計点	フィールド別順位	受賞
			審査員*1	企業	来場者			
空間016	回遊	呉高専	26	22	48	96	1	最優秀賞*2
空間008	恒久平和	秋田高専	11	16	18	45	2	優秀賞*3
空間005	銀山温泉	仙台高専（名取）	13	12	8	33	3	特別賞*4
空間010	諏訪大社	長野高専	12	13	7	32	4	
空間007	大阪中之島美術館	徳山高専	3	5	19	27	5	
空間001	Broken Palace	サレジオ高専	7	11	7	25	6	
空間013	空気・光・音　都城市民会館	都城高専	14	1	10	25	6	
空間009	SHIBUYA109	岐阜高専	1	9	14	24	8	
空間014	川棚の社	徳山高専	8	9	6	23	9	
空間006	軍艦島	仙台高専（名取）	10	6	4	20	10	
空間017	やなせ宿	近畿大学高専	0	5	6	11	11	
空間003	高田松原津波復興祈念公園	仙台高専（名取）	8	0	1	9	12	
空間011	バラ香る一本木公園	長野高専	3	3	0	6	13	
空間002	趣き	サレジオ高専	3	0	2	5	14	
空間004	大内宿	仙台高専（名取）	0	3	2	5	14	
空間015	大切なあなたへ　長門湯本温泉	徳山高専	1	0	3	4	16	
創造010	鶴汀鳧渚	サレジオ高専	10	34	16	60	1	最優秀賞*2
創造019	舞って影鶴	明石高専	13	19	12	44	2	優秀賞*3
創造001	FROM NOW ON	サレジオ高専	16	14	11	41	3	特別賞*4
創造004	Flapping crane	東京都立産業技術高専（品川）	12	5	16	33	4	
創造020	舞い結ぶ	明石高専	7	5	10	22	5	
創造013	sea route	舞鶴高専	3	9	7	19	6	
創造008	MAIZURU'S WARSHIP CURRY	サレジオ高専	10	3	5	18	7	
創造009	LINKING NATURE AND HISTORY	サレジオ高専	3	10	5	18	7	
創造017	静動	松江高専	2	2	11	15	9	
創造022	かにちゃん♡	長岡高専	6	3	5	14	10	
創造012	NAVY COLLAR	舞鶴高専	1	2	10	13	11	
創造018	舞鶴とこの先へ！	松江高専	0	5	8	13	11	
創造015	海の京都　My鶴	舞鶴高専	0	1	9	10	13	
創造005	円	仙台高専（名取）	1	2	6	9	14	
創造007	Dancing crane in the sun	サレジオ高専	3	1	5	9	14	
創造014	Go ahead	舞鶴高専	3	1	4	8	16	
創造002	赤レンガのとびら	明石高専	2	1	4	7	17	
創造011	未来に生きる。舞鶴	サレジオ高専	5	1	1	7	17	
創造016	未来につなげ！　舞鶴から。	舞鶴高専	3	0	3	6	19	
創造003	舞鶴を舞う	明石高専	2	0	2	4	20	
創造021	seaside town	岐阜高専	1	1	2	4	20	
創造023	衛	長野高専	3	1	0	4	20	
創造006	充電100%	仙台高専（名取）	3	0	0	3	23	
創造024	舞鶴の軍艦	岐阜高専	1	0	0	1	24	

表註　＊1　審査員：他の4部門の審査員。
　　　＊2　最優秀賞：最優秀賞（科学技術振興機構〈JST〉理事長賞）。
　　　＊3　優秀賞：優秀賞（全国高等専門学校連合会会長賞）。
　　　＊4　特別賞：特別賞（全国高等専門学校デザインコンペティション実行委員会委員長賞）。

＊投票者はフィールドごとに、持ち点の範囲内でどの作品に何点票を入れても可。
＊作品番号の「空間」は空間デザイン・フィールド、「創造」は創造デザイン・フィールドを示す。
＊空間デザイン・フィールドの作品番号［空間012］は欠番。
＊作品名はサブタイトルと読み仮名を省略。

投票者の持ち点（フィールドごと）：「審査員」（他の4部門の審査員）＝1人10点　「企業」（協賛企業関係者）＝1人5点　「来場者」（高専教職員、高専の学生、一般来場者）＝1人1点

表2　AMデザイン・フィールド競技結果（順位表）

作品番号	作品名	高専名（キャンパス名）	質量[g]	衝撃力[N]	合否	フィールド別順位	受賞
AM014	海月	鶴岡高専	43.91	261		1	最優秀賞*2
AM004	跳ねろべえ	鶴岡高専	53.47	301		2	優秀賞*3
AM002	パラクッション	鶴岡高専	35.43	407		3	特別賞*4
AM011	太巻き	鶴岡高専	56.48	411		4	
AM013	Y.K.D.R.M.	鶴岡高専	62.05	412		5	
AM009	パルテノン型衝撃吸収器	津山高専	29.37	1,250		6	
AM005	三日天下	北九州高専	149.23	1,351		7	
AM003	RICEBALL	鈴鹿高専	31.33	2,085		8	
AM006	半球	津山高専	29.99	340*6	失格*5	—	
AM010	Air Pump Cushion（落下傘仕様）	鶴岡高専	61.74	348*7	失格*5	—	
AM001	パルテノン	鈴鹿高専	93.62	1,050*8	失格*5	—	
AM007	SUTON	津山高専	27.07	1,760*9	失格*5	—	
AM008	波	津山高専	72.60	2,717*9	失格*5	—	
AM012	Support material hopper	神戸市立高専	55.40	3,048*9	失格*5	—	

表註　＊2　最優秀賞：最優秀賞（科学技術振興機構〈JST〉理事長賞）。
　　　＊3　優秀賞：優秀賞（全国高等専門学校連合会会長賞）。
　　　＊4　特別賞：特別賞（全国高等専門学校デザインコンペティション実行委員会委員長賞）。
　　　＊5　失格：数値は参考記録。順位は付かない。失格要件は本書153ページ「開催概要」参照。
　　　＊6　分銅が装置から脱落し、球面座への接触部分が曲面のため失格。
　　　＊7　球面座接触前に装置に接触したため失格。

＊8：球面座への接触部分が曲面のため失格。
＊9：分銅が装置から脱落したため失格。
＊作品番号の「AM」はAMデザイン・フィールドを示す。
＊衝撃力の小さいものほど上位。衝撃力が同じ場合は、質量の大きいほうが上位。質量も同じ場合は同順位。
＊作品名はサブタイトルを省略。

諏訪大社──伝統をこの先へ伝える

空間 010　長野高専

◎野明 鈴穂[工学科1年]
担当教員：西川 嘉雄[工学科都市デザイン系]

得点 32

川棚の社

空間 014　徳山高専

◎背戸 雫[土木建築工学科1年]
担当教員：河野 拓也[土木建築工学科]

得点 23

バラ香る一本木公園

空間 011　長野高専

◎玉井 志乃[工学科1年]
担当教員：西川 嘉雄[工学科都市デザイン系]

得点 6

大阪中之島美術館──人を呼び込むBlack Cube

空間 007　徳山高専

◎小野嶋 珠璃[土木建築工学科2年]
担当教員：河野 拓也[土木建築工学科]

得点 27

軍艦島

空間 006　仙台高専（名取）

◎松森 英香[総合工学科Ⅲ類1年]
担当教員：相模 誓雄[総合工学科Ⅲ類建築デザインコース]

得点 20

趣き

空間 002　サレジオ高専

◎中田 侑吾、小野 魁斗[デザイン学科1年]
担当教員：谷上 欣也[デザイン学科]

得点 5

Broken Palace

空間 001　サレジオ高専

◎相葉 悠海[デザイン学科1年]
担当教員：谷上 欣也[デザイン学科]

得点 25

やなせ宿

空間 017　近畿大学高専

◎時田 茉莉亜[総合システム工学科都市環境コース3年]
担当教員：田中 和幸[総合システム工学科都市環境コース]

得点 11

大内宿──未来へつなぐ

空間 004　仙台高専（名取）

◎桃井 亜里紗[総合工学科Ⅲ類建築デザインコース3年]
担当教員：相模 誓雄[総合工学科Ⅲ類建築デザインコース]

得点 5

空気・光・音　都城市民会館

空間 013　都城高専

◎郭 龍佑[建築学科1年]
担当教員：横山 秀樹[建築学科]

得点 25

高田松原津波復興祈念公園

空間 003　仙台高専（名取）

◎齋藤 花楠子[総合工学科Ⅲ類建築デザインコース2年]
担当教員：相模 誓雄[[総合工学科Ⅲ類建築デザインコース]

得点 9

大切なあなたへ　長門湯本温泉

空間 015　徳山高専

◎神田 陽菜[土木建築工学科1年]
担当教員：河野 拓也[土木建築工学科]

得点 4

SHIBUYA109

空間 009　岐阜高専

◎亀谷 幸輝[機械工学科3年]
担当教員：菅 菜穂美[一般科目（自然）]

得点 24

註（本書149〜152ページ）
＊フィールド名000：作品番号。
＊作品番号の[空間]は空間デザイン・フィールド、
[創造]は創造デザイン・フィールド、
[AM]はAMデザイン・フィールドを示す。
＊氏名の前にある◎印は学生代表。
＊得点順に掲載。同点の場合は、作品番号順に掲載。
＊AMデザイン・フィールドは、衝撃力の小さいものほど上位。
衝撃力が同じ場合は、質量の大きいほうが上位。質量も同じ場合は同順位。

プレデザコン部門

Flapping crane

創造 004　東京都立産業技術高専（品川）

◎古川 愛桜［ものづくり工学科AIスマート工学コース2年］
担当教員：上島 光浩［ものづくり工学科生産システム
工学コース］

得点 **33**

静動
sei dou

創造 017　松江高専

◎阿瀬川 獅友［情報工学科2年］／新崎 真央［電気情報
工学科2年］／加藤 勇斗［環境・建設工学科2年］
担当教員：岡崎 泰幸［環境・建設工学科］

得点 **15**

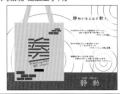

円──まどか

創造 005　仙台高専（名取）

◎大友 歩［総合工学科Ⅲ類建築デザインコース3年］
担当教員：相模 誓雄［総合工学科Ⅲ類建築デザインコース］

得点 **9**

舞い結ぶ

創造 020　明石高専

◎上田 清加、瀧山 彩子、吉本 瑚春［建築学科2年］
担当教員：大塚 毅彦［建築学科］

得点 **22**

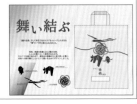

かにちゃん♡

創造 022　長岡高専

◎小野 真由［環境都市工学科1年］／田中 理子［物質工学
科1年］
担当教員：宮嵜 靖大［環境都市工学科］

得点 **14**

Dancing crane in the sun

創造 007　サレジオ高専

◎岩崎 七海(2年)、荒木 寅乃介(1年)［デザイン学科］
担当教員：谷上 欣也［デザイン学科］

得点 **9**

sea route

創造 013　舞鶴高専

◎福井 愛美［建設システム工学科1年］
担当教員：尾上 亮介［建設システム工学科］

得点 **19**

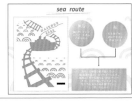

NAVY COLLAR

創造 012　舞鶴高専

◎平中 太朗［建設システム工学科2年］
担当教員：尾上 亮介［建設システム工学科］

得点 **13**

Go ahead

創造 014　舞鶴高専

◎河瀬 絢香［建設システム工学科1年］
担当教員：尾上 亮介［建設システム工学科］

得点 **8**

MAIZURU'S WARSHIP CURRY

創造 008　サレジオ高専

◎濱中 昂、鈴木 心寧［デザイン学科1年］
担当教員：谷上 欣也［デザイン学科］

得点 **18**

舞鶴とこの先へ！

創造 018　松江高専

◎岡 蓮水、池袋 蒼空［環境・建設工学科1年］／小林 葵
［電子制御工学科1年］
担当教員：岡崎 泰幸［環境・建設工学科］

得点 **13**

赤レンガのとびら──舞鶴の歴史のその先へ

創造 002　明石高専

◎増本 唯衣、川口 杜明［建築学科3年］
担当教員：水島 あかね［建築学科］

得点 **7**

LINKING NATURE AND HISTORY

創造 009　サレジオ高専

◎望月 里江子(2年)、真鍋 歩希(1年)［デザイン学科］
担当教員：谷上 欣也［デザイン学科］

得点 **18**

海の京都　My鶴

創造 015　舞鶴高専

◎本庄 由葵［建設システム工学科1年］
担当教員：尾上 亮介［建設システム工学科］

得点 **10**

未来に生きる。舞鶴

創造 011　サレジオ高専

◎土屋 翔太郎(2年)、田後 朋輝(1年)［デザイン学科］
担当教員：谷上 欣也［デザイン学科］

得点 **7**

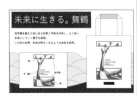

未来につなげ！　舞鶴から。

創造 016 ── 舞鶴高専

◎石﨑 裕生［建設システム工学科1年］
担当教員：尾上 亮介［建設システム工学科］

得点
6
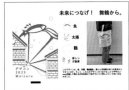

seaside town

創造 021 ── 岐阜高専

◎亀谷 幸輝［機械工学科3年］
担当教員：菅 菜穂美［一般科目（自然）］

得点
4

充電100%

創造 006 ── 仙台高専（名取）

◎本田 佳奈絵［総合工学科III類建築デザインコース2年］
担当教員：相模 誓雄［総合工学科III類建築デザインコース］

得点
3

舞鶴を舞う

創造 003 ── 明石高専

◎須原 千尋［建築学科2年］
担当教員：大塚 毅彦［建築学科］

得点
4

衛──まもり

創造 023 ── 長野高専

◎安田 茉央［環境都市工学科2年］
担当教員：西川 嘉雄［工学科都市デザイン系］

得点
4

舞鶴の軍艦

創造 024 ── 岐阜高専

◎原川 洋佑［環境都市工学科3年］
担当教員：菅 菜穂美［一般科目（自然）］

得点
2
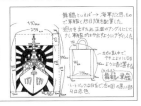

太巻き

AM 011

鶴岡高専

質量：56.48g　衝撃力：411N

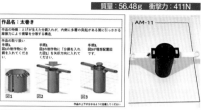

◎奥山 流唯、小野寺 泰河［創造工学科情報コース3年］
担当教員：和田 真人［創造工学科機械コースデザイン工学分野］

Air Pump Cushion（落下傘仕様）

AM 010

鶴岡高専

質量：61.74g　衝撃力：348N**²

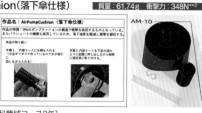

◎国井 優真［創造工学科機械コース3年］
担当教員：和田 真人［創造工学科機械コースデザイン工学分野］

Y.K.D.R.M.

AM 013

鶴岡高専

質量：62.05g　衝撃力：412N

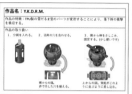

◎古城 駈［創造工学科情報コース3年］
担当教員：和田 真人［創造工学科機械コースデザイン工学分野］

パルテノン

AM 001

鈴鹿高専

質量：93.62g　衝撃力：1,050N**³

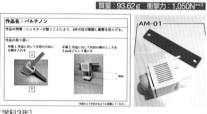

◎嶋 遥太［電気電子工学科3年］
担当教員：伊藤 清［教養教育科］

パルテノン型衝撃吸収器

AM 009

津山高専

質量：29.37g　衝撃力：1,250N

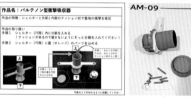

◎髙見 瑛［総合理工学科先進科学系3年］
担当教員：塩田 祐久［総合理工学科機械システム系］

SUTON

AM 007

津山高専

質量：27.07g　衝撃力：1,760N**⁴

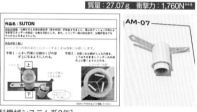

◎佐古 悠真［総合理工学科機械システム系3年］
担当教員：塩田 祐久［総合理工学科機械システム系］

三日天下

AM 005

北九州高専

質量：149.23g　衝撃力：1,351N

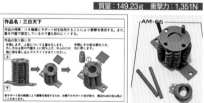

◎加治木 諒馬、岩男 凌介［生産デザイン工学科2年］
担当教員：松尾 貴之［生産デザイン工学科知能ロボットシステムコース］

波

AM 008

津山高専

質量：72.60g　衝撃力：2,717N**⁴

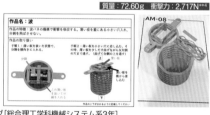

◎リム・イアンゾング［総合理工学科機械システム系3年］
担当教員：塩田 祐久［総合理工学科機械システム系］

RICEBALL──気になる中身は…？
実は分銅！

AM 003

鈴鹿高専

質量：31.33g　衝撃力：2,085N

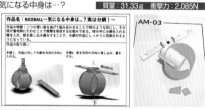

◎尾上 奈桜、中山 ことひ［材料工学科3年］
担当教員：伊藤 清［教養教育科］

Support material hopper

AM 012

神戸市立高専

質量：55.40g　衝撃力：3,048N**⁴

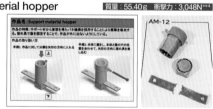

◎森口 輝一、小林 歩乃果（3年）、坂本 晴臣（2年）［機械工学科］
担当教員：宮本 猛［機械工学科］

半球

AM 006

津山高専

質量：29.99g　衝撃力：340N**¹

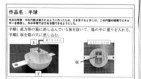

◎インタラスット・ニッチャカーン［総合理工学科電気電子システム系3年］
担当教員：塩田 祐久［総合理工学科機械システム系］

註
**1：分銅が装置から脱落し、球面座への接触部分が曲面のため失格。
数値は参考記録。順位は付かない。
**2：球面座接触前に装置に接触したため失格。数値は参考記録。順位は付かない。
**3：球面座への接触部分が曲面のため失格。数値は参考記録。順位は付かない。
**4：分銅が装置から脱落したため失格。
数値は参考記録。順位は付かない。

プレデザコン部門概要

■課題テーマ
この先へ!!

■課題概要
高専の本科3年生までを対象とした部門。デザコンの従来の4部門の内の3部門(空間デザイン部門、創造デザイン部門、AMデザイン部門)をもとに連動した3つのフィールドに分け、それぞれに提案条件を設定して実施する。専門科目を学んだ年数が少ない中で、既成概念にとらわれない自由な発想によるデザインを求める。

今年の課題テーマは「この先へ!!」。グローバル化、ICT(Information and Communication Technology)の略。情報通信技術)化、コロナ禍(COVID-19)によりもたらされた「新しい」生活様式、習慣など、好むと好まざるとに関わらず常に時代は変化し新しい何かが生まれている。コロナ禍や世界情勢など必ずしも変化が好ましいものとは限らないが、その変化を今よりもよりよい未来へとつながるものとし、この先へと続くような新しいアイディアを考えてほしい。

❶空間デザイン・フィールド
「実在する」あるいは「実在した」空間のパース(視点と消点を定めた透視図)を描くこと。ただし、時間や視点が固定された写真のように写実的で客観的な表現ではなく、異なる時間や視点が混在するなど主観的な表現とする。出典はわかるものの、独創的で想像的な時間と空間をコラージュした「似て非なる」唯一無二の時空の提案を求める

❷創造デザイン・フィールド
2023年舞鶴大会で使用するトートバッグのデザイン。次回開催地である舞鶴(京都府舞鶴市)にふさわしいデザインを提案すること

デザイン条件：
❶トートバッグの寸法は、縦380mm×横330mm程度
❷表面のみにデザインを印刷する仕様
❸余白なども考慮の上、デザインの配置まで提案すること
❹使用できる色は1色、トートバッグの色は白系または黒系
❺縦15mm×横60mm程度の大きさの協賛企業のロゴの位置を指定すること
❻デザインの意図、コンセプトのわかる説明文を記入すること
❼手描きでもかまわないが、大会で用いるトートバッグの最終デザイン(印刷されるデザイン)を決定する際には、デジタル的な処理をするかどうかを作者と打ち合わせる
❽最終デザインを決定する際、作者の確認を取った上で、その意図を汲んだ多少の修正や変更を了承すること

❸AMデザイン・フィールド
3Dプリンタで造形した物のみを部品として、落下時の衝撃を吸収するシェルター(「作品」=3Dプリンタによる製作物)を作成すること。

製作条件：
❶造形方法や使用機種、材料、色は自由
❷一体成型でなく部品を組み立てた「作品」も可
❸造形後の加工(切削、研磨など)、接着剤(種類は不問)の使用可。接着剤を緩衝材とするような使用は不可
❹大きさは、幅100mm×奥行100mm×高さ100mm以内(競技装置のスライド金物と接続する部分は含まない)
❺200gの分銅(∅28mm×高さ48mm)を収納でき、落下後にも作品から分離しないこと
❻ロードセル*¹上の球面座に接触する部分は、「作品」の下部中心直径10mm程度の面(曲面は不可)とする(「作品」と接触する部分の球面座表面は∅38mmの円形平面)

■応募条件
❶高等専門学校に在籍する本科3年生以下の学生
❷4人までのチームによるもの
❸同一フィールドに応募できるのは1人1作品
❹同一高専(キャンパス)からの応募は、合計12作品以内、同一フィールドで6作品以内
❺他のコンテストなどに応募していない未発表の作品に限る

■応募数
54作品(77人、19高専)=
❶空間デザイン・フィールド：16作品(17人、9高専)
❷創造デザイン・フィールド：24作品(41人、9高専)
❸AMデザイン・フィールド：14作品(19人、5高専)

■応募期間
❶空間デザイン・フィールド、❷創造デザイン・フィールド
応募：2022年10月21日(金)～27日(木)
作品提出：2022年10月21日(金)～31日(月)
❸AMデザイン・フィールド
応募+作品提出：2022年10月24日(月)～31日(月)

本選審査

■日時
❸AMデザイン・フィールド
2022年11月22日(火)　競技(衝撃吸収シェルター試験)
2022年12月10日(土)～11日(日)　作品展示(競技後の「作品」、「作品」の取扱説明書)、競技動画映写(結果発表)
❶空間デザイン・フィールド、❷創造デザイン・フィールド
2022年12月10日(土)～11日(日)　作品展示、投票、結果掲示

■会場
競技(AMデザイン・フィールド)：
有明高専　4号棟構造実験室
展示(AMデザイン・フィールドは競技後の「作品」と「作品」の取扱説明書)、競技動画映写(AMデザイン・フィールド)：
大牟田文化会館　2階展示ロビー

■本選提出物
❶空間デザイン・フィールド　❷創造デザイン・フィールド
ポスター：A3判サイズ(横向き)1枚、画像データ(PDF形式またはJPG形式)
❸AMデザイン・フィールド
製作条件どおりの製作物(「作品」)、「作品」の取扱説明書(PDF形式の電子データ)

■審査過程
参加数：54作品(応募数と同)
❶競技(AMデザイン・フィールド)：
2022年11月22日(火)11:00～14:00
❷展示：
2022年12月10日(土)13:00～11日(日)12:00
❸競技動画映写(結果発表)(AMデザイン・フィールド)：
2022年12月10日(土)13:00～11日(日)12:00
❹投票(空間デザイン・フィールド、創造デザイン・フィールド)：
2022年12月10日(土)13:00～11日(日)12:00
❺結果掲示(空間デザイン・フィールド、創造デザイン・フィールド)：
2022年12月11日(日)13:00～15:00

■審査方法
❶空間デザイン・フィールド　❷創造デザイン・フィールド
会場に展示された応募作品を見て、来場者が推薦する作品に各持ち点を自主投票し、その合計得点の多い順に受賞作品を決定(用紙とQRコード利用による投票を併用)
投票者の持ち点(フィールドごと)=「審査員」(他の4部門の審査員／1人10点)、「企業」(協賛企業関係者／1人5点)、「来場者」(高専教職員、高専の学生、一般来場者／1人1点)
投票者はフィールドごとに、規定の持ち点の範囲内で複数の作品に配点投票できる
❸AMデザイン・フィールド
3Dプリンタで造形した「作品」(シェルター)に200gの分銅を載せ、高さ(ロードセル*¹に接触するまでの距離)1mから自由落下させる競技(衝撃吸収シェルター試験)により審査。ロードセルで測定した最大値(衝撃力のピーク値)の小さいものが上位。ロードセルの測定範囲の最小値を下回った場合は、最上位の記録とする。測定値が同じ場合は、質量の大きいほうが上位。質量も同じ場合は同順位

失格要件：
❶規格外の「作品」
❷ロードセルの測定範囲超
❸分銅が「作品」から離れた場合
❹落下後に「作品」が大きく壊れた場合(局部的な破壊や破損を伴う変形、設計で想定した形状の変化は不問)
❺ロードセル上の球面座に「作品」が触れない場合
❻ロードセル上の球面座以外の競技装置に「作品」が接触した場合
❼「作品」が落下中にスライド金物から離れた場合
❽自由落下を妨げる構造となっている場合

■賞
フィールドごとに、最多得点(空間デザイン・フィールド、創造デザイン・フィールド)と競技1位(AMデザイン・フィールド)の作品を最優秀賞(科学技術振興機構〈JST〉理事長賞)、次点の1作品を優秀賞(全国高等専門学校連合会会長賞)とし、特別賞(全国高等専門学校デザインコンペティション実行委員会会長賞)1作品を、全国高等専門学校デザインコンペティション実行委員会が決定

註　＊1　ロードセル：本書147ページ註1参照。

付篇 デザコン2022 in 有明

Contents:

開会式

日時：2022年12月10日(土)12:30〜13:00
会場：大牟田文化会館　大ホール

閉会式・表彰式

日時：2022年12月11日(日)14:10〜15:10
会場：大牟田文化会館　大ホール

受賞盾

「NEW!!」に込められた400年の歴史と伝統

「デザコン2022 in 有明」で授与される受賞盾は、本大会開催校(主管校)の地元、有明地域の伝統工芸品である小代焼のプレートだ。小代焼は約400年前から焼き続けられている陶器で、細川家の転封に際し、寛永9年(1632年)に豊前国上野(現・福岡県福智町)より移った牝小路源七と葛城八左衛門が、熊本県北部の小岱山麓に「登り窯」を開いたのが始まりと言われる。

小代焼は、暗い赤茶色に焼き上がる粘土と、青色、白色、黄色の釉薬を使用し(窯元によっては黒色や赤色の釉薬も使用)、「流し掛け」という技法で陶器の表面をガラス質の膜で覆い、それにより生み出される深く美しい色合いと素朴でダイナミックな模様が特徴である。そして、これらの技術や伝統は400年近く受け継がれてきた。

本大会のメインテーマは「NEW!!」であるが、新しいモノやコトは、過去のモノやコトの積み重ねから生まれる。つまり、長い歴史や伝統、受け継いできた文化の中で育まれた感性や美意識が我々の心を動かし、生活をより豊かにしてくれる新たなモノづくりも生まれるのである。そして、歴史や伝統、文化を知ることがイノベーション(変革)を創出することになる。

小代焼の職人たちは、長い歴史と伝統を受け継ぎながらも、現代に合わせた、人々の生活をより豊かにするような新しい陶器を作ろうと挑戦を続けている。今回の受賞盾の制作もその1つと言えるだろう。「故きを温ねて新しきを知る」。今年の受賞盾から、開催地となった有明地域の歴史や伝統とともに、新たな創造へ挑戦し続ける姿勢を感じてもらえれば幸いである。

(岩下 勉　有明高専)

空間デザイン部門　構造デザイン部門　創造デザイン部門　AMデザイン部門　プレデザコン部門

制作協力：西川 智成(小代焼中平〈なかでら〉窯〈熊本県荒尾市〉)、小堀 周作(小堀銘板〈福岡県大牟田市〉)

受賞作品

[空間デザイン部門]
最優秀賞(日本建築家協会会長賞):賞状+盾+副賞
石川高専　還りみち──暮らしを紡ぐ「みち」[099]
優秀賞:賞状+盾+副賞
明石高専　神鉄八百号(しんてつやおごー)
──線路でつながる人々の暮らし[022]
石川高専　Plot[108]
審査員特別賞:賞状+盾+副賞
呉高専　響──2040年、「学びと遊び」、「地域住民と外国人技能実習生」の
共鳴を起こす[054]
仙台高専(名取)　和気曖昧(わきあいまい)[067]
建築資料研究社／日建学院賞:賞状+盾+副賞
有明高専　空博のつながり[088]
三菱地所コミュニティ賞:賞状+盾+副賞
米子高専　しょーにん通り──ただいま学校に帰りました[047]

099　022　108　054
067　088　047

[構造デザイン部門]
最優秀賞(国土交通大臣賞):賞状+盾+副賞
米子高専　火神岳(ほのかみだけ)[009]
優秀賞(日本建設業連合会会長賞):賞状+盾+副賞
舞鶴高専　継手の濃厚接触[031]
優秀賞:賞状+盾+副賞
徳山高専　一繋[049]
審査員特別賞:賞状+盾+副賞
仙台高専(名取)　SIMPLE DIVIDING GOOD STRUCTURE[022]
苫小牧高専　翼[042]
日刊建設工業新聞社賞:賞状+企業盾+副賞
呉高専　双嶺(そうれい)[007]

[創造デザイン部門]
最優秀賞(文部科学大臣賞):賞状+盾+副賞
高知高専　まちから創るよさこい──PLATEAU×よさこい[020]
優秀賞:賞状+盾+副賞
明石高専　空き家にきーや![002]
有明高専　みかん農家の働き方改革──PLATEAUで一歩先の農業[008]
審査員特別賞:賞状+盾+副賞
仙台高専(名取)　星の絵を探しに[011]
石川高専+福井高専　青空駐車場の育て方──周辺住民が耕す小さな広場[021]
クボタ賞:賞状+盾+副賞
有明高専　空き家にお引越し
──ペットと歩き、花を育てる新しい公営住宅のかたち[018]
吉村有司賞:
釧路高専　まちまれ　おさんぽ[013]
木藤亮太賞:
明石高専　リボーン・ジケマチ[004]
PLATEAU(内山裕弥)賞:
明石高専　ぷらっと寄れるアートの拠点　ニッケ社宅群[005]

009　031　049
022　042　007
020　002　008
011　021　018

[AMデザイン部門]
最優秀賞(経済産業大臣賞):賞状+盾+副賞
旭川高専　廻滑車輪アクロレス[015]
優秀賞:賞状+盾+副賞
仙台高専(名取)　No knock No stress──次世代の多機能ペン！[017]
東京都立産業技術高専(品川)　ホジ保持ホジー[024]
審査員特別賞:賞状+盾+副賞
岐阜高専　ショウドクリップ[008]
神戸市立高専　COMFY CAST[014]

015　017　024
008　014

[プレデザコン部門]
最優秀賞(科学技術振興機構〈JST〉理事長賞):賞状+盾+副賞
呉高専　回遊──migration[空間016]
サレジオ高専　鶴汀凫渚(かくていふしょ)[創造010]
鶴岡高専　海月[AM014]
優秀賞(全国高等専門学校連合会会長賞):賞状+副賞
秋田高専　恒久平和[空間008]
明石高専　舞って影鶴[創造019]
鶴岡高専　跳ねろべえ[AM004]
特別賞(全国高等専門学校デザインコンペティション実行委員会会長賞):賞状+副賞
仙台高専(名取)　銀山温泉[空間005]
サレジオ高専　FROM NOW ON[創造001]
鶴岡高専　バラクッション[AM002]

空間016　空間008　空間005　AM004+AM014+AM002
創造010　創造019　創造001

＊000、フィールド名000:作品番号。
＊受賞作品は、高専名(キャンパス名)　作品名[作品番号]、で表示。プレデザコン部門の作品番号は、[フィールド名000]で表示。
「空間」は「空間デザイン・フィールド」、「創造」は「創造デザイン・フィールド」、「AM」は「AMデザイン・フィールド」を示す。

会場と大会スケジュール

会場：大牟田文化会館

部門	空間デザイン部門	構造デザイン部門	創造デザイン部門	AMデザイン部門	プレデザコン部門
会場	小ホール	大ホール	2階展示室	3階第1・第2研修室	2階展示ロビー

2022年12月10日(土)

時刻	空間デザイン部門	構造デザイン部門	創造デザイン部門	AMデザイン部門	プレデザコン部門
9:00	9:00～9:30 スタッフ準備など				
9:30	9:30～10:00 受付				
10:00	10:00～11:30 準備、作品の展示設営	10:00～11:10 仕様確認	10:00～10:20 オリエンテーション	9:55～10:20 オリエンテーション	10:00～11:30 作品の展示設営
10:20			10:20～11:30 ポスターセッション	10:20～11:30 準備、作品の展示設営	
11:00		11:00～12:30 審査員審査			
11:30	11:30～12:30 昼休憩			11:30～12:30 昼休憩	
12:30	12:30～13:00 開会式(大ホール)				
13:00	13:00～13:20 オリエンテーション	13:00～13:30 昼休憩	13:10～14:20 ワークショップ1		13:00～17:00 作品展示*1(空間／創造／AMデザイン・フィールド)投票(空間／創造デザイン・フィールド)競技動画映写、結果発表(AMデザイン・フィールド)
13:20	13:20～14:30 ファーストラウンド ポスターセッション(前半)	13:30～13:45 オリエンテーション		13:20～13:30 オリエンテーション	
14:00		14:00～16:00 耐荷性能試験(競技)1		13:30～16:00 ディスカッション	
14:25	14:50～16:00 ファーストラウンド ポスターセッション(後半)		14:25～15:20 ワークショップ2「意見まとめ」		
15:30			15:30～17:00 ワークショップ2「ブラッシュアップ」		
16:00		16:00～16:30 技術交流会1		16:10～17:00 技術交流会	
16:20	16:20～18:00 ファーストラウンド通過作品 選出審査(公開審査)				
18:00	18:00～18:40 ポスターセッション講評				

2022年12月11日(日)

時刻	空間デザイン部門	構造デザイン部門	創造デザイン部門	AMデザイン部門	プレデザコン部門
8:30	8:30～8:50 スタッフ準備など				
9:00	9:00～9:15 オリエンテーション	9:00～11:10 耐荷性能試験(競技)2	9:00～9:10 オリエンテーション	9:00～9:12 オリエンテーション	9:00～12:00 作品展示*1(空間／創造／AMデザイン・フィールド)投票(空間／創造デザイン・フィールド)競技動画映写、結果発表(AMデザイン・フィールド)
9:15	9:15～11:15 決勝ラウンド プレゼンテーション		9:10～11:30 プレゼンテーション	9:12～11:50 プレゼンテーション	
11:15		11:15～11:45 技術交流会2			
11:30	11:30～12:30 決勝ラウンド 最終審査(公開審査)		11:30～12:20 公開審査		
11:50				11:50～13:20 昼休憩	
12:00		12:00～13:00 昼休憩			12:00～13:00 投票結果集計(空間／創造デザイン・フィールド)
12:20			12:20～13:00 非公開審査		
12:30	12:30～13:00 審査員講評				
13:00	13:00～14:00 昼休憩	13:00～13:15 審査員講評、審査結果発表			13:00～15:00 投票結果掲示(空間／創造デザイン・フィールド)
13:15			13:15～13:45 審査結果発表、審査員講評	13:20～13:30 審査結果発表、審査員講評	
14:10	14:10～15:10 閉会式・表彰式(大ホール)				

表註
*1 作品展示：AMデザイン・フィールドは競技後の「作品」と「作品」の取扱説明書を展示。
* ▨ は休憩時間を示す。

応募状況

地区	高専名 (キャンパス名)	空間デザイン部門		構造デザイン部門	創造デザイン部門		AMデザイン部門		プレデザコン部門
		予選	本選		予選	本選	予選	本選	
北海道	函館高専								
	苫小牧高専			1			1		
	釧路高専	6		1	1	1			
	旭川高専						1	1	
東北	八戸高専								
	一関高専								
	仙台高専(広瀬)								
	仙台高専(名取)	17	4	1	7	2	1	1	6
	秋田高専	1		2					1
	鶴岡高専			2			4	1	6
	福島高専			1					
関東 信越	茨城高専						1		
	小山高専	2		2					
	群馬高専			1					
	木更津高専								
	東京高専								
	長岡高専			2					1
	長野高専	3		2					3
	東京都立産業技術高専(品川)[公]			2			1	1	1
	東京都立産業技術高専(荒川)[公]								
	サレジオ高専[私]	3		1					8
東海 北陸	富山高専(本郷)								
	富山高専(射水)								
	石川高専	4	2	2	1*1	1*1	1		
	福井高専	1		2	1*1	1*1	4	1	
	岐阜高専	6	1	1	1		2	1	3
	沼津高専								
	豊田高専	9	1	1					
	鳥羽商船高専						1	1	
	鈴鹿高専								2
	国際高専[私]								
	近畿大学高専[私]			2					1
近畿	舞鶴高専	1		2					5
	明石高専	13	5	2	5	3			4
	奈良高専						2		
	和歌山高専			2					
	大阪公立大学高専[公]	3		1					
	神戸市立高専[公]			2			2	1	1
中国	米子高専	18	1	2	2				
	松江高専			1					2
	津山高専			1			1		4
	広島商船高専								
	呉高専	5	1	2					1
	徳山高専			2					3
	宇部高専								
	大島商船高専								
四国	阿南高専	2		1					
	香川高専(高松)			1					
	香川高専(詫間)								
	新居浜高専								
	弓削商船高専						2	1	
	高知高専	3	1		1	1			
九州 沖縄	久留米高専								
	有明高専	8	2	1	2	2			
	北九州高専								1
	佐世保高専								
	熊本高専(八代)	4	1						
	熊本高専(熊本)								
	大分高専								
	都城高専	3	1	1	1				1
	鹿児島高専	2		1					
	沖縄高専								
海外	IETモンゴル高専			2					
	新モンゴル高専			2					
	モンゴル科技大高専			2					
合計	作品数	114	20	54	21	9	24	9	54([空]16[創]24[AM]14)
	参加学生数	314	62	265*2	72	32*3	81	33	77([空]17[創]41[AM]19)
	参加高専(キャンパス)数	21	11	35	10	7	14	9	19([空]9[創]9[AM]5)
	参加高専(キャンパス)総数	44							

表註
*1:石川高専+福井高専の混合チームの作品は、代表学生の所属高専である石川高専の作品として算入。福井高専は参加高専(キャンパス)数に算入するが、作品数には不算入。
*2:応募時に登録した人数。
*3:本選不参加の学生も算入。
*高専名欄の[公]は公立、[私]は私立、特記外は国立を示す。　＊プレデザコン部門「合計」欄の[空]は「空間デザイン・フィールド」、[創]は「創造デザイン・フィールド」、[AM]は「AMデザイン・フィールド」を示す。　＊作品のエントリーには、インターネットのクラウド・サービスを利用。

デザコンとは?—「教育の場」「成果を社会に示す場」

デザコン(正式名称:全国高等専門学校デザインコンペティション)は、前身である全国高専建築シンポジウムの目的であった「学生相互の研鑽と理解」をベースに、2004年の第1回石川大会からは「人が生きる生活環境を構成するための総合的技術の習得」が目的に加わり、2013年からは建築や建設系の学科の学生に限らず、電気系、情報系、機械系を専門とする学生も参加できる大会として「専門力(=専門的な知識や技術)とエンジニアリング・デザイン力を育む」ことを目的とする場へと発展してきた。これは、情報や関係性がグローバルに広がる現代社会において、生活にまつわるさまざまな課題の解決のため高専の学生が持つ専門力をいかに生かすか、を考えるためだ。つまり、学生が「社会ニーズに専門力で応える」という課題に取り組む体験を通じて、高専の掲げる『実践的』で『創造性豊かな』技術者」を育成する「教育の場」を提供すると同時に、社会に対して高専教育の成果を示す場として開催されている。

従来、日本では「デザイン(design)」を「設計」「意匠計画」といった狭義にとらえる傾向にあったが、近年は「エンジニアリング・デザイン(engineering design)」*¹という言葉がよく使われるようになり、「デザイン」という言葉の持つ幅広い意味が社会的に認知されるようになった。

デザコン第1回の2004年石川大会では、ワークショップ部門と設計競技部門に分かれ、ワークショップ部門では「まちづくりへのチャレンジ」と題した地域交流シンポジウムと、「座ってまちをみつける場所」と題したものづくりワークショップが行なわれた。イベントの内容は設計の領域のみに留まることなく、地域コミュニティを扱った企画や実物大のベンチの制作など、多岐にわたっていた。エンジニアリング・デザインという概念が、大会プログラムの「デザコンの意義」の中に明文化されるのは2013年米子大会を待つことになるが、2004年時点で、すでに「創造性教育」「答えのない課題」など、先進的なプログラムに取り組む大会であったのだ。

改めてデザコンの歴史を整理すると、次ページの年表のように、誕生は1977年、明石高専と米子高専の学生による設計製図の課題の相互発表会に遡る。その後、この相互発表会に呉高専、石川高専が参加し、1993年に「四高専建築シンポジウム」と改称した。以降、運営は学生主体となり、4高専の学生たちが共通のテーマの下に意見交換したり、各校の設計課題を中心に学生生活全般について発表する場となった。四高専建築シンポジウムは、学生の「創造性教育」「相互理解」「交流」の場として重要な意味を持つことが全国の高専の間で理解され、1999年に「全国高専建築シンポジウム」と改称し、全高専の建築系の学科の学生が参加できる大会となった。そして、伊東豊雄、小嶋一浩、内藤廣、村上徹、隈研吾など、招聘した著名な建築家から学生が直接指導を受けられる公開設計競技スタイルの大会へと発展した。その後、建設系を専門とする学生も参加できる大会として、2004年の第1回全国高等専門学校デザインコンペティション(通称:デザコン)石川大会につながった。

一方、2008年から「高専における設計教育高度化のための産学連携ワークショップ」として「全国高等専門学校3次元ディジタル設計造形コンテスト」(通称:CADコン)がスタートした。これは、当時まだ創生期であった3Dプリンタを造形装置として活用して造形物を製作し、造形物を使った競技を通して3D CADによる学生の設計力の向上を目的とした大会である。造形素材の弾性を利用するなど、CADによる設計に加えて構造解析や流体解析などを学生に求める課題であった。2011年北海道大会以降、2013年米子大会、2014年やつしろ大会と、主催は別にするもののデザコンと同一日同会場で開催された。

また、2014年からは、同様に3Dプリンタを使う「3Dプリンタ・アイディアコンテスト」(通称:アイディアコン)が始まった。CADコンの競技に対して、こちらは学生のアイディアや提案を主体とする特色を持った大会であった。この2つの大会は3Dプリンタを使うという共通の特徴を持つことから、関係者の間で協議・検討を重ねた結果、2015年のデザコン和歌山大会では、デザコンのAM(Additive Manufacturing)部門として、夏大会(アイディアコン)と秋大会(CADコン)に分けて開催。2016年デザコン高知大会では、AMデザイン部門として完全に1部門に統合された。これを機に、さらに新たな境地を広げ、内容の充実したデザコンとして進化している。

(玉井 孝幸 米子高専)

註(本書160〜161ページ)
*1　エンジニアリング・デザイン:総合的な専門知識を活用してものをつくる力、プロジェクトを推進していく力。そうしたデザイン能力、設計能力のこと。
*2　主管校:大会運営の主体となる高専。
*3　一般社団法人全国高等専門学校連合会:国立、公立(3校4キャンパス)、私立(3校3キャンパス)の高専の連合組織。全国の高専の体育大会やさまざまな文化系クラブ活動の発展を助け、心身ともに健全な学生の育成に寄与することが主な目的。
*4　独立行政法人国立高等専門学校機構:全国の国立高専51校55キャンパス(2023年3月末現在)を設置、運営している。目的は、職業に必要な実践的かつ専門的な知識と技術を持つ創造的な人材を育成するとともに、日本の高等教育の水準の向上と均衡ある発展を図ること。
*文中の人名は、敬称略

デザコンの開催地(主管校*²〈キャンパス〉)

年	回	大会(主管校)
2004年	第 1 回	石川大会(石川高専)
2005年	第 2 回	明石大会(明石高専)
2006年	第 3 回	都城大会(都城高専)
2007年	第 4 回	周南大会(徳山高専)
2008年	第 5 回	高松大会(高松高専=現・香川高専〈高松〉)
2009年	第 6 回	豊田大会(豊田高専)
2010年	第 7 回	八戸大会(八戸高専)
2011年	第 8 回	北海道大会(釧路高専)
2012年	第 9 回	小山大会(小山高専)
2013年	第10回	米子大会(米子高専)
2014年	第11回	やつしろ大会(熊本高専〈八代〉)
2015年	第12回	和歌山大会(和歌山高専)
2016年	第13回	高知大会(高知高専)
2017年	第14回	岐阜大会(岐阜高専)
2018年	第15回	北海道大会(釧路高専)
2019年	第16回	東京大会(東京都立産業技術高専〈品川〉)
2020年	第17回	名取大会(仙台高専〈名取〉)
2021年	第18回	呉大会(呉高専)
2022年	第19回	有明大会(有明高専)

(2023年3月末現在)

デザコンの変遷

	デザコン	CADコン	アイディアコン
1977年	設計製図の課題の相互発表会をスタート（参加：明石高専と米子高専の建築系の学科の学生）		
1989年	第13回から呉高専が参加		
1993年	第17回から石川高専が参加「四高専建築シンポジウム」と改称（運営：学生主体／参加：明石高専、米子高専、呉高専、石川高専の建築系の学科の学生）		
1999年	「全国高専建築シンポジウム」と改称（主催：各高専／参加：全高専の建築系の学科の学生）		
2004年	「全国高等専門学校デザインコンペティション（通称：デザコン）」に改称（主催：一般社団法人全国高等専門学校連合会*³／参加：全高専の建築系と建設系の学科の学生）。空間デザイン部門と構造デザイン部門の前身となる種目実施		
2008年		「全国高等専門学校3次元ディジタル設計造形コンテスト」（通称：CADコン）がスタート（主催：独立行政法人国立高等専門学校機構*⁴／参加：全高専の機械系の学科の学生が中心）	
2011年	デザコンとCADコンを同日同会場（釧路）で開催（主催は別）		
2013年	デザコン（米子）とCADコン（明石）を同日に開催（主催は別）		
2014年	デザコンとCADコンを同日同会場（熊本〈八代〉）で開催。ものづくり部門を廃止		「3Dプリンタ・アイディアコンテスト」（通称：アイディアコン）がスタート（主催：独立行政法人国立高等専門学校機構*⁵／参加：全高専の電気系の学科の学生が中心／主管校*²：八戸高専と仙台高専を核に東北地区の国立高専）
2015年	CADコンとアイディアコンをデザコンのAM部門として、夏大会（アイディアコン、仙台／主催：独立行政法人国立高等専門学校機構）と秋大会（CADコン、和歌山／主催：一般社団法人全国高等専門学校連合会）に分けて開催（参加：全高専の建築系、建設系、機械系、電気系、情報系の学科の学生）。創造デザイン部門創設、環境デザイン部門廃止		
2016年	デザコンのAMデザイン部門として、CADコンとアイディアコンが1部門に統合（高知）。プレデザコン部門創設		

大会後記

「デザコン2022 in 有明」を終えて

「デザコン2022 in 有明」は、3年ぶりに全参加者が一堂に会して、2日間の日程で開催することができた。まずはじめに、関係各位の本大会への協力、支援に深く感謝申し上げたい。

新型コロナウイルス感染症（COVID-19）の影響により、2020年名取大会はインターネットを利用したオンライン方式での開催、2021年呉大会はオンライン方式と来場とのハイブリッド形式による1日だけの開催であった。新型コロナウイルス感染症の流行から約3年が経過した2022年有明大会においても、コロナ禍の終息という状況には到底、至らなかった。しかし、新型コロナウイルスへの感染防止対策と社会経済活動とを両立していくことが日本政府の方針となっている状況の中で、2022年10月上旬に、有明大会の開催方式を原則として「全参加者が来場しての開催」とすることを決定した。3年ぶりとなる従来どおりの開催で、運営準備では手探り状態が続いたが、多くの支援により、何とか大会開催に辿り着いたというのが主管校（開催校）としての実感である。

今大会では、多くの学生たちが会場に来て、2日間の審査過程に懸命に取り組んでくれた。参加学生たちは、初日に審査員からの質問や意見、時に厳しい指摘などを受けながらも、2日めにそれらを踏まえたプレゼンテーションを行なうなど、2日間開催ならではの意味を改めて見せてくれた。学生たちの作品や説明に真剣に向き合い、審査に努めた審査員、今大会のために努力を重ねてきた参加学生に、この紙面を借りて感謝と敬意を表したい。

このように大きな大会の開催は、当然のことながら、多くの人の協力と支援があってこそ実現できる。有明高専の教職員が大会の準備に費やした時間は計り知れない。また、運営に協力した学生も本当に良く努めてくれた。トラブルや反省は多々あったものの、参加者の理解の下、無事に大会を終えることができたのだと思う。

2023年は舞鶴高専が主管校としてデザコン2023を開催する。主管校として大会を実際に運営して感じたことだが、大会に参加する他校の教職員や学生は、舞鶴高専を支えるという気持ちで大会に臨むことが大事である。このことは舞鶴大会の成功に、そして、今後のデザコンの発展にもつながると信じている。

（岩下 勉 「デザコン2022 in 有明」実施統括責任者、有明高専）

協力協賛企業、関連団体／運営組織

| 協力協賛企業、関連団体 |

協力
豊橋技術科学大学、長岡技術科学大学

特別協賛
株式会社クボタ、株式会社建築資料研究社／日建学院、株式会社関家具、
トランスコスモス株式会社、三菱地所コミュニティ株式会社、若葉建設株式会社

一般協賛
株式会社新井組、株式会社インフォメーション・ディベロプメント、エーアンドエー株式会社、
九鉄工業株式会社、ダイダン株式会社、株式会社ナカノフドー建設、西松建設株式会社、
日本オーチス・エレベータ株式会社、株式会社ベクトル・ジャパン、メディア総研株式会社

広告協賛
株式会社大建設計

後援
内閣府、文部科学省、国土交通省、経済産業省、国立研究開発法人科学技術振興機構、大牟田市、荒尾市、
一般社団法人日本建築学会、公益社団法人土木学会、公益社団法人日本コンクリート工学会、
一般社団法人日本機械学会、公益社団法人日本都市計画学会、公益社団法人日本建築家協会、
一般社団法人日本建設業連合会、一般社団法人日本建築士事務所協会連合会、
公益社団法人日本建築士会連合会、株式会社日刊建設工業新聞社、株式会社日刊工業新聞社、
株式会社有明新報社、株式会社有明ねっとこむ「FMたんと」

| 運営組織 |

主催
一般社団法人全国高等専門学校連合会

主管校
有明工業高等専門学校

第19回全国高等専門学校デザインコンペティション実行委員会
八木 雅夫(委員長／有明工業高等専門学校校長)

・全国高等専門学校デザインコンペティション専門部会
田村 隆弘(専門部会長／福井高専校長)、玉井 孝幸(幹事／米子高専)
空間デザイン部門：道地 慶子(石川高専)、森山 学(熊本高専〈八代〉)
構造デザイン部門：玉田 和也(舞鶴高専)、寺本 尚史(秋田高専)
創造デザイン部門：玉井 孝幸(米子高専)、木村 竜士(高知高専)
AMデザイン部門：堀口 勝三(長野高専)、玉井 孝幸(米子高専)

開催地委員：
前年度開催校委員=間瀬 実郎(呉高専)
今年度開催校委員=岩下 勉(有明高専)
次年度開催校委員=玉田 和也、尾上 亮介(舞鶴高専)

・全国高等専門学校デザインコンペティション2022 in 有明　開催地委員会
八木 雅夫(実行委員長)、坪根 弘明(実行副委員長)、田中 康徳(実行副委員長)、
岩下 勉(統括責任者)、松岡 高弘(統括副責任者)、江崎 浩(統括副責任者)、鮫島 朋子(統括副責任者)
空間デザイン部門：正木 哲(部門長)、窪田 真樹(副部門長)
構造デザイン部門：下田 誠也(部門長)、金田 一男(副部門長)
創造デザイン部門：森田 健太郎(部門長)、佐土原 洋平(副部門長)
AMデザイン部門：坂本 武司(部門長)、松野 良信(副部門長)
プレデザコン部門：藤原 ひとみ(部門長)、森山 英明(副部門長)
事務局：西口 節子、松田 優征、浦川 宗久

デザコン2022 有明
official book
第19回全国高等専門学校デザインコンペティション

Collaborator:

全国高等専門学校デザインコンペティション2022 in 有明　開催地委員会
有明工業高等専門学校
八木 雅夫(実行委員長)、坪根 弘明(実行副委員長)、田中 康徳(実行副委員長)、
岩下 勉(統括責任者)、松岡 高弘(統括副責任者)、江崎 浩(統括副責任者)、鮫島 朋子(統括副責任者)

空間デザイン部門：正木 哲(部門長)、窪田 真樹(副部門長)、尋木 信一
構造デザイン部門：下田 誠也(部門長)、金田 一男(副部門長)、藤本 大輔、田中 三雄、平田 裕次
創造デザイン部門：森田 健太郎(部門長)、佐土原 洋平(副部門長)、嘉藤 学
AMデザイン部門：坂本 武司(部門長)、松野 良信(副部門長)、篠﨑 烈
プレデザコン部門：藤原 ひとみ(部門長)、森山 英明(副部門長)
事務局：西口 節子、松田 嘉弘、浦川 宗久、松田 優征、船原 優希、近藤 花名、福田 伸司
協力学生：有明工業高等専門学校創造工学科建築コース学生、ロボコン部学生、専攻科学生

全国高等専門学校デザインコンペティション専門部会
田村 隆弘(専門部会長／福井高専校長)、玉井 孝幸(幹事／米子高専)

一般社団法人全国高等専門学校連合会
後藤 景子(会長、奈良高専校長)、福田 宏(事務局長)

写真協力：「デザコン2022 in 有明」本選参加学生(制作風景写真、制作学生集合写真)

Editorial Director: 鶴田 真秀子(あとりえP)
Co-Director: 藤田 知史
Art Director & Designer: 大坂 智(PAIGE)
Photographers: 原 史紘、辻本 光星、福山 大夢、橋本 大、本村 めい、有明高専写真部、有明高専教職員
Editorial Associates: 鈴木 和宏(EOLIE)、髙橋 美樹、戸井 しゅん

Producer: 種橋 恒夫、三塚 里奈子(建築資料研究社／日建学院)
Publisher: 馬場 圭一(建築資料研究社／日建学院)

Special thanks to the persons concerned.

デザコン2022 有明　official book
第19回全国高等専門学校デザインコンペティション

一般社団法人全国高等専門学校連合会 編
2023年6月15日　初版第1刷発行

発行所：株式会社建築資料研究社
〒171-0014　東京都豊島区池袋2-38-1 日建学院ビル 3F
Tel.03-3986-3239　Fax.03-3987-3256
https://www.ksknet.co.jp

印刷・製本：シナノ印刷株式会社

For Earth, For Life
Kubota

ON YOUR SIDE

1890年の創業から「食料・水・環境」の課題解決に向けて歩んできたクボタ。
これからも一歩一歩、すべての人と心をひとつに、明日へと進み続けます。

株式会社クボタ

創業50年以上のノウハウを活かしたご提案。

当社は自社開発ブランドや日本での総代理店を務めている海外ブランドの家具を、

全国の家具・インテリアショップ、量販店に卸しているほか、

ECモール・自社サイトでの通販、そして全国で30店舗の直営店、ショールームを運営しています。

近年ではオフィスやホテル、レストランなどのスペースデザインにも力を入れています。

新築・リノベーション・お引越しなど、ご家庭に。そのほか店舗に、オフィスに――。

家具と人の、あらゆるシーンに。

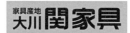 

株式会社 関家具（本社）｜〒831-0033 福岡県大川市幡保201-1　www.sekikagu.co.jp

建築・土木業界のDXを担う
トップランナーとして、業界を変えていく

BIM
CIM

会場内に企業ブースを出展しています。
お気軽にお声がけください。

三菱地所コミュニティ

以前は住み替え前提の「フロー消費型」だったマンション

最近では質の向上や住みやすさから

長く住み続ける「ストック型」へと移行しています

単なるハード面の維持管理に留まらず、技術者としてＩＴ・テクノロジーを駆使し

新たな領域にもチャレンジしています

＼ 社員の**働きやすさ**に自信がある会社です ／

- 入社から**10年間9割の家賃**を会社が負担
- 月に1日好きな日に**15時退社**ができる
- **在宅勤務&ワーケーション制度**完備
- **資格取得支援**も充実

高専の先輩たちが多数活躍中！

公式HPはこちら！

【お問い合わせ先】人事部人事グループ　TEL：03-5213-6122　MAIL：recruit@mec-c.com

若き感性、築いた伝統。

その風は、海から生まれた。
そして、空を駆けるように、道を繋ぐように、
街と暮らしを動かし、物語を紡いだ。
海洋土木から始まった私たちの「ものづくり」の歴史は
いま、世界をフィールドに、次のステージへ羽ばたこうとしている。
この先もずっと、社会を支え続けるために、人々に幸せを届けるために。
サステナビリティの追求とカーボンマネジメントの取り組みを強化しながら、
さぁ、次の夢をかたちにしていこう。